国际金融危机
40年解析

高　伟◎著

中国发展出版社
CHINA DEVELOPMENT PRESS

图书在版编目（CIP）数据

国际金融危机40年解析 / 高伟著. —北京：中国发展出版社，2018.1
ISBN 978-7-5177-0837-7

Ⅰ.①国… Ⅱ.①高… Ⅲ.①国际金融—金融危机—研究 Ⅳ.①F831

中国版本图书馆CIP数据核字（2018）第054278号

书　　　名：国际金融危机40年解析
著作责任者：高　伟
出 版 发 行：中国发展出版社
（北京市西城区百万庄大街16号8层　100037）
标 准 书 号：ISBN 978-7-5177-0837-7
经　销　者：各地新华书店
印　刷　者：北京明恒达印务有限公司
开　　　本：710mm×1000mm　1/16
印　　　张：18.5
字　　　数：239千字
版　　　次：2018年4月第1版
印　　　次：2018年4月第1次印刷
定　　　价：58.00元

联 系 电 话：（010）88919581　68990692
购 书 热 线：（010）68990682　68990686
网 络 订 购：http://zgfzcbs. tmall. com//
网 购 电 话：（010）88333349　68990639
本 社 网 址：http://www.develpress. com. cn
电 子 邮 件：370118561@qq. com

金融危机“雪崩说”

（代序）

在金融业高度发达的今天，金融危机已成为一个世界性难题，与经济金融发展相伴而行，无法回避。1997年，泰国爆发了泰铢危机，随后引发了东南亚乃至亚洲金融风暴。2007年，美国爆发了次贷危机，随后引发了仅次于“大萧条”的国际金融危机，席卷全球。这些金融危机爆发之突然、传播速度之快、波及范围之广、危害之深，让人瞠目结舌。

那么，什么是金融危机？《新帕尔格雷夫经济学大辞典》是这样定义的：全部或部分金融指标——短期利率、资产（证券、房地产、土地）价格、商业破产数和金融机构倒闭数的急剧、短暂和超周期的恶化。具体表现为市场流动性不足，信用紧缩，市场停滞，交易大量减少，市场恐慌性抛售，信心崩溃等。金融危机往往伴随着企业大量倒闭、失业率提高和普遍的经济萧条，甚至有些时候伴随着社会动荡或政治动荡。金融危机可以分为货币危机、债务危机、银行危机、股市危机和房地产危机等诸多类型，近年来爆发的金融危机往往呈现以上各种类型危机的混合体。国际金融危机是指一国所发生的金融危机通过各种渠道传递到其他国家，从而引起国际范围内金融危机爆发的一种经济现象，其基本特征是，金融领域所有或部分金融指标急剧恶化，以至于影响相关国家或地区乃至全世界经济的稳定与发展。金融危机和金融风险紧密关联，金融危机其实就是金融风险（尤其是系统性金融风险）积累到一定程度集中爆发的极端表现，解析金融危机需要从系统性金融风险入手。

上述解释听起来好像很深奥。为了便于理解，我用“雪崩说”来解释金融危机。雪崩是积雪山区的一种严重自然灾害。冬天下雪时，山坡上的积雪会越来越厚，重力也就越来越大。当积雪内部的内聚力抗拒不了它所受到的重力拉引，积雪便会向下滑动，引起大量雪体崩塌，人们把这种自然现象称为雪崩。笔者认为，金融危机乃至国际金融危机的作用机理与雪崩有诸多相似之处。

目前世界上有200多个国家和地区，它们大小各异，多姿多彩，并紧密联系在一起。如果把每个国家和地区看作一座山峰，那么有的超级大国，比如A国，就是巍峨的珠穆朗玛峰；有些小国，比如W国，也就是一座小小的景山。领土、居民和政府等构成每座山峰的岩石，这是山峰的基础；悠久的历史习俗、文化传统和法律制度等形成山峰的轮廓，有的山峰陡峭，有的山峰平缓；山峰上的土壤是一国的经济，不管肥沃还是贫瘠，也不管广袤还是狭小，那些土壤都养育着万物生灵；金融就是洒向土壤的甘霖，四处流动，与土壤共融共生，调整着资源和财富分配的流向。每座山峰都会经历季节变迁和气候变化，春生夏长，秋收冬藏，循环往复。金融之水会随着经济气候变化而变换形态，既有春天的和风细雨，也有冬天的皑皑白雪。

当山峰遭遇经济周期之冬时，金融之水就会变成漫天白雪，飘落在山峰上并形成金融积雪。金融积雪形为固体实则松软，充满空隙，很脆弱，天性使然。金融积雪与实体经济土壤既接触又相对分离，自成一体。一般情况下，积雪会在春暖花开时融化，渗入经济土壤。而一旦金融积雪储存过多、过厚，便会在积雪内部和表面形成各种裂缝，比如次贷违约、银行破产、上市公司倒闭、汇率剧烈动荡、理财诈骗败露、投机资产崩盘等。这些裂缝会加深金融积雪的内生“脆弱性”。一旦某个金融板块的积雪断裂、崩塌、移动，就可能逐渐积累起势能，快速下滑，致使整个积雪的表面断裂，满坡满山的积雪将可能随之倾泻而下，形成可怕的金融雪崩。金融雪崩所到之处，毁灭的不仅仅是金融积雪本身，还会重创经济土壤和万物生灵。

通常情况下，金融积雪的裂缝很多，我们很难判断哪条裂缝能触发金融雪崩。但这并不是说金融雪崩神秘莫测，它看似千差万别，其实有很多共性。比如，有的山峰金融管制很严格，严格的分业经营，金融自由化程度低，金融创新和金融衍生品受抑制，资本跨境流动受限制，即山坡或者很陡峭不可能在山坡上形成足够厚的积雪，或者很平缓不能形成足够的势能，都不会形成雪崩；而有的山峰金融自由化程度高，金融监管宽松，金融创新和金融衍生品丰富，各金融板块联系紧密，资本跨境流动自由，即山峰的坡度适合储存厚厚的积雪和积累势能，并且积雪里的裂缝足够多、足够宽，再有意外因素（如干燥的大风、巨响震动等）诱发，就可能形成可怕的雪崩。因此那些曾经发生过金融雪崩的山峰，或者与之相似的山峰，将来更有可能重演历史。由此可见，作为众多山峰中一员，及时掌握其他山峰金融雪崩的来龙去脉，梳理和归纳金融雪崩的规律，有助于建立更有效的金融雪崩预警、防范和救助体系。

不同山峰形成的金融雪崩等级迥异，溢出效应明显不同。如果是W峰，由于体量小，比较封闭，且金融之水只在峰内循环，即便是山峰体内爆发八级地震，年通胀率达到三位数甚至四位数，纸币等同餐巾纸，其雪崩冲击也仅限于景山公园，溢出效应很小。而如果是A峰，那就另当别论了。因为A峰位于众多山峰的中心，一览众山小，A峰能释放丰沛的金融雪花并洒向全球，洒在外围的各个山峰上。一旦A峰爆发金融雪崩，其影响将是灾难性的，外围山峰即便自身积雪很薄甚至没有积雪，还建立起“防雪墙”，也无法幸免于雪崩之难。当A峰主宰全球金融之水时，其他山峰爆发的金融雪崩都与A峰有着或多或少的联系。

“雪崩说”是我对金融危机的一孔之见，是本书的“引子”。希望“雪崩说”能撩拨起读者探寻国际金融危机奥秘的兴趣。下面回到主题，咱们先了解本书的大体思路和框架结构。

在信用货币、主权货币体系下，货币彻底摆脱了对黄金等实物的依附和牵绊，货币当局释放货币的权力和自由度大大增加，干预经济运行的手段日益丰富。各国为了在国际经济竞争中处于有利地位，不断稀释债务负担，竞相将低通胀作为宏观调控目标，基础货币如开闸之水，波涛汹涌，日趋泛滥。那些为躲避金融监管、冠以“欧洲美元”“石油美元”等名号的各种国际游资，在离岸中心、避税天堂等地注册，以对冲基金、资本管理公司等形式，如“幽灵”般在国际金融市场游荡。在金融自由化的大旗下，伴随技术创新和金融监管的放松，跨境资本可以轻松取道资本和经常账户，穿越国界，也使金融风险和危机轻松地传导到其他国家，造成国际金融危机连绵不断、此起彼伏。基础货币的扩张和跨境资本的异常流动是国际金融危机频繁爆发的根源。金融危机越来越国际化，既可能在多国同时爆发，也可能以某种方式从危机中心向其他国家蔓延，火烧连营，酿成国际金融危机。

金融危机爆发后，政府总是倾向于积极干预。干预即便无效，但政府已经尽力了，至少可以赢得积极作为的美誉。而每经历一轮金融危机，一些货币当局总能转“危”为“机”，在救助危机中扩大自己的职能范围，使权力层层加码，干预金融运行的手段和工具越来越丰富，干预力度越来越大，也使金融风险向自身集中，甚至祸起萧墙，引发更复杂的金融危机和社会危机。

过去百年一遇的“大雪崩”变成几十年甚至十几年一遇，统计学上的“细尾”事件演变成“肥尾”事件，“黑天鹅”演变成硕大的“灰犀牛”，横亘在我们面前，让人寝食难安。一轮又一轮的国际金融危机告诉我们，在现代市场经济体系下，系统性金融风险和金融危机无法避免，这是由市场经济和金融本性决定的，是内生性的痼疾。面对外部金融危机的冲击，单个经济体难以独善其身，能够做到的是努力降低自身的系统性金融风险，防范各种非系统性金融风险，消除各种风险隐患；加强国家合作，联合其他国家建立国际性的金融危机“防护网”；及时掌握大国、邻国以及经济联系紧密国家的金融动态，及时预警，及早制定并实施恰当的危机救助方案，才有可能在防御国际金融危机的战斗中占得先机，降低伤害，并尽早走出危机。

经历过金融危机后，大家都有这种体会：当绝大多数投资者认为价格还会上涨，都很乐观、信心爆棚时，价格上涨突然停止并掉头狂跌，市场上只有卖家，没有买家。金融危机爆发得太突然，很多人懵了，这时违约、破产的故事此起彼伏，甚是抓人眼球，各种解读沸沸扬扬，良莠不齐。而大多数人由于不了解甚至误解金融危机，再加上代际遗忘和选择性遗忘，记吃不记打，很容易形成比危机本身更可怕的舆论“气浪”，让人窒息和恐慌。在极度恐惧时，人们很容易做出极端的、不理智的决定，并造成巨大损失。而人们的从众行为，往往又加剧了危机的规模和危害。因此，如何向大众正确解读金融危机，普及有关金融危机的常识，也是金融学者的责任。

总体看来，越是久远的金融危机，对其认识经过大浪淘沙、沉者为金，就越透彻，容易达成共识。而对于最近爆发的金融危机，由于大多数人是经历者，不少人还有切肤之痛，再加上视角不同，“横看成岭侧成峰”，对金融危机的认识也就仁者见仁、莫衷一是了。有关近期金融危机的信息量极大，再加上“阴谋论”“陷阱论”等混淆视听，泥沙俱下，纷繁复杂，甚至连官方公布的数据都不一致，难辨真伪，这反而增加了分析的难度。所以，国际金融危机从何时说起、选择哪些金融危机来解析，既取决于作者的勇气，也关系着内容能否引人入胜。“世事如棋局局新”，即使从荷兰郁金香球茎泡沫算起，国际金融危机也有四百多年的历史，每轮危机各不相同。吾纵怀盘古开天之志，然斧钝技拙，尚有自知之明，故量力而行，择其十分之一即四十载进行演绎。我的故事从1971年布雷顿森林体系崩溃开始，大体按时间顺序，从40多起金融危机事件中选择有代表性的故事进行推演，对于其他相似的不幸就只能忍痛割爱了。至于那些影响范围较小的金融危机，作者或在附录中简要分析，或一笔带过，不着太多笔墨。

从20世纪70年代初至今，国际货币体系大致相似并延续至今，各国货币不再有固定锚，汇率浮动频繁、严重，跨境资本流动更加剧烈，是货币史上最动荡的时期，爆发的金融危机高潮迭起，让人心有余悸。第一次石油危机、美国“黑色星期一”、日本资产泡沫危机、墨西哥比索危机、亚洲金融危机、互联网泡沫危机、次贷危机和欧债危机等，都是本书的重头戏。当然，我不是史学者，本书志不在写史，而是用危机事件作为一条“红线”，把我多年来对国际金融危机的跟踪、研究和理解串联起来，形成一个有机整体，呈献给大家参考和批评。比如，在“布雷顿森林体系的建立和崩溃”一章，我重点谈了对汇率制度、黄金储备和欧洲美元的认识；在“日本资产泡沫危机”一章，我重点谈了对资产负债表衰退学说、地价税、CPI缺陷的认识；在“亚洲金融危机”一章，我重点谈了对外汇储备、资本项目开放、长期资本管理公司破产的认识；在本书最后一章，我重点分析了国际金融危机的跨境传导机制，金融危机与系统性金融风险的关系，并把系统性金融风险细分，目的是提供分析系统性金融风险的新思路，提高防范金融危机的靶向性和边际效用。这是本书的理论创新和下一步研究的起点。

有关金融危机的著作可谓汗牛充栋，但大多过于学术，很晦涩，难以被大众理解。我从事金融风险和金融危机研究20载，仅在该领域发表的论文就有上百篇，曾为不同层次的听众释疑解惑，深知沟通的重要性。沟通顺畅有助于我们尽快达成共识，形成应对金融危机的合力，降低损失。因此，本书尽量用平实的语言，深入浅出地讲好四十多年来发生的国际金融危机故事，争取做到既不失专业水准，又寓深奥于直白，还能从各轮国际金融危机的独特性中探寻规律的一般性。

高 伟

目录

CONTENTS

第一章

布雷顿森林体系的建立和崩溃

第一节　来龙去脉

第二次世界大战后，美国凭借强大的综合国力和充足的黄金储备，通过经济援助的推动，主导建立了以黄金为参照、美元为中心的布雷顿森林体系。随着美国资本输出的不断扩大和美元的持续贬值，美元与黄金的固定比价关系无法继续维持，美元的世界货币地位受到严重挑战，黄金对于美元的作用由支撑变为牵绊。1971年，美国宣布美元与黄金脱钩，布雷顿森林体系崩溃。

一、体系建立

1944年7月1日，在美国新罕布什尔州布雷顿森林镇的华盛顿饭店，来自全球44个国家的700多名代表[①]聚集一堂，召开了联合国货币金融会议，最后按照美国政府提出的“怀特计划”[②]，确立了布雷顿森林体系（Bretton Woods System）。该体系是以美元和黄金为基础的金汇兑本位制，被称为“固定但可调节的汇率体系”（adjustable fixed exchange rate system），其基本内容是“双挂钩”，主要包括三点。

① 来自中国的代表多达33人，仅次于美国。

② 与“怀特计划”相对应的是“凯恩斯计划”。凯恩斯提议建立一个叫做Bancor的记账单位，用以调节各国的短期贸易平衡。1969年IMF设立的特别提款权（SDR）与Bancor很相似。

一是美元与黄金挂钩。各国确认 1944 年 1 月美国规定的 35 美元 1 盎司的黄金官价，每 1 美元的含金量为 0.888671 克黄金。各国政府或中央银行可按官价用美元向美国兑换黄金。为使黄金官价不受自由市场金价冲击，各国政府需协同美国政府在国际金融市场上维持这一黄金官价。①

二是其他国家货币与美元挂钩。其他国家政府规定各自货币的含金量，通过含金量的比例确定同美元的汇率。

三是实行可调整的固定汇率。各国货币对美元的汇率只能在法定汇率上下各 1% 的幅度内波动。若市场汇率超过法定汇率 1% 的波动幅度，各国政府有义务在外汇市场上进行干预，以维持汇率的稳定。一国国际收支发生根本性失衡时，可以调整其货币与美元的平价关系，在平价 10% 以内的汇率变动各国可以自行决定而无须批准，若变动超过 10%，就必须得到国际货币基金组织的批准。

布雷顿森林体系的实质是一种以美元为中心的国际货币金融体系。在这个体系运行的最初十几年里，美元的引入弥补了黄金产量限制造成的全球流动性不足，恢复了正常的国际货币秩序，稳定了主要货币汇率，减小了汇率风险，扩大了世界贸易，促进了世界经济增长，积极成效是很明显的。

二、内在矛盾

二十世纪五六十年代，随着西欧各国经济增长，出口不断扩大，这些国家的国际收支从逆差转为顺差，手里掌握着大量美元，并且可以用这些美元向美国政府兑换黄金。而美国由于对外扩张和战争，国际收支从顺差转为逆差，美国资金大量外流，“特里芬难题”（Triffin Dilemma）

① 早在 1934 年，美国将黄金官价从每盎司 20.67 美元提高到每盎司 35 美元。那时，世界上很多国家放弃使用黄金之锚，转而将货币与美元挂钩。所以，在布雷顿森林会议召开之前，美元就已经是国际记账单位和与黄金挂钩的货币。

成为现实了。所谓“特里芬难题”，是指美国经济学家罗伯特·特里芬1960年在他的著作《黄金与美元危机——自由兑换的未来》中提出的，布雷顿森林体系存在无法克服的内在矛盾：“由于美元与黄金挂钩，而其他国家的货币与美元挂钩，美元虽然因此而取得了国际核心货币的地位，但是各国为了发展国际贸易，必须用美元作为结算与储备货币，这样就会导致流出美国的货币在海外不断沉淀，对美国来说就会发生长期贸易逆差；而美元作为国际货币核心的前提是必须保持美元币值稳定与坚挺，这又要求美国必须是一个长期贸易顺差国。这两个要求互相矛盾，因此是一个悖论。”“特里芬难题”再次印证了货币政策很难兼顾内外平衡，因为内部平衡的目标是物价稳定和充分就业，外部平衡的目标是汇率稳定和国际收支平衡，这两者很难同时实现。当两者出现矛盾时，通常是保护内部均衡、牺牲外部平衡。

进入20世纪60年代后，美元过剩成为那时国际经济的主要问题，出现了多次美元危机。1960年10月20日，伦敦市场上每盎司黄金的美元价格上涨到40.6美元，远高于美国官方规定的每盎司黄金35美元的比价，动摇了美元的信用基础。为维持黄金与美元比价，美国采取了许多措施，比如推动设立“黄金总库”（Gold Pool）[①]；美联储与西欧主要央行签订一系列货币互换协议；禁止美国人在国外持有黄金；禁止美国公民收集金币等。这些措施虽然取得一定成效，但还是因为政治冲突等问题，一些西方国家加快了将美元兑换成黄金的速度。早在1949年，美国的黄金储备为21800吨，占全球黄金储备的70%。而到1965年，法国总统戴高乐要求美国将15亿美元换成黄金，美国对此不得不同意，在短短两年内美国

① 为了抑制金价上涨，保持美元汇率，减少黄金储备流失，美国联合英国、瑞士、法国、西德、意大利、荷兰、比利时八个国家于1961年10月建立了黄金总库，八国央行共拿出2.7亿美元的黄金（其中美国分担50%，联邦德国11%，英、法、意各9.3%，荷、比、和瑞士各3.7%），由英格兰银行作为黄金总库的代理机关，负责维持伦敦黄金价格，在伦敦黄金市场上买卖黄金，以便将金价维持在1盎司黄金35.20美元的水平上，并采取各种手段阻止外国政府持美元外汇向美国兑换黄金。

的黄金储备就减少了3000吨。之后德国和其他一些国家也做出了同样的要求。这时，黑市上每盎司黄金与美元比价是1：40，与官价有5美元的套利空间，投机者蜂拥而入，美国黄金大量外流。到1970年，美国的黄金储备就剩下9838.2吨，其实这时美国已很难维持“双挂钩”的货币体系运行。

1968年3月16日，美国停止在自由市场上按照35美元兑1盎司黄金的官价出售黄金，听任市场金价自由波动，但在国家与国家之间仍按官价买卖黄金。这种“黄金双价制”虽然减慢了美国黄金储备流失，但没能缓解美元危机。1971年，美联储的黄金储备进一步下降到9070吨，占世界黄金储备的比例下降到24.8%。到这时，美国的黄金储备已不足其短期债务的1/5，金元帝国已成明日黄花。

三、崩溃

1971年5月，欧洲再次掀起了抛售美元、抢购黄金的热潮，各国央行进行大规模干预，有的国家甚至采取了外汇管制，但收效甚微。面对负债累累和黄金短缺的困境，尼克松政府于1971年8月15日晚宣布实行“新经济政策”，美国单方面关闭“黄金窗口”，停止履行外国政府或中央银行可用美元向美国兑换黄金的义务。这一事件也被称为“尼克松冲击”（Nixon Shock）①，遭到了其他国家的普遍反对。

为应对国际金融秩序的混乱局面，主要国家最初将解决问题的办法还是放在维护布雷顿森林体系上。1971年12月，十国集团在华盛顿史密森学会大厦通过了“史密森协议”（Smithsonian Agreement），该协议促成了美元相对于其他货币总体贬值，黄金官价从每盎司35美元提高到38美元，美元含金量贬为0.818513克，非储备货币对美元的波动允许幅度由正负1%调整为正负2.25%，美国取消10%的临时进口附加税，这是

① “尼克松冲击”是日本人的说法，是指美国总统尼克松对美国经济、外交政策采取的重大调整措施，对当时世界造成的剧烈影响。

用盯住汇率制来取代固定汇率制。“史密森协议”虽然暂时缓解了美元的压力，但市场普遍预期美国不能解决国际收支赤字，美元必将再度贬值，投机者仍然纷纷抛售美元。1973年2月12日，尼克松政府再次宣布美元对黄金比价贬值10%，每盎司黄金从38美元再提高到42.22美元，至此“史密森协议”的中心汇率基本解体。1973年3月，抛售美元、抢购黄金和马克的投机风潮再起，各经济体就任凭货币自由浮动了。至此，运行近30年的布雷顿森林体系彻底瓦解了①。

布雷顿森林体系崩溃后，国际金融秩序动荡不堪。国际社会曾探讨建立新的国际金融体系，但没有取得实质性进展。直到1976年1月，IMF理事会“国际货币制度临时委员会”在牙买加首都金斯敦达成了“牙买加协议”（Jamaica Agreement）。该协议的主要内容包括实行浮动汇率制度、推行黄金非货币化、增强特别提款权（SDR）②的作用、增加成员国基金份额、扩大信贷额度以增加对发展中国家融资等。

在牙买加体系下，发达国家多采取单独浮动或联合浮动方式，发展中国家多采取钉住某种国际货币或货币篮子方式，单独浮动的很少。美元摆脱了黄金束缚，无须承担汇率稳定的责任，可以自主选择财政和货币政策。从此，货币抛弃了实物价值的“锚”，货币史进入“主权货币”“信用货币”时代，全球货币发行和供应量再也没有任何外部“实物”约束了。国家垄断货币发行权（甚至定价权），并将此权力发挥到极致。国际金融市场上充斥的美元不断推高原油及其他初级产品价格。到1973年，原油价格就上涨了20%以上。随着基础货币的增加，信用货币在种类和金

① 有学者认为，真正的布雷顿森林体系实际上只运作了11年（1959~1970年）。

② SDR也称“纸黄金”（Paper Gold），最早发行于1969年，是IMF根据会员国认缴的份额分配的，可用于偿还国际货币基金组织债务、弥补会员国政府之间国际收支逆差的一种账面资产。会员国在发生国际收支逆差时，可用它向基金组织指定的其他会员国换取外汇，以偿付国际收支逆差或偿还基金组织的贷款，还可与黄金、自由兑换货币一样充当国际储备。因为它是IMF原有的普通提款权以外的一种补充，所以称为特别提款权。最初发行时，每一单位SDR等于0.888克黄金，与当时的美元等值。2015年11月30日，IMF正式宣布人民币将在2016年10月1日加入SDR。

额上大大增加，各种形式的支票、支付凭证、信用卡等种类繁多。以美元计价的信贷工具也顺势膨胀，到 2007 年，美国的信贷与 GDP 之比从 1969 年的 1.5 倍上升至 3.5 倍。以美元计价的金融衍生品更是一发不可收拾，到 2007 年次贷危机全面爆发前，金融衍生品交易余额达到 600 万亿美元。从此资产泡沫和通货膨胀成为常态，巨额国际游资像幽灵一样四处游荡。

这些因素的共同作用，加重了整个国际金融体系的系统性金融风险，提高了国际金融危机爆发的频率。在“布雷顿森林体系”下，国际金融危机是偶然的、局部的。而在“牙买加体系”下，国际金融危机就成为经常的、全面的，并造成严重灾害。在此后四十年里，国际上爆发的、影响范围较大的金融危机事件就有 40 多起。

第二节　几点认识

一、汇率制度没有万能样板

汇率制度[①]的选择是国家主权的体现，事关重大，需极其谨慎。传统上，人们将汇率制度分为固定汇率和浮动汇率，但固定或浮动的火候是很难掌握的，所以在固定汇率和浮动汇率之间，还存在众多中间汇率制。在布雷顿森林体系崩溃前，IMF 到处宣扬固定汇率，认为固定汇率无比好，可以降低交易费用和汇率风险；而布雷顿森林体系崩溃后，IMF 顺势推崇

① 汇率制度又称汇率安排（Exchange Rate Arrangement），是指各国或国际社会对于确定、维持、调整与管理汇率的原则、方法、方式和机构等所做出的系统规定。汇率制度分类很多，关键看是基于市场汇率还是基于官方汇率来分类。

浮动汇率，认为浮动汇率灵活、有弹性。其实，在汇率制度问题上，既没有优劣之分，也没有足够的证据证明谁比谁更完美；既没有适合所有国家的“样板”，也没有适合一国不同时期的“定律”。至于选择什么样的汇率制度，关键是看它是否适合一国当时的国情。

对于发达大国，浮动汇率绝对是最佳选择。因为在浮动汇率下，货币当局不用规定本币和黄金的平价，摆脱了黄金等实物的约束，也无须承担稳定汇率的义务，至于发多少货币，可以完全从国内经济需要出发，不用顾及对他国的溢出效应。你听他整天拿汇率说三道四，实际上汇率根本就不是他们货币政策考虑的主要问题。用一句专业术语，这是“善意忽视”（benign neglect）。为了刺激经济，发达大国可以随意印刷钞票，并凭借其世界货币地位在全世界范围征收铸币税和通胀税。那些钞票流到其他国家，不仅可以换来好多鞋子、帽子等商品和服务，被当作储备货币供着，还可以表现为逆差。当今世界很有意思，逆差居然成了好东西，不仅能占便宜卖乖，还能拿出来为“世界经济再平衡”说事。总之，发达大国选择浮动汇率制，可以做到从容自若，予取予夺，想升就升，想贬就贬。如果闯了大祸，引发个国际金融危机什么的，还可以耍赖说：“货币是我们的，问题是你们的。”① 这就是“浮动”的真谛。

与发达国家不同，发展中国家普遍“害怕浮动”，不敢让汇率玩“过山车”寻刺激，而倾向于选择中间或固定汇率制（比如钉住汇率制）。原因何在？因为很多发展中国家在经济起飞阶段，选择了出口导向发展模式，承接发达国家的产业转移，严重依赖外资和出口，外债规模也比较大。当外部环境条件有利、被钉住的货币走软时，发展中国家出口大幅增加，顺差扩大，本币有升值的压力。但为了扩大出口拉动经济增长，实现赶超战略，这些国家不想让本币升值，害怕升值将削弱本国产品的竞争力。当环境条件变得不利时，这些国家就更害怕贬值了。因为本币贬值就会削弱其外债偿还能力，那些闻风而动的国际信用评级机构马上

① The dollar is our currency， but your problem.

就会跟进，大幅降低负债国的信用等级，增加负债国政府和企业从国际资本市场融资的成本，国际游资将蜂拥而逃。如果发展中国家这时选择贬值，不仅不能扩大出口，反而会引发经济衰退和通胀，甚至是金融危机和社会动荡。让发展中国家选择浮动汇率，那绝对是强人所难！

由于害怕浮动，很多发展中国家名义上选择浮动汇率，其实是钉住或固定汇率。没办法，谁叫咱实力不够呢！但让发展中国家想不到的是，霸权国家又出了一狠招，就是所谓的“汇率操纵”罪名，理由是：你的汇率不浮动，那就是汇率操纵；如果我认定你的货币被低估，就有权对来自你的商品征收惩罚性关税，即“汇率操纵税”。真是强词夺理！

实际上，在当今世界，没有哪个国家的汇率制度是完全自由浮动的，干预外汇市场是各国央行的惯例，发达国家也不例外。而何为干预？何为操纵？很难划清两者的界限。拿汇率操纵找你麻烦，让你疲于应付，就是“欲加之罪，何患无辞”。

由此可见，汇率制度问题很复杂，是宏观经济最有争议的领域之一，并且不单纯是个经济问题。在汇率制度问题上，真正重要的不是什么浮动制还是固定制，而是如何为本国经济发展营造一个稳定的货币环境，减小汇率风险，促进贸易增长。人民币汇率制度是以市场供求为基础、参考一篮子货币进行调节、有管理的浮动汇率制。在这一制度下，中国创造了世界经济增长的奇迹，成为拉动世界经济增长的主要动力。2016 年 10 月 1 日，人民币正式加入 IMF 特别提款权货币篮子，权重为 10.92%，超越日元与英镑，成为紧随美元和欧元之后的第三大国际储备货币。截至 2017 年上半年，欧洲央行、新加坡、俄罗斯等 60 多个国家和地区已将人民币纳入外汇储备。中国还启用了人民币跨境支付系统（CIPS）。实践出真知，我们可以自信地说：有管理的浮动汇率制就是当前中国合理的、稳妥的汇率制度，并为今后的改革预留了空间，还可以不断赋予它新的内涵。人民币汇率制度改革的进步有目共睹，顺应了市场发展的需要。

二、重视黄金的避险和保值功能

布雷顿森林体系崩溃后，黄金非货币化的速度加快了[①]。黄金非货币化（demonetization of gold）是指取消黄金的货币职能，使其与货币完全脱离联系，成为单纯的商品。20 世纪 70 年代初，美国竭力推动黄金非货币化，明眼人都看得很清楚，其主要目的是不再用黄金回收国际市场上数千亿美元游资，而是绕开黄金，直接凭借其综合国力，重建美元的世界核心货币地位。1976 年，牙买加会议召开，正式取消黄金官价。1978 年，IMF 以多数票通过了修改的《国际货币基金协定》，该协定删除了以前有关黄金的规定，并宣布黄金不再作为货币定制标准，取消对 IMF 必须用黄金支付的规定，用 SDR 替代黄金的某些支付功能等。目前看，重回金本位已无可能[②]，因为金本位制的缺陷很明显，主要有：一是黄金生产量的增长幅度远远低于商品生产增长的幅度；二是黄金存量在各国的分配不平衡。另外，货币当局也没有重新用黄金约束自己货币发行的动力。

黄金非货币化是西方黄金货币作用理论的主流，黄金的价值尺度功能已基本消失，贮藏、清算和流通功能也日益弱化，但黄金的避险和保值功能从未被削弱。

黄金的避险功能是指出现突发事件时，黄金是最有效的避风港。储备黄金可有效对冲美元、欧元贬值的汇率风险。中国黄金储备还比较少，目前官方公布的数据为 1842.6 吨[③]。在主要国际货币贬值的情况下，中国巨额外汇储备的购买力也随之缩水，这对维护中国经济安全不利。凯恩

---

① 准确地讲，早在 20 世纪 30 年代，随着国际金本位制的崩溃和凯恩斯经济学的问世，黄金非货币化论就产生了。20 世纪 60 年代初发生第一次美元危机后，以美国经济学家 R. 特里芬的观点为代表，黄金非货币化成为一种思潮。

② 1931 年，英国放弃金本位制，包括英联邦在内的 25 个国家紧随其后；1933 年，美国放弃金本位制；1936 年法国放弃金本位制。六年间，全世界所有国家放弃了金本位制。

③ 市场估计中国的黄金储备远大于这个数。

斯曾激烈批评金本位制（Gold standard）[①]已经成为野蛮的遗物，但他也承认，黄金“作为最后的卫兵和紧急需求时的储备金，还没有任何其他更好的东西可以替代它”。

至于黄金的保值功能，我们可从美国的巨额黄金储备中看明白。美国多年来“寅吃卯粮”形成巨额财政赤字，但无论多么艰难，美国都没有出售其 8133 吨黄金储备，而是大量发行国债。美联储通过印钞购买国债，实现国债的货币化。供给的增加必然造成美元贬值，以美元定价的国际黄金价格反向大涨，从 21 世纪初的每盎司不足 300 美元，最高上涨到 1900 多美元，最近一直维持在 1300 美元左右。美元越贬值，黄金价格就越上涨，美国巨额黄金储备的保值作用就越明显。

由此可见，在国际经济博弈中，黄金作为金融稳定和经济安全之“锚”的作用是多么重要。2008 年国际金融危机爆发后，由于发达国家相继实施量化宽松的货币政策，黄金成为投资领域的亮点，成为过剩流动性的最大赢家，全球黄金消费倍增，再次印证了“乱世买金、盛世买房”的道理。

各国央行也转变了对待黄金的态度。次贷危机前，各国央行是黄金的净出售方，年出售黄金 360~420 吨，全球黄金储备从 2000 年的 3.3 万吨下降到 2007 年的 3 万吨左右。次贷危机爆发后，各国央行从净出售方变成净买入方，仅 2011 年一年，各国央行黄金购买量达 456 吨。到 2016 年 8 月，各国央行黄金持有量约为 32900 吨。最近，随着世界经济企稳回升，黄金价格回落，各国央行购买黄金的热情有所降低。我们不能因此轻视黄金的作用，因为一旦再次爆发国际金融危机，黄金必定再次受到青睐，成为最主要的避险和保值工具。中国无论是从保障国家经济金融安全，推进人民币的国际化，还是从对冲外汇储备风险来看，都需要择机增加黄金储备。

---

① 金本位制，是以黄金为本位币的货币制度。在金本位制下，每单位的货币价值等同于若干重量的黄金（即货币含金量）；当不同国家使用金本位时，国家之间的汇率由它们各自货币的含金量之比——金平价来决定。金本位制于 19 世纪中期开始盛行。在历史上，曾有过三种形式的金本位制：金币本位制、金块本位制、金汇兑本位制。其中金币本位制是最典型的形式，狭义上的金本位制就是金币本位制。

最近比特币很热，单价一度超过 20000 美元，2017 年上涨了十几倍。有人提出比特币可以取代黄金，发挥货币锚的作用，让其他货币（美元、欧元等）与比特币挂钩，可以有效抑制全球通胀。如此，黄金将更加非货币化，更加边缘化，更没有储存的必要了。

我认为这个想法很奇异，因为比特币不是真正的“货币”，它没有主权做支撑，还可以被无限复制，价格极不稳定，怎么可能成为世界货币。须知道，世界货币需要强大的经济实力和完善的金融体系做后盾，甚至需要经过“血与火的洗礼”。一种货币一旦成为世界货币，就可以在全球范围内征收铸币税，那可是巨大的收益。让强势货币与比特币挂钩，那不是与虎谋皮吗?

还有人说，比特币是通过“挖矿”得来的，有劳动付出，所以有价值，在这一点上比特币与黄金很相似。这种说法好像符合劳动价值论。但问题是，并不是所有的劳动都是有效劳动，很多无效劳动是不能创造价值的。比特币让我想起了 17 世纪荷兰的“郁金香泡沫”。在泡沫高潮时，一株名叫“永远的奥古斯都”的郁金香球茎售价高达 6700 荷兰盾，这个价钱在当时可以买下阿姆斯特丹运河边的一幢豪宅，或者购买 27 吨奶酪！现在的比特币交易就像击鼓传花，是在“博傻”，就看这朵花最后落在哪个傻瓜的手里了。

退一百步讲，即便比特币能取代黄金，让黄金彻底非货币化，成为世界货币的“锚”，那中国可要发一笔小财了。因为最近几年，全球比特币交易量的 90% 和矿池算力的 70% 发生在中国，中国的机构、企业和老百姓已经积蓄了大量比特币。

比特币作为一种“去中心化”的设计，之所以能够被热捧，根源是市场对通胀的厌恶和担忧，是对日益强化的“中心化”的抵触。如果没有信用货币背景下的全球通胀环境；必然大大压缩比特币等各种数字货币的生存空间。如果没有过于强势的“中心化”，哪里会有如此众多的“去中心化”设计？当然，比特币的底层技术——区块链还是值得关注的，其应用范围越来越广泛，改变着传统金融理念和运营模式。（参见附录一）

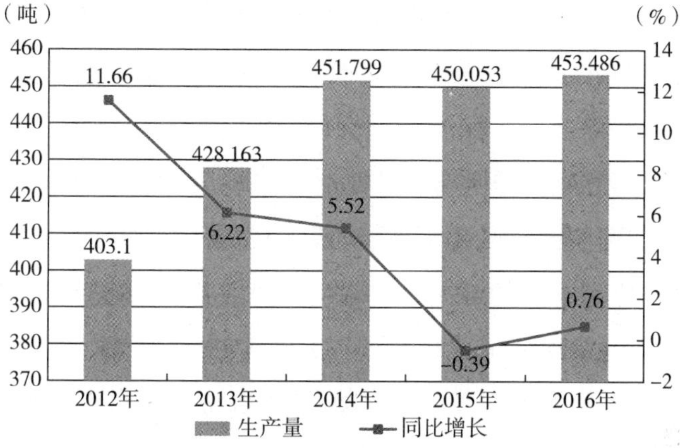

图 1-1　2012~2016 年中国黄金产量及同比增速

根据公开数据整理。

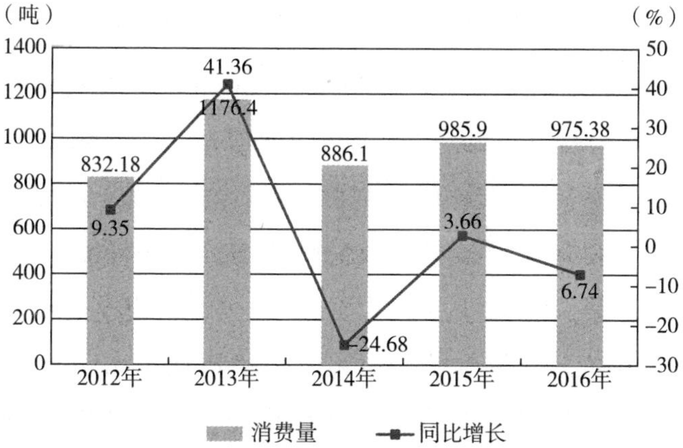

图 1-2　2012~2016 年中国黄金消费量及同比增速

根据公开数据整理。

三、欧洲美元和 Q 条例

所谓欧洲美元（Eurodollar），是指存放在美国以外银行的、不受美国政府法令限制的美元存款，或是从这些银行借到的美元贷款。由于这种境外存款、借贷业务始于欧洲，因此称为欧洲美元。[①]它与美国境内流通的美元是同样的货币，并具有同样的价值，但受到更少的限制，从而有更高的收益。

欧洲美元的形成，源于布雷顿森林体系使美元成为国际货币，欧洲银行有吸收美元存款的意愿。第二次世界大战后，美国实施援助欧洲的马歇尔计划，美国成为欧洲的最大出口市场，有大量美元流向欧洲，被存放在美国境外的银行。欧洲美元出现于 20 世纪 50 年代初。当时美国政府在朝鲜战争中冻结了中国存放在美国银行的资金，苏联和东欧各国有鉴于此，便把它们持有的美元转存到伦敦的银行。后来，一些美国和其他国家的银行和公司等为了避免它们的"账外资产"被公布暴露，引起外汇管理当局和税务当局的追查，也把持有的美元间接地存放在西欧银行。

进入 20 世纪 60 年代，美国对外收支持续逆差，资金外流，动摇着美元信用基础。美国为此采取了一系列政策，比如 1963 年美国政府实行"利息平衡税"（Interest Equalization Tax，1963~1974），规定凡是美国人向国外购买证券一律征税，限制美国企业对外直接投资，包括限制设立分支机构和银行对外的信贷等。其目的很明显，就是降低美国人对外国证券的投资兴趣，阻止资金外流。但"道高一尺，魔高一丈"，利息平衡税并未取得预期成效，因为美国资本可以借道加拿大或其他途径流往国外。让美国政府意想不到的是，利息平衡税还造成了美国海外企业不再把利润汇回美国，以躲避其负担。应该说，利息平衡税是促成欧洲美元市场发展的主要因素之一。

另外，Q 条例（Regulation Q）也助推了欧洲美元的发展。所谓 Q 条例，是指美联储按字母顺序排列的一系列金融条例中的第 Q 项规定。Q 条例颁布于 1933 年 8 月 29 日，具体内容是：禁止联邦储备委员会的会员银

① 宽泛的欧洲美元概念已不止美元一种，它还包括西德马克、瑞士法郎和日元等。同时，从事这种货币金融业务的地点除伦敦外，还包括中东的巴林、亚洲的新加坡、加勒比地区的巴哈马等。所以也有人将欧洲美元称为"治外美元"。

行对它所吸收的活期存款（30 天以下）支付利息，并对上述银行所吸收的储蓄存款和定期存款规定了利率上限。Q 条例后来成了对存款利率进行管制的代名词，目的是引导资金流向实体经济，服务实体经济。理想很丰满，但现实很骨感。当时规定的利率上限是 2.5%，这个上限一直维持到 1957 年。1957 年后，美联储频繁调整利率上限，但直到 1980 年也未超过 5.50%。而从 20 世纪 60 年代末至 80 年代，美国通胀率居高不下，一度高达 20%。执行 Q 条例的结果，就是美国国内利率普遍低于西欧。在西欧货币已经实现自由兑换的条件下，促使美国资本流向西欧进行牟利。[①] 钱往收益高处流，天性使然。在利益面前不管多么严格的金融管制都显得苍白无力。欧洲美元就是明证。

开始时，欧洲美元的规模并不大，也就一二十亿美元。到 20 世纪 60 年代中期，就达到 200 多亿美元。到 70 年代初，就迅速超过 1000 亿美元。特别是 1981 年 12 月，美国批准本国银行和外国银行分行在纽约经营欧洲美元业务，欧洲货币市场的范围愈来愈大，业务量也迅猛增长。根据美国摩根保证信托公司的统计，截至 1986 年 6 月底，欧洲货币市场的资金总额高达 30400 亿美元，其中欧洲美元占 21660 亿美元[②]。国际清算银行（BIS）关于欧洲美元市场近 40 年的数据显示，欧洲美元市场十分庞大，中介离岸数额占全球美元中介的 1/4 到 1/3，其中纯离岸交易（Pure Offshore Transactions）是最普遍的交易形式，也就是欧洲美元的来源和用途均在美国境外，从而更有效地躲避金融监管。根据 BIS 的数据，截止 2012 年 3 月底，离岸美元存款中有近 1/3 存于英国[③]。

---

① Q 条例还是美国货币市场基金创立的最初动因。二十世纪七八十年代，美国经济处于低谷，出现滞涨问题。由于 Q 条例关于商业银行存款利率不得超过 5.25%~5.50% 的规定，使得公众对存款越来越没有兴趣。而在 1970 年，美国国会取消了 Q 条例中关于 10 万美元以上存款利率最高限额的规定，这造成了对存款小户的歧视。于是货币市场基金运营而生，即将小户的资金集中起来，以大户的姿态出现在金融市场上。

② 西青："欧洲货币市场的形成与发展"，《国际金融研究》1987 年第 3 期。

③ 牛薇薇："欧洲美元市场对于香港人民币离岸市场的启示"，《西南金融》2014 年第 3 期。

布雷顿森林体系崩溃后，欧洲美元之所以迅速扩张，从供给角度看，有以下几个原因：一是美元摆脱了黄金束缚，美联储的货币供应量大幅扩张，美元不断贬值，促使债权人将美元资金从纽约调往欧洲，谋取更高收益。就在这个时候，美元的国际地位直线下降，岌岌可危，美国既不愿意也无余力去干预欧洲美元市场，坐视其搞大。二是 1973 年中东石油危机后，国际油价暴涨，欧佩克产油国积累了巨额石油美元，出于安全考虑，它们宁肯将石油美元存在欧洲的银行，也不愿存到美国的银行。1979 年 11 月，伊朗和美国的关系恶化，伊朗劫持美国驻伊大使馆人员作为人质，当时的卡特政府下令冻结了伊朗政府在美国银行中的所有资产。这一事件更加快了石油美元的“欧化”。三是在浮动汇率制下，各国央行干预外汇市场所吸收的美元进入了欧洲。四是一些央行（比如西德）为防止本国货币供应量增加过快，把持有的美元卖出换回本币，这也增加了欧洲的美元供给。

欧洲美元的利弊都很明显。积极的一面是，欧洲美元市场作为重要国际金融市场（主要是银行间货币市场），是国际资本的巨大“蓄水池”，可满足各国政府和大企业巨额资金的应急之需，促进了世界经济的发展。不利的一面是，巨额欧洲美元肯定会影响有关国家货币政策的有效性。比如 20 世纪 60 年代末，美国奉行紧缩性货币政策，一些美国商业银行就从欧洲美元市场借得便宜的美元，使美联储紧缩的货币政策大打折扣。尤其是欧洲美元规模大，流动性强，几乎不受控制，货币乘数高，使国际大规模资金转移得以顺利实现，冲击力异常迅猛，经常成为国际金融市场动荡的“催化剂”。

专栏一　推动“区块链 + 金融”研发

目前金融业对区块链关注度高、投资大，期望借助区块链技术创新，降低经营成本，提高效率，实现跨越式发展。

什么是区块链？

区块链是分布式数据存储、点对点传输、共识机制、加密算法等计算机技术的新型应用模式。区块链起源于网络视频公司大量使用的P2P技术，它把需要下载的文件分成无数碎块，扩散到不同的电脑，这些电脑之间可以分别承担一些碎块的下载，同时彼此传输已经获得的碎块，最终各电脑都可以根据需要合成一个完整的文件。区块链属于比特币的底层技术，最早由中本聪提出，其基础逻辑是：使用一串密码学方式相关联产生的数据块，每个数据块中包含着过去一段时间内（比如10分钟）所有比特币网络交易的信息，用于验证其信息的有效性和生成下一个区块。简单地讲，我们可以把区块链想象成一个个数据包连成的巨大网络，下一个数据包里，包含上一个数据包里的所有信息以及新的信息，然后传递给下一个区块。这种“区块＋链”的思路，通过哈希函数和哈希链的数据结构等手段，保证了分布式账本的连贯一致，在身份识别和交易确认上采取基于椭圆曲线非对称密码算法的数字签名机制，保障了分布式环境下的交易安全。

在区块链的网络里，每个人都有竞争记账的权利，竞争的标准是“工作量证明”，即谁先算出一个前X位都是0的随机数，就由谁来记账。胜出者记完账后，把这页账本发给全网每位参与者，大家按照协议在不看见账本原文、加密的状态下“抄”一遍，记完后再给这页账本“盖章”，即hash。一旦记录被篡改，hash就会改变，就会被大家发现与原账本不同，篡改的账本就会被系统抛弃。所以，有人甚至认为hash设计机制可以对抗量子计算机的攻击。

总之，区块链是一个去中心化的分布式总账本。去中心化（Decentralized），是指整个网络没有中心化的硬件或者管理机构，任意节点之间的权利和义务都是均等的，区块链中间的每一个人都有机会参与记账，并且任一节点的损坏或者失去都不会影响整个系统的运作，没有人可以控制和篡改账本。分布式，是指账本并不仅仅存在一个地方，而是存放在很多地方。总账本，是指不是一个机器存储的总账本，但至少可以从这个网络上获取这个总账本。

具体建议

区块链作为传递信任、传递价值的新一代互联网，目前80%的应用在传统金融领域，引发了人们对"区块链＋金融"的无限遐想。因为传统金融体系是通过央行、银行等中心化的权威机构来建立信用的，而区块链则是弱中心化、去中心化的，通过技术背书而不是中心化信用机构来促进交易，这无论从理论到实践，都将为传统金融业带来绵绵不断的革新。

在"区块链＋金融"焕发勃勃生机的同时，我们也应看到，目前区块链更像一种理念或设计创新，是很多现有技术的叠加，没有取代和否定其他技术。金融业有其自身运行规律，具有顽强的生命力，在经历一次次技术革命后，总是科技驱动金融创新，总能在金融这棵老树上萌新芽、长壮枝，更加枝繁叶茂。目前"区块链＋金融"处于概念导入期，很弱小，不具备颠覆原有金融体系的能力，比较务实的做法还是遵循金融发展规律，相向而行。区块链对于金融，要像高速公路对于汽车运输业、集装箱对于远洋运输业那样，相互融合、相互促进才能实现共赢，才能尽早创造新的价值链和金融模式。

从长期看，"区块链＋金融"的深度融合需要配合数字货币的使用。以比特币为代表的数字货币是区块链最广泛的运用，也验证了区块链技术的生命力，可为央行发行数字货币铺路。但客观地讲，数字货币广泛地、合法地流通，势必冲击央行传统的货币管理手段，任何货币当局都不会等闲视之，在引入数字货币前，都必须经过深入、全面的考量和规划，数字货币的广泛流通必将是一个长期过程。

所以笔者认为，探索“区块链＋金融”宜从易到难，循序渐进，近期可集中力量加强理论研究，普及基础知识，做好政策咨询，并重点加强以下领域的研发。

降低信用风险。区块链通过对网络上的每一笔交易建立起集体核查的完整数据库，让参与各方之间能够在技术层面建立信任关系，解决了“拜占庭将军问题”(Byzantine failures)。借助区块链的“共识”数据，可以实现对所有参与者信用的搜集和评估，并可实时进行控制，减少可疑交易，进而达到“增信”目的。这有可能成为“区块链＋金融”最成熟、应用最多的领域。

降低运行成本。区块链技术能实现机构间的直接交易，使合约的执行更加扁平化，可缩短交易时间，降低交易成本。以跨境支付为例，在传统支付模式下需要两三天的处理时间，而区块链采用点对点的支付方式只需几秒至几个小时。R3联盟倡导的区块链技术可能很快运用于国际金融支付和清算领域。在证券结算和清算领域，借助区块链，证券所有人发出交易指令后，买方和买方通过智能合约直接实现自动配对，可以绕开证券经纪人、资产托管人、中央银行和中央登记机构，缩短证券交易流程。

提高场外交易的透明度。区块链具有自主运行、无须人工干预、数据不可篡改等特性，可以帮助降低场外交易成本，使该市场更加透明、规范，保证投资者权益。

提高金融监管效率。区块链具有不能篡改、不能伪造、公开透明的特点，更有利于监管。因为通过从技术体系的顶层获取信息，更加方便监管机构提前获得关于市场的动态，同时监控每一步资金的流入流出情况，降低支付、清算、结算步骤的出错率，减少监管的滞后性，让监管更加简单高效。

第二章

第一次石油危机

第一节　来龙去脉

石油作为一种重要的能源资源，具有很强的金融属性，关系着国家经济安全。在 20 世纪 70 年代之前，石油很便宜，长期稳定在每桶 1~2 美元左右。然而，1973 年的中东战争引发的第一次石油危机彻底改变了这一局面，石油价格暴涨并剧烈波动，加重了国际经济和金融体系的不稳定性。

一、从第四次中东战争到石油禁运

1973 年 10 月 6 日，阿拉伯人发动了打击以色列、收复失地的战争。6 日下午两点，埃及军队强渡苏伊士运河，向运河东岸的以色列军队发起进攻，“第四次中东战争”爆发。当日，叙利亚切断了一条输油管，黎巴嫩也关闭了输送石油的南部重要港口西顿。战争初期阿拉伯人节节胜利，以色列由于事前没有准备而一路溃败。但战局很快发生逆转，原因之一是美国公开向以色列空运武器。10 月 19 日，美国国会批准了向以色列提供 22 亿美元的一揽子紧急军事援助。此后，以军迅速夺回了战争的主动权，并有进逼开罗之势。

为报复美国支持以色列，阿拉伯产油国动用“石油武器”，采取减产、提价、禁运和石油公司国有化等措施，减少对美西方的石油供应，从而引发了第一次石油危机。阿联酋率先宣布减产并对美国实行石油禁运，接着沙特宣布减产 10%，并对美国实行禁运。卡塔尔、科威特、利比亚、阿尔及利亚、巴林和阿曼也宣布减产和对美国实行禁运。到 10 月 22 日，所有阿拉伯产油国都已减产 10%，有的国家还超过 10%，并都对美国实行了禁运。为惩罚荷兰为美国向以色列运送武器提供方便，一些阿拉伯国家还对荷兰实行石油禁运，此外，对石油加工后供应美国舰船的地区也实行了石油禁运，还减少了对意大利和希腊的石油供应。11 月 4~5 日，阿拉伯石油输出国组织决定继续实行减产和石油禁运，11 月份减产的数量为 9 月份产量的 25%，12 月份在 11 月份产量的基础上再减产 5%，直至以色列军队撤出侵占的阿拉伯领土及巴勒斯坦人的合法权利得到恢复。团结力量大，阿拉伯产油国的一致行动获取了巨大收益。

表 2-1　　国际原油价格（1970~1974 年）

时间	价格
1970 年	1.80
1971 年 2 月 15 日	2.18
1971 年 6 月 1 日	2.29
1972 年 1 月 20 日	2.48
1973 年 1 月 1 日	2.59
1973 年 4 月 1 日	2.74
1973 年 6 月 1 日	2.90
1973 年 7 月 1 日	2.96
1973 年 8 月 1 日	3.07
1973 年 10 月 1 日	3.01
1973 年 10 月 16 日	5.12
1973 年 11 月 1 日	5.18
1973 年 12 月 1 日	5.04
1974 年 1 月 1 日	11.65
1974 年 11 月	11.25

资料来源：Gilbert Jenkins，Oil Economists' Handbook，London: Applied Science Publishers，1977，p.130.

阿拉伯产油国曾与国际石油公司进行提高石油标价的谈判，但谈判于 10 月 14 日破裂。10 月 16 日，海湾五个阿拉伯产油国和伊朗的代表在科威特开会，决定单方面把石油标价提高 70%，从每桶 3.01 美元提高至每桶 5.12 美元。从此，国际石油公司丧失了国际石油市场的定价权。

12 月 22~23 日，石油输出国组织各成员国的部长，在德黑兰决定将石油价格由每桶 5.12 美元提高到 11.65 美元。仅仅两个月石油价格就提高了 3 倍，导致严重依赖中东石油的国家产生了巨额国际收支逆差，并引发了 1973~1975 年的资本主义世界经济危机。

一些阿拉伯产油国，尤其是伊拉克和叙利亚，还掀起了石油公司国有化浪潮。1973 年 10 月，伊拉克宣布，将伊拉克石油公司所属巴士拉石油公司中美国埃克森和莫比尔两家联合拥有的股份收归国有。1974 年 2 月和 3 月，利比亚先后把加利福尼亚亚细亚石油公司、德士古海外石油公司、利比亚美国石油公司的全部财产以及英荷壳牌石油公司中的荷兰经营权收归国有。

为了利用矛盾集中力量打击美国和以色列，阿拉伯国家对石油进口国采取区别对待、分而治之的策略，根据其对这场战争的不同态度，将它们分为"友好""中立"和"不友好"三类：凡是对以色列实行某种经济制裁或断绝外交关系或为阿拉伯各国提供某种军事援助的国家，划为友好一类，可以获得减产前的供应数量；凡是积极支持援助以色列侵略者、反对阿拉伯国家和巴勒斯坦人民的正义斗争事业的国家，则被划为不友好一类，停止对它们的石油供应；对中立国家，适当限制对它们的石油供应。

美国为了对抗阿拉伯产油国的石油禁运，曾威胁要使用武器占领这些国家的油田。沙特、科威特和叙利亚则发出严重警告，如果美国胆敢武装入侵，就立即炸毁油田和有关设施，彻底摧毁美国在中东的全部石油利益。阿拉伯国家的坚决态度使美国没敢贸然动手。

进入 1974 年后，石油危机进一步发展，美国国务卿基辛格开展了著名的"穿梭外交"，使各方签署了脱离接触协议，以色列放弃部分西奈和叙利亚的领土。1974 年 3 月 18 日阿拉伯石油输出国组织正式发表声明，决定解除对美国的石油禁运。随后，沙特开始增加产量。至此，长达半年之久的第一次石油危机结束。

二、第一次石油危机的影响

1. 对阿拉伯产油国而言，这次石油禁运是比较成功的

这场石油斗争，不仅对资本主义世界经济产生巨大影响，还在政治上分化了美国与欧共体、日本的关系。1973 年 11 月 6 日，欧共体的 9 个成员国在布鲁塞尔发表共同声明,要求以色列结束对阿拉伯国家领土的占领，脱离了美国中东政策。英国不许美国利用它的国内和海外领地的运输设施为以色列转运补给，西德禁止美国供应以色列的军火从西德港口起运，西班牙、希腊和意大利等国不允许美国飞机在其领土着陆或飞越其领空。日本起初采取所谓“中立”立场，阿拉伯国家限制了对它的石油供应，11 月 22 日，日本也转变立场，和欧共体一样支持阿拉伯对以色列的斗争。在国际交往中利益才是硬道理，颠扑不拔。

阿拉伯国家增强了经济实力，数百亿石油美元流向中东。据统计，仅提价一项，就使阿拉伯国家的石油收入由 1973 年的 300 亿美元猛增到 1974 年的 1100 亿美元。一些中东国家成立了主权财富基金，比如成立于 1976 年的阿布扎比投资局，以实现在全球范围内的跨行业、跨地区投资组合。中东产油国有财力加大资金投入，扩大基建规模，提高社会福利待遇。

通过石油禁运，石油生产国不仅掌握了石油资源的所有权，还从 1975 年 10 月开始，正式将沙特从腊斯塔努拉角出口的、API 为 34 度的轻质原油价格作为原油官价，并定期公布其价格，作为阿拉伯其他原油定价的基准。

当然，石油武器是把“双刃剑”，这次石油危机也减少了阿拉伯产油国的石油出口和市场份额。另外，石油武器的使用没有实现阿拉伯国家的全部目标，美国并没有放弃其支持以色列的既定政策，以色列也没有从其所占领土中完全撤出。

2. 对美欧日等国的冲击

第一次石油危机对欧共体经济的冲击很大，因为当时欧共体的石油消费严重依赖中东国家，1973 年 10 月之前的消费量是 1500 万桶 / 天，其中的 1100 万桶来自阿拉伯国家。石油危机使西欧的工业生产出现负增长，经济增长率为 –2.5%，人们因担心物价上涨而出现恐慌。为应对能源危机，欧共体国家采取了很多应急措施，比如英国规定工厂每周开工三天，关闭全部市政供电，电视塔成为唯一的城市亮光，足球比赛放在白天进行。德国政府规定，周末汽车禁行，每辆车一个月只允许使用三天，延长学校假期。

石油危机使日本的工业生产下降了 20.6%，经济增长率为 –3.25%。1974 年日本的批发物价上升了 31.4%，消费物价上涨了 24.3%。日经 225 指数也从 1972 年的 5236 点下跌到 3764 点，跌幅为 28%。日本的出租车司机进行示威游行，家庭主妇上街抢购各种生活必需品，比如洗衣粉、卫生纸等，导致物价飙升。

石油危机使美国工业生产下降了 14%，经济增长率为 –4.7%。道・琼斯工业股价平均指数（以下简称道・琼指数）1973 年 1 月的最高点是 1016 点，到年底下跌了 25%，一年后跌到了 577.60 点，纽约股票交易所市值下跌了 40%。标准普尔指数也从 1972 年的 117.44 点跌至 1974 年的 69.72 点。美国政府内部一片惊慌，甚至有人要求出兵占领海湾油田。在这个严寒的冬天，由于燃料油价格上涨，一些美国人出门捡木柴，低耗油小轿车受到青睐。家庭妇女们组织起来合伙使用汽车外出。与欧日相比，美国对中东石油进口的依赖性相对较小，所以美国的应对措施主要立足国内。美国政府宣布全国处于“紧急状态”，并采取了一系列紧急措施，比如减少班机航班，限制车速，对取暖用油实行配给，星期天关闭全国加油站，禁止和限制户外灯光广告等，甚至连白宫顶上和联合国大厦周围的电灯也限时关闭。美国在欧洲的驻军和地中海的第六舰队动用了战时石油储备。

经过第一次石油危机的冲击，西方各国普遍认识到石油对各国经济政治和社会生活的重要性，于是修改石油政策，加强对石油资源、生产、供应、销售和市场的控制，加强对外国石油公司的管理和限制。日本、韩国、加拿大、英国、丹麦、挪威、马来西亚、苏联等国还成立了国家石油公司。

石油危机促使西方改变经济战略，调整经济结构，以减少石油危机的影响。各国纷纷采取措施加强产业结构调整，建立石油储备。各国还投资开发替代能源，比如法国投资建立铀浓缩厂开发核能，瑞典的卡尔伯格公司开展水煤浆研究，一些国家开发风能、太阳能等，以减少对石油等传统能源的依赖。

为应对新的石油危机，1974 年 2 月召开的石油消费国会议，决定成立能源协调小组来指导和协调与会国的能源工作。同年 11 月 15 日，经合组织各国在巴黎决定建立国际能源机构（IEA）。11 月 18 日，16 国签署了《国际能源机构协议》，1976 年 1 月该协议正式生效。目的是促进其成员国建立应急石油储备（或称战略石油储备），协调突发事件引起石油供应中断时成员国之间的石油调配问题。

表 2-2　　1971 年世界石油主要流向表

消费国	原油进口量（千吨）	进口来源国占比（%）			OAPEC 石油占各国总能源消费比例（%）
		OAPEC 国家	伊朗	其他国家	
美国	86080	19.0	6.2	74.7	2
比利时和卢森堡	30320	69.2	14.2	16.6	44
丹麦	10680	56.6	3.5	39.9	52
法国	108400	74.1	5.4	20.5	50
德国	100380	71.3	8.5	20.2	36
爱尔兰	3450	64.0	23.2	12.8	43
意大利	113390	77.9	10.0	12.1	66
荷兰	60480	72.4	11.1	16.5	47
英国	109810	73.8	10.0	16.2	34
日本	189500	40.0	43.7	15.9	32

资料来源：United Nations Energy Statistics 1973. In Strategic Survey 1973， London: The International Institute for Strategic Studies， 1974， p.36。

注：到1973年8月，美国从阿拉伯国家进口的石油已占美国全部原油进口总量的30%以上，来自沙特的石油在美国进口的中东石油中约占50%。

第二节　几点认识

一、解析石油美元

石油美元是由埃及裔美国经济学家易卜拉欣·奥维斯提出的，广义上是指通过出售石油而获得的美元收入，狭义上是指通过出售石油获得的美元收入扣除本国发展所需资金之后的盈余，通常是指狭义上的石油美元。石油美元已成为国际资本市场上一支不可忽视的力量。

1973 年的第四次中东战争，导致石油价格大幅上涨，石油输出国家的国际收支出现巨额顺差。巨额石油美元对石油输入国、石油输出国乃至国际经济都产生了重大影响。由于石油输出国经济结构单一，国内市场狭小，无法吸纳巨额石油美元，必须对外输出资本。而西方发达国家由于石油价格暴涨，国际收支逆差，大多希望石油美元回流。美国通过“穿梭外交”，率先与沙特签订了“不可动摇协议”，使沙特承诺以美元作为石油出口的唯一定价货币，还与沙特达成谅解，使其同意用石油收入投资美国国债，使石油美元回流美国。这一合作使“美元与黄金挂钩”转变为“美元与石油挂钩”。石油美元持有国成为“后布雷顿森林体系”的外围经济体，有助于离岸美元向美国本土回流，部分缓解美国国际收支失衡压力，继续维持美元的世界货币[①]地位。

---

① 世界货币是在国际商品流通中发挥一般等价物作用的货币，它除了作为价值尺度之外，还是国际支付手段、国际购买手段和财富的国际转移手段。

1978 年 11 月，第一份石油期货合约——取暖油期货合约在纽交所（NYMEX）上市，1979 年第二次石油危机爆发[①]，为对冲风险、套期保值，该期货交易量迅速上升，获得巨大成功。1986 年，西德克萨斯轻质原油（WTI）期货合约在纽交所上市。与此同时，轻柴油期货合约、布伦特原油（Brent oil）期货合约等在伦敦国际石油交易所（IPE）上市。之后日本和新加坡也推出原油和成品油期货合约。各种石油期货合约的不断上市，使石油成为一种重要的金融产品。随着石油期货、石油期权、石油互换等金融衍生品市场的日益发展，国际石油市场参与主体不断多元化，交易方式也越来越灵活，石油的金融属性日益增强，石油价格在很大程度上不再由市场供求来决定，而是由金融资本和汇率等诸多因素来决定。石油定价权也就从产油国手中逐步转移到石油交易市场了，受控于国际金融寡头。

石油美元的规模与国际油价呈正相关。石油美元在 1973 年之前就存在，但由于那时油价太低，石油美元的规模很小，也就几十亿美元。第一次石油危机后的 1974 年，油价达到 10 美元以上，欧佩克国家持有的石油美元也突破了 1000 亿。第二次石油危机爆发后，油价再次暴涨，产油国持有的石油美元突破了 2000 亿。1986 年油价下跌，产油国的石油美元规模也大幅缩减。进入 21 世纪，国际油价不断攀升，到 2006 年，全球积累的石油美元估计已超过 2 万亿美元。2007 年次贷危机爆发后，国际油价暴涨，2008 年一度达到 147 美元 / 桶，一直到 2014 年上半年，国际油价还在每桶 100 美元的高位徘徊，这让产油国积累了大量的石油美元。2009~2014 年，欧佩克国家的外汇储备暴涨 60%，达到 1.3 万亿美元，如果算上俄罗斯等非欧佩克产油大国，产油国的外汇储备超过 2 万亿美元。同期这些国家的主权财富基金规模则扩大了 80%，达到 4 万多亿美元。石油美元投资者的资产规模在 2009~2014 年的五年中增加了 2.5 万亿美元。2014 年下半年国际油价崩盘后，石油美元开始缩水。据高盛预测，不断创出新低的油价使石油美元每月减少 240 亿美元。欧佩克国家 2015 年的

① 1979 年伊朗发生革命，伊朗君主巴列维被推翻，霍梅尼上台成立了新的伊斯兰共和国。受伊朗革命的影响，石油价格飙升，在一年内翻了一番，导致第二次石油危机。

石油净出口收入约为 4000 亿美元，比 2012 年最高点的 9200 亿美元减少 50% 以上。从 2016 年 11 月 30 日，欧佩克联合俄罗斯等国减少石油产量，但没能改变油价的颓势，可能使产油国的石油美元继续缩水。

近年来，由于气候变化和环境问题凸显，各国加大了新能源开发力度，虽然目前新能源与石油等传统能源相比规模很小，但发展潜力巨大，“页岩气美元”“乙醇美元”等概念引起了重视，是美元实现利益的抓手。另外，“石油欧元”“石油卢布”“石油人民币”等促进国际石油贸易的同时，也冲击着石油美元的地位。

20 世纪 70 年代后，随着石油美元规模的不断膨胀，美国国债市场有限容量和较低收益率已无法满足石油美元保值增值的需求，石油美元的投资渠道日益丰富，从原来单一存款于国际商业银行、由商业银行进行投资，转变为直接投资、组合投资、以外汇储备的方式持有外汇资产等方式结合起来。IMF 的相关研究表明，第一和第二次石油危机期间，各石油输出国主要持有的是储备资产和国外银行的存款。到 1999 年前后，欧佩克各国的组合投资的比例上升到了 28%，外汇储备的比例上升到了 19%，并提高了对新兴经济体的投资比重。1999~2005 年，欧佩克各国在世界范围内的投资总额超过 8000 亿美元，其中投资美国 2770 亿美元（占 35%），比如企业债、房地产和股票等；投资中国和亚洲其他新兴市场 2450 亿美元，占 31%。据统计，这部分投资的平均收益率在 5%~17%，部分投向新兴市场国家的投资收益率高达 400%。另外，中东地区的军力迅速膨胀，军购成为石油美元回流的新渠道。

石油美元属于投资（投机）资金，与欧洲美元融汇，取道经常账户（更不用说资本账户了）就能轻松穿越国界，在国际上大量而迅速地移动。需要特别注意的是，石油美元的流向很难被准确跟踪，IMF 认为，石油出口国对外净投资总额中有 50% 的资金流向难以确认[①]。由于新兴市场金融

① IMF. World economy outlook[OL]. March，2006.[2007-3-15].http://www.imf.org/external/pubs/ft/weo.

监管相对薄弱，进入新兴市场的石油美元往往具有游资性质，这使得石油美元的流向充满不确定性，增加了国际（尤其是新兴经济体）金融体系的系统性金融风险。

二、影响石油安全的主要问题

石油不仅仅是能源，还是工业的“血液”，没有石油就没有现代工业，其重要性无论怎么强调都不为过。基辛格有一段很精辟的论述：**“如果你控制了石油，你就控制了所有国家；如果你控制了粮食，你就控制了所有的人；如果你控制了货币，你就控制了全世界。”**石油、粮食、货币关系国家命脉，也是国际经济领域的核心问题。很多国际问题看起来很复杂，扑朔迷离，但只要你能抓住核心，就不会被表象迷惑。

1. 中东动荡历来是影响石油安全的主要原因

据统计，1951 年以来，世界上共发生过 18 次国际石油供应中断，其中由中东引发的就多达 15 次，只有 3 次不是中东引发的，即 2000 年欧佩克限产提价，2002 年委内瑞拉石油工人罢工，2005 年卡特里娜飓风袭击美国。在 15 次由中东引起的供应中断中，有两次与石油运输航路有关，一次是第二次中东战争，一次是两伊战争。

中东动乱之所以能影响石油安全，根本原因是世界石油市场错位。主要石油产区不是主要石油消费区，主要石油消费区不能够生产足够的石油。

据 BP 统计，2010 年，就消费国而言，美国消费全球 21.1% 的石油，而只能生产全球 8.7% 的石油；中国消费全球 10.6% 的石油，但只能生产全球 5.2% 的石油；日本消费全球 5% 的石油，自己却不能生产石油。

就生产国而言，中东生产全球 30.3% 的石油，但只消费全球 8.9% 的石油；非洲生产全球 12.2% 的石油，但仅消费全球 3.9% 的石油。

只有欧洲的石油供求总体上是平衡的，生产占全球 21.8%，消费占全球22.9%。这主要是因为俄罗斯生产的原油很多，并且主要出口欧洲。所以说，如果伊朗停止对欧洲供油，欧洲并不害怕。比如法国，核电很发达，大约75%的电力是核电。

由于中东地区的输出量最大，因此它对国际石油供应安全的影响也是最大的。

国际石油市场板块化突显中国石油进口风险。20世纪70年代以来，发达国家实施石油供应来源多样化战略，实质是减少对中东的依赖。整个中东在国际石油供应中的地位，从那时的70%以上，下降到现在的1/3左右。当前国际石油市场，大致形成3个供求板块。

第一个板块是美洲板块，美国是主要消费国。据统计，2010年美国石油进口第一大来源是美洲，占44%；第二大来源是非洲，占20%；而中东已经下降为第三大来源，只占15%左右。

第二个板块是欧洲板块，欧盟国家是主要消费国。在欧盟国家2010年石油进口中，俄罗斯中亚为第一大来源，占50%，非洲为第二大来源，占22%，中东下降到第三大来源，只占20%。

第三个板块是亚洲板块，以中国、日本和印度为主要消费国。中东是各国的第一大供应来源，2011年，中国从中东进口的石油超过50%、印度为73%，日本为80%。

在这种板块化的形势下，中东地区动乱对亚洲国家的威胁要大于对美欧的威胁。

2. 中国的原油对外依存度过高

2011年，中国是世界上第二大原油消费国，消费4.5亿吨，仅次于美国，其中进口2.54亿吨，国内生产大约是2亿吨，石油对外依存度达到56.5%，超过了美国的53%。在中国进口的石油中，58.8%来自中东和北非地区，这是世界上最动荡的地区，很不安全。

2010年，美国从海外进口原油约为4.58亿吨，其中从中东地区（波斯湾）进口原油 7040 万吨，占美国进口总量的 18%，2011 年进一步下降到 15% 左右，并且主要来自沙特。沙特是美国的盟友，关系很稳定。

美国石油（原油 + 油品）进口的首要来源是邻国加拿大和墨西哥，石油供应安全有保障。2010 年，美国从加拿大、墨西哥进口石油占全部进口量的 32.38%，来自中南美洲的占 20.48%，来自非洲的占 19.01%，来自欧洲的占 6.41%。仅大西洋供销区就占到美国石油进口的 78.28%。大西洋供销区是美国成本最低供销区，便捷安全。通过分析可以看出，美国的石油进口并不依赖中东。

美国的实力不仅仅表现在 GDP 总量上，还表现在强大的军事、科技、货币和规则制定上。世界的石油交易是以美元计价的，石油定价权掌握在华尔街的金融寡头手里。

3. 石油战略储备远未达到"及格线"

中国是世界上重要的石油消费国和生产国，但在生产方面中国不是欧佩克成员，在消费方面中国不是国际能源署（IEA）成员。

石油战略储备制度起源于 1973 年中东战争。当年，欧佩克动用石油武器，对西方发达国家搞石油禁运，导致世界石油价格暴涨，西方国家吃尽了苦头，这是导致美国 20 世纪 70 年代经济滞涨的重要原因。为抵御石油价格猛涨和进口中断，发达国家联手成立 IEA，成员国纷纷储备石油，以应对石油危机。

按照当时国际能源署的要求，成员国至少要储备 60 天石油。20 世纪 80 年代，第二次石油危机后要求增加到 90 天。没有 90 天以上的战略储备，就不能加入 IEA，这是加入俱乐部的门槛。中国做不到，所以不是 IEA 的成员，一旦发生石油供应中断，中国也不能从 IEA 的成员中调剂石油。

美、日、德、法等发达国家的石油战略储备天数都已达标。早在 2009 年，美国石油战略储备就超过 7 亿桶。假如发生石油供应中断，美国可以坚持 420 天，欧盟可以坚持 238 天到 250 天，日本也可以坚持 200 天以上。

与西方相比，中国石油战略储备起步较晚。因为早些年我们从国外进口原油少，甚至出口，不用考虑战略储备问题。现在进口多了，不得不考虑储备问题。2010 年 1 月，中国完成石油战略储备一期工程，首批 4 个储油基地，储备总量约 1400 万吨。第二期项目正在建设。1400 万吨战略储备约等于十几天进口量，另外中国商用石油储备能力大体是 20 多天的进口量，两项加起来，中国的储备能力是 30 多天的进口量。预计到 2020 年，中国有可能建成 5 亿桶石油储备，到那时我们能达到 90 天的“及格线”。

4. 石油运输过于依赖海运，非常不安全

首先看海运情况。东亚各国从中东进口石油都是通过油轮运输的，中国的石油进口 80% 以上依靠海运，主要航线也与中东有关，即从海湾 → 霍尔木兹海峡 → 马六甲海峡 → 台湾海峡 → 中国大陆。如果航路发生问题会影响中国的石油供应安全。中国在亚丁湾护航，打击索马里海盗，有利于维护石油运输的安全。

然后看陆路运输情况。中哈原油管道、中缅油气管道、中俄原油管道，即便完全建成，并充分开工，满打满算，每年也只能为中国输送 4700 万吨原油，这是上限。社科院发布的《中国能源发展报告》预测，到 2015 年，中国的石油净进口量就将达到 3 亿吨，陆路管道进口只能解决进口的 15.7%，2010 年解决了 11.3%，只是略有提高。中国石油进口主要依赖中东，并且主要依赖海运，这种状况在短期内很难扭转。

另外，由于运力不足，目前国内油轮承担的运输量不足 1/5，其余全部依靠外轮。这种情况需尽快改变。

5. 页岩气发展前景广阔，但不宜盲目跟风

奥巴马曾宣称，未来 10 年，美国将把石油进口量再削减 1/3。为什么奥巴马敢说这样的大话？页岩气是重要原因。

页岩气成分以甲烷为主，与常规天然气成分和用途相同，区别是成藏

机理、赋存状态、开采方式和产气规律不同。

20 世纪 70 年代末，美国政府采取一系列措施扶持页岩气等非常规能源开发，经过几十年的努力，美国取得页岩气勘探开发技术突破，产量快速增长。2000 年，美国页岩气产量是 122 亿立方米，到 2011 年，就增长到 1720 亿立方米，是唯一实现页岩气大规模商业开采的国家。目前，美国已超过俄罗斯成为全球最大的天然气生产国，由天然气净进口国转变为净出口国。美国页岩气的开发改变了美国能源格局，并对全球能源供应和地缘政治产生重要影响。欧佩克的缔造者之一、沙特石油部前部长谢赫·亚马尼曾指出：**石器时代的结束，并不是因为缺少石头；石油时代的结束，也不会是因为缺少石油。**随着科技进步，页岩气的开发成本将不断下降，前景看好。

中国的富有机质页岩分布广泛，既有海相页岩，也有陆相页岩。目前，中国页岩气勘探开发取得初步进展。但也面临很多问题，比如资源情况尚不清楚；关键技术有待突破，环境隐患多；投入成本高，商业开发难度大；缺乏鼓励政策，等等。总之，中国开发页岩气面临诸多问题，不能盲目追风。同时需吸取煤层气开发的经验教训，谨慎务实，推动中国页岩气开发稳步前行，防止过度炒作。

维护中国能源和经济安全的具体建议是：一是增加石油战略储备。二是努力推动石油进口多元化。三是维护石油运输安全。四是加强对非常规能源的开发利用，比如页岩气、煤层气、油砂等。五是大力开展能源外交。经济全球化背景下，中国与国际经济联系日益密切，你中有我，我中有你。经济外交和能源外交工作越来越繁重，能源外交成为中国外交工作的重要内容。

（该文发表于《学习时报》2012 年 11 月 5 日，基本反映了当时的石油安全状况。作为对比，大家可以体会到中国近年来在维护石油安全方面取得的进步。）

第三章

1987年“黑色星期一”

第一节 来龙去脉

第二次世界大战后的 40 多年里，全球主要股市的运行总体比较平稳，没有发生剧烈波动，人们感觉像“大萧条”那样的灾难一去不复返了。然而，1987 年 10 月 19 日，这一天是星期一，意料不到的事发生了，道·琼斯指数一天之内就暴跌 22.6%，并引发全球股灾，这种瞬间“雪崩”一样的冲击，让投资者体会到“世界末日”来临的那种窒息和黑暗。

一、好像全世界都在卖

当天早晨 7 点半，当纽约证券交易所主席约翰·菲林来到办公室时，市场部值班人员送给他一份电脑自动交易程序中接单的情况报告，他惊呆了：数量近亿股，基本上都是卖单。好像全世界都在卖！

上午 9 点 30 分，纽约股票交易所开市。由于市场买卖严重失衡，基本上都是卖家，没有买家，道·琼斯指数开盘就跌去 67 点。转眼间，出售指令排山倒海一样涌来。

开盘后不到 1 小时，道·琼斯指数已下跌 104 点，倒手股票竟达 1.4 亿股，相当于平时一整天的交易量。到 10 时 30 分，因为市场上很难找到买家，约占标准普尔 500 指数指标股 30% 的 95 只蓝筹股竟然尚未成交。由于卖单大量堆积而买单不多，市场价格被迫一再下降以吸引买方；道·琼斯指数 30 只指标股中有 11 只还没有开盘交易，而在平时，通常开盘后不到 5 分钟就会全部开始交易。

卖单蜂拥而至，纽约股票交易所虽然有 200 台微机，但这套系统从未处理过如此巨大的交易量，几乎陷入瘫痪。开盘不到一个小时，由于抛盘数量太大，计算机处理比实际交易速度慢了 20 分钟。中午，计算机系统中的指定指令转换系统（DOT）慢了约 75 分钟。由于 DOT 系统容量不足，在传送到 DOT 系统的 3.96 亿股的交易中，竟有 1.2 亿股没有执行。

到中午 11 点，道·琼斯指数仍在下跌。交易所管理层中有人提议关闭市场，让狂泻的势头冷下来。首次担任美联储主席的艾伦·格林斯潘强烈反对，他认为在市场恐慌时关闭市场，就是在投资者伤口上撒盐。交易所董事长菲兰认为：“说老实话，全世界都把这个交易所看作是美国经济的象征，你装也得装出个撑得住的样子。”

下午 13：09，一则可怕的消息传至股市，美国证券交易委员会主席大卫·卢德在华盛顿发表讲话说：“在关键时刻，虽然我们不知道这一关键时刻会在什么时候，我将与股票交易所讨论暂时关闭交易所。”这一讲话更加剧了恐慌。因为一旦交易所关闭，交易商们来不及抛掉手中的股票，他们的股票可能一文不值，于是他们迅速倾销股票，这种集体行动引发了更恐怖的抛售潮。

下午 14 点，道·琼斯指数已经下挫 250 点，股票换手 4 亿多股，计算机处理比实际交易速度落后了 100 分钟。美国证券交易委员会官员出面澄清：我们没有讨论关闭交易所的事情。但为时已晚，市场信心已彻底崩溃，这时无论你怎样澄清都无济于事。

到下午 16 点收盘时，道·琼斯指数从 2246.72 点跌至 1738.47 点，跌幅达 22.6%[①]。当天，在纽约股票交易所挂牌的 1600 只股票中，除 52 只股票上升外，其余全部下跌，有 1192 只股票跌到 52 周以来的最低水

① 10 月 19 日的跌幅是纽约股市历史上第二大单日跌幅。最大单日跌幅是 1914 年 12 月 12 日，单日跌幅是 24.4%。最大单日下跌点数是 2001 年 9 月 17 日，单日下跌 684.81 点。

平。许多蓝筹股在劫难逃：通用电气公司下跌 33.1%，电报电话公司下跌 29.5%，可口可乐公司下跌 36.5%，波音公司下跌 29.9%……当天，世界首富萨姆·沃尔顿的股票损失 21 亿美元，比尔·盖茨损失 39.45 亿美元……普通股民的心理变得极为脆弱，有人精神崩溃，自杀的消息不绝于耳，整个市场弥漫着恐慌。

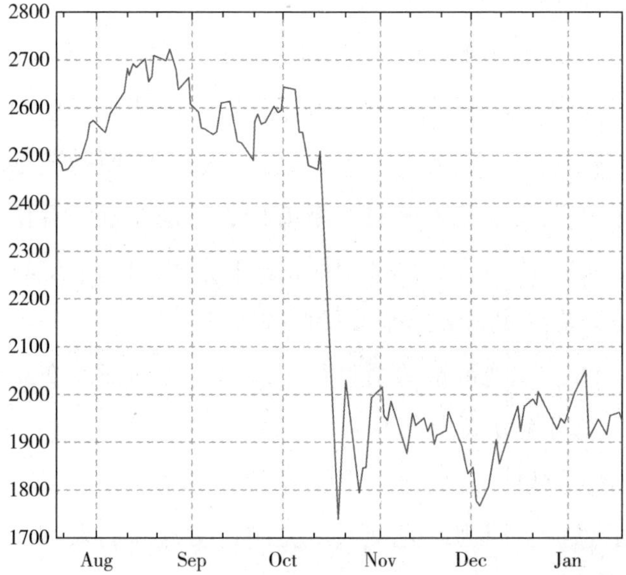

图 3-1　纽约股市道·琼斯指数（1987.7.19 ~ 1988.1.19）

二、影响

伴随着经济全球化和金融一体化的发展，各个金融市场紧密地联系在一起，像华尔街那样的金融中心发生股市暴跌时，在其雪崩般的冲击下，其他与之联系紧密的外围股市将很难幸免。当天，日经 225 指数下跌 14.9%；香港恒生指数的跌幅为 11.3%；新加坡海峡时报指数的跌幅为 12.4%；澳大利亚所有普通股价格指数 19 日下跌 3.7% 后，20 日又下跌 24.9%。此外，巴西、墨西哥的股市跌幅在 20% 以上，伦敦、巴黎、法兰克福、斯德哥尔摩、米兰、阿姆斯特丹等股市均有 6%~11% 的下跌。这一天，全球股市市值缩水达 1.4 万亿美元。

股市大跌使投资者把债券、黄金等看作是更安全的投资场所。由于大量避险资金流入，10 月 20 日上午，美国 30 年期的国债价格上升了 12 点；10 月 19 日当天，黄金价格涨到近 5 年来的最高。在美国，当时直接从事股票投资的人约占全国人口的 1/4，这部分人本来购买力强，可股灾使他们的资产大幅度缩水，并严重抑制了消费。

三、救助措施

股灾发生后，美国政府和美联储迅速行动起来，果断对股市干预。

首先是稳定市场信心。政府连续发表声明，强调美国的各项经济指标正常，宏观经济运行良好。美联储发表讲话：“为履行作为中央银行的职责，联邦储备系统为支持经济和金融体系正常运作，今天重申将保证金融体系的流动性。”也就是支持银行为股票交易商发放贷款。

二是在货币政策上，通过窗口指导、降息和增加流动性供给等，保障做市商制度的稳定性，保障股票交易持续进行。

三是改革交易制度，引入股市交易熔断机制（Circuit Breaker）。这一机制后来经过多次修改，将基准指数由道·琼斯指数改为标准普尔 500 指数，并设定 7%、13% 和 20% 三档熔断阀值，当标普 500 指数跌幅触发这三级阈值时，股市分别暂停 15 分钟、暂停 15 分钟和暂停直至收市。[①]

四是鼓励大公司回购股票。股灾爆发后的两周内，多达 650 家上市公司宣布回购本公司股票的计划[②]，美国证券交易委员会同时取消上市公司

① 从 1988 年纽交所实行熔断机制以来，对于熔断机制的作用就存在争议。支持者认为熔断机制可以增强市场的有效性、降低市场的波动性。而反对者主要是从价格、波动率和成交量三个方面分别提出了价格发现延迟假说、波动率溢出假说以及交易干扰假说，认为熔断机制会阻碍市场正常的价格发现功能、增加市场的波动性以及阻碍市场的正常交易。

② 作为对比，自 1987 年 1 月 1 日至 10 月 16 日，总共只有 350 家公司宣布回购措施。

持有本公司股票 10% 的上限限制。上市公司的大规模回购很有效，犹如给股市打了一针“强心剂”，对稳定市场预期发挥了重要作用。这是一条很有效的救市措施。

为减轻美国股灾冲击，香港股市当即停市 4 天[①]；前联邦德国宣布降低证券回购率；法国宣布降低长期利率；等等。这一系列稳定措施取得了实效，避免了更严重的金融和经济恐慌，并为后来应对金融危机积累了经验。总体而言，1987 年的“黑色星期一”是一场比较温和的衰退，对实体经济的冲击不严重。

第二节　几点认识

一、原因分析

由于视角不同，对“黑色星期一”的分析众说纷纭，代表性的说法有：

1.“伦敦风暴说”

1987 年 10 月 15 日夜，一场大风暴袭击了英格兰[②]，造成伦敦多地停水停电，树木倒伏影响交通，导致第二天（10 月 16 日，星期五）伦敦交易所无法正常上班，使大量未平仓的交易无法交割，这引发了市场不安和恐慌。10 月 16 日这一天，纽约股市下跌了 91 点（4.6%）。由于信息不对称，许多人将伦敦周五关闭与美国股市周五下跌联系在一起，在 19

---

① 10 月 26 日，香港股市重新开市后，恒生指数单日下跌 1120.7 点，跌幅为 33.3%，创造了最大单日跌幅。

② 英国极少遭受大风暴袭击，这场风暴没有提前预报出来。

日开盘前就选择卖空。这种集体一致的行动促使 19 日股市一开盘就大跌。笔者认为这个说法比较牵强，有推卸责任之嫌，伦敦风暴顶多是“黑色星期一”的外部诱因之一。

2.“程式交易说”

很多人认为“黑色星期一”是因为程式交易（Program Trading）引发的。程式交易是用计算机程序控制的量化交易，用计算机实时计算股价变动，并依据事先制定的买卖策略来进行自动操作。这种操作在当时比较流行。

笔者认为，程式交易本身没有问题，问题出在交易策略方面。当一个投资者在电脑上看到股价下挫，按照事先设定的投资策略启动抛售行为时，他可能没有意识到，别的投资者策略可能和他相同。单个投资者的做空，从他个体角度看没问题。而如果所有的投资者都卖空，集体一致的行动就会引发恐慌和股灾，这就是经济学常说的“合成谬误”（Fallacy of Composition），对微观个体对的东西，这些东西经过加总，在宏观上有可能是错误的。这是经济学的常识。

3.“投资组合保险说”

所谓投资组合保险，就是当市场下滑时，为止损而卖掉股指期货。需要注意的是，这里有个前提，就是股市中得有潜在的接盘者。但在股市暴跌的时候，所有的投资策略都是抛售，没有接盘者，市场无法处理大量的买卖指令，结果就是“墙倒众人推”，大家一起砸盘，成为死结。

“黑色星期一”告诉大家一个道理，资产投资组合能够分散风险的前提是：各种资产之间没有关联，相互之间不影响，尤其是不受同一类事件影响。否则，资产组合不仅无效，反而使风险更加集中。类似情况在 30 年后又出现了，不过那次是次贷。

4．“流动性不足说”

当时美联储的货币政策是希望让美元升值来压抑通胀，并取得了一些效果。但美联储货币政策紧缩速度太快，流动性收缩导致市场对港元（与美元挂钩）丧失信心，香港股市首先崩盘，然后向全球蔓延股灾[①]。

大家千万不要轻视心理因素对金融市场的影响。笔者研究金融风险这么多年，深刻体会到股票市场与普通商品市场最大的不同是：**普通商品的价格主要是由供给和需求决定的，而股票市场的价格是由贪婪和恐惧决定的。**当金融环境好时，贪婪决定股票价格走高，慢慢吹大泡沫；当金融环境恶化时，恐惧将刺破泡沫，股票价格随即狂跌。

5．“突发因素说”

在 10 月 18 日（周日），美国财长贝克宣布，如果联邦德国不降低利率，美国将考虑让美元下跌，这一讲话动摇了市场对美元和股市的信心。10 月 19 日当天下午，美国国防部长温伯格宣布在前一天击毁了一座伊朗在波斯湾的石油钻井平台，人们担心海湾战争升级，更加剧了股市的抛售潮。

此外，还有“羊群效应说”“动物精神说”等。笔者认为这些分析都有些道理，但都是表象，只是引发大股灾的导火索，根本原因有两点。

一是基本面出了问题。基础不牢，地动山摇。当时美苏大搞军备竞赛，美国军费开支过大，削弱了美国的经济实力，财政赤字从 1980 年的 761 亿美元增加到 1986 年的 2207 亿美元；贸易逆差从 1980 年的 225 亿美元增加到 1986 年的 1603 亿美元；到 1986 年底美国国际净债务达到 2636 亿美元。“高赤字、高外债”导致人们对美国经济信心的下降和通胀的担忧。这些经济不利因素向股市传导，增加了美国股票市场的系统性金融风险，在各种意外因素的共同作用下，引发了严重的金融危机。如果基本面良好，即使遭遇突发变故，也不会招致金融风暴。

---

① 东亚股市开盘早，纽约股市位于美国东海岸，开市最晚。

二是国际游资的冲击。当时美国放松了金融管制，金融市场的资产证券化和衍生品创新过快，美国政府还对股票投资减税，使投机活动失控，导致大量国际游资进入美国股市，促使股价持续高涨。1987 年前九个月，仅日本购买美国股票的新增投资就达150亿美元。1982年10月21日，道·琼斯指数为 1036 点，就已创第二次世界大战后新高，之后五年仍保持上升，到 1987 年 8 月达到 2722 点，年均增长 20% 以上。持续的牛市使人们盲目乐观。当绝大多数人相信股价还会上涨时，股市泡沫就很严重了。

也许有人会问，国际游资能有那么大的破坏力？答案是肯定的。我们千万不能小觑国际游资的作用。前文分析已指出，欧洲美元和石油美元融汇，规模达数万亿美元，不仅规模大而且行为隐秘。在资本项目开放的情况下，国际游资跨境自由，可有意识地选择目标集中攻击，冲击力极强。另外，股票的价格是由交易价格决定，成熟的股市每天的交易量与整个盘子相比很小，每日换手率不过 1%~2%，这意味着，是 1%~2% 的交易决定 100% 的股票价格。与普通商品交易不同，由于股票交易过于集中，投机者采取杠杆手段，制造些噪音，再加上羊群效应，与跟进的资金一起，可以迅速放大冲击作用。即便是美国股市那么大的盘子，在特殊情况下也难以承受国际游资的冲击，更不用说那些发展中国家的股市了。分析经济金融问题需有“边际”的概念，这是经济学的基本思维。

内外因素的共同作用，大大推高了美国的证券市场风险。当时，股市在高位运行，投资者普遍乐观，认为股市还会上涨。其实，这时股市的系统性金融风险很高，一家出问题，会很快产生连锁反应，对经济和就业造成重大冲击。投资者也很敏感，一有风吹草动，便想夺门而逃，都不想成为股市“最后接棒的傻瓜”。再加上股市是和期市联动的，当纽约股市大量抛盘时，投资者在芝加哥商交所大量卖出股指期货，共同加速了股市的崩溃。这时，哪怕是很小的意外“火花”，都可能引燃整个股市，招致瞬间的剧烈波动和严重的股灾。

“黑色星期一”虽然席卷了全球主要股市，但来也匆匆，去也匆匆。

后来有人轻描淡写地说，“黑色星期一”只能算是一场股市“感冒”。我认为这种比喻不恰当，是站着说话不腰疼。大家都有这样的体会，就是恐惧对人的刺激要比狂热强烈得多，在股市上输钱对人的刺激要比挣钱强烈得多。对于资金有限的投资者而言，恐惧更能发挥决定性的作用。得失寸心知，灾难来临时，那种恐惧感是极其可怕的，恐惧切身承受者和旁观者的感觉明显不同，后人更缺乏那种身临其境的体会。克服恐惧是知易行难的事，普通投资者根本做不到。即便是经验丰富的投资者后来坦言，在“黑色星期一”的底部，他们抛售了股票。其实他们当时很清楚，那很可能是错误的策略，但是他们做了，目的是用摆脱现实的痛苦，来寻求心理的慰藉。

二、何为明斯基时刻

大家阅读有关金融危机的媒体文章，可能会看到一个很时髦的词语——“明斯基时刻”。有人会问：这是什么东东？准确地说，“明斯基时刻”是由美国经济学家海曼·明斯基（Hyman Minsky）生前描述、去世后由保罗·麦卡利归纳出来的概念，明斯基在世时并没有使用“明斯基时刻”这种说法。现在，“明斯基时刻”被简单化了，通常是指资产价值崩溃的时刻，被看作是一个拐点、临界点，是金融狂热向金融恐慌①转变的时刻；还被看作是一种异常情况，是一种意外，来自外部冲击或人类的失误。笔者认为这些理解不恰当。

1. 明斯基描述的是个“过程”，而不是“时点”。

明斯基的描述是：好日子的时候，投资者敢于冒险；好日子的时间越长，投资者冒险越多，直到过度冒险。一步一步地，投资者会到达一个

① 金融恐慌是指由于某种外在的因素，短期资金的债权人突然大规模地从尚具有清偿能力的债务人那里撤回资金，这是一种集体行为。金融恐慌会导致并恶化为金融危机。从某种意义上讲，恐慌是一种自我实现的预言。

临界点上，其资产所产生的现金不再足以偿付他们用来获得资产所举的债务，投机性资产的损失又促使放贷者收回其贷款，从而导致资产价值的崩溃。从这段描述看，明斯基是在分析一个过程，是金融体系的内生脆弱性积累到一定程度，导致崩溃。明斯基还把金融危机的爆发过程分为乐观预期、信用扩张和泡沫崩溃三个阶段。

由此推测，明斯基的描述不是时点分析，而是时期分析，描述了一个“过程”。他关注的不是崩溃的某个“时刻”，而是分析金融周期的演变阶段和动态机制。

2. 金融脆弱性必然导致金融危机，这是内生的，不是意外。

明斯基是“激进的凯恩斯主义”的代表人物，他继承了“以投资为中心解释经济周期”的理论框架，融入了“投资的金融理论”。明斯基提出的“金融不稳定假说”，开辟了金融脆弱性理论研究的先河。明斯基按照“债务—收入”的关系，将借款的企业分为三类：第一类是抵补性企业（hedge—financed firm），它在各个阶段的到期债务额都低于预期的收益流，这类企业一般不会发生支付困难，抗冲击能力最强，也最安全；第二类是投机性企业（speculative—financed firm），尽管它的债务低于预期的赢利，然而它的预期收益在借贷到期的一段时间小于到期债务本金，这类企业的抗冲击能力比抵补性企业要弱很多；第三类是庞氏企业（Ponzi firm），是指行为主体所取得的正常现金流入不足以支付日常性现金支付及债务利息，只有靠“拆东墙补西墙”，变卖资产来维持现有经济规模，庞氏企业是非常危险的。

明斯基认为，在一个新周期开始时，绝大多数企业都属于抵补性企业。随着经济的进一步繁荣，市场显现出一派利好气氛，企业预期收益上升，纷纷扩大借款，金融公司也对借贷企业降低了门槛要求，投机性企业和庞氏企业迅速增多，抵补性企业所占比重却越来越小，于是金融脆弱性愈来愈严重。然而资本主义经济运行具有周期性，当经济运行良好时，金融脆弱性处于“隐蔽”状态。当经济面临滑坡时，任何打断信贷资金流入生产部门的事件，都可能引起违约和破产。借贷企业出现问题又会反作用于金融市场，导致金融机构的破产，形成“多米诺骨牌”效应。

在明斯基看来，正是经济繁荣埋下了金融动荡的种子。金融不稳定性和金融危机不是偶然的，不是外部因素所为，也不是某家机构失常或某个市场失灵，而是现代资本主义经济的正常现象和固有产物，无法根除。明斯基的观点与马克思有些相似。

笔者推测，明斯基将企业分为三类，就是个手段，目的是在这三类企业演变中，论证金融危机爆发的必然性。简单地说，就是为了说明道理而做了一个体系设计。我们既没必要追究如何定性定量的划分三类企业，也没必要比较三类企业的优劣。

3. 明斯基分析的局限

也许有人会问，金融危机是不断发生的，那么金融家们为什么不吸取教训？明斯基的解释有两个：一个是代际遗忘，就是忘记了过去的痛苦；一个是竞争压力，认为贷款人出于竞争的压力而做出许多不审慎的贷款决策。第一个解释不太适用，因为 20 世纪 80 年代以来，金融危机每 4~5 年就会发生一次，不可能那么快就遗忘了。也许有人会说，金融市场上，人的记忆力只有 2 年，很容易好了伤疤忘了疼，但我总觉着这种说法不靠谱。第二个解释有一定的说服力，但也比较牵强，更像是金融家推卸责任的托词。

另外，明斯基虽然意识到金融的反复无常日益成为现实，但他却没有考察金融的长期增长问题。金融即便不能创造经济增长，总还能支持经济增长吧。1987 年股市崩盘后，明斯基提出“资本主义再次发生了变化”，演进到一个非常容易发生金融危机的“货币管理资本主义”[①] 的新阶段。

---

① 明斯基是这样界定货币管理资本主义：“美国资本主义现在正处于一个新的阶段，即‘货币管理资本主义’阶段，在这一阶段拥有大量金融工具的所有者是互助基金和养老基金。投资组合总回报率是评价这些基金管理者绩效的唯一标准，这就将重点转移到了强调企业组织管理的盈亏底线上。”我理解“货币管理资本主义”就是今天大家常说的“金融化”。

然而，这只是个论断，既没形成支撑这个论断的框架，也没做出系统的、连贯的分析。

三、基于参与者有限理性的证券市场风险研究

对证券市场风险的分析，一般比较重视经济因素和政治因素。从经济和政治因素来分析证券市场风险是正确的，也是必要的，但还不充分。“黑色星期一”当天，道·琼斯指数跌幅超过 22%，星期二反弹了 5.3%，星期三再反弹 9.1%，但 26 日星期一又下跌了 8.3%。这种剧烈的价格波动再次说明，证券市场的参与者不是机械的物，虽然能够独立思考，却是有限理性的。他们构成了一个群体，供求双方的竞争行为是由其意志、心理和行为状态决定的。所以，研究证券市场风险的生成机制，应该重视参与者的心理和行为等因素对证券市场风险的影响。下面，我分析证券市场参与者有限理性条件下的从众心理、人为操纵和预期对证券市场风险的影响。

1. 参与者的有限理性

作为新古典主义经济学基础的主观效用论，假定一切选择是在以下三种条件下做出的：可供选择的对象是给定的，而且是固定不变的；每种选择结果的概率分布是已知的（指主观而言）；目的是为了使一个给定的效用函数的期望值达到最大化[①]。西蒙将理性（Rationality）概括为一种行为方式，是指在给定的条件和约束的限度内适于达到给定目标的行为方式[②]。长期以来，“理性人”假设的合理性一直受到许多经济学家的质疑，而传统理论的支持者认为，只要绝大多数的市场参与者是理性的，

① Savage，L. J.1954. The Foundations of Statistics. New York: Wiley.

② 西蒙：《有限理性——现代决策理论的基石》中译本，北京经济科学出版社 1991 年版，第 45 页。

那么整个传统的理论分析框架就依然是正确的，特别是在金融资产价格方面，弗里德曼（Milton Friedman）提出了“资产价格由理性投资者决定”的论断。然而，这一论断在理论上和实践中都受到了挑战。

从理论上，弗里德曼的论断缺乏严密的论证。为验证弗里德曼论断的合理性，De Long，Shleifer，Summers and Waldmann[①]做了如下假设：①假设市场上有两类投资者，一类是理性的，一类是有限理性（Bounded Rationality）的[②]；②假设市场上有两类金融产品X和Y，它们内在的价值相同，但相互之间不可转换；③假设有限理性的投资者认为X比Y价值高（当然，他们的这一看法会发生改变，因为有限理性的投资者会经常改变主意），而理性的投资者知道X和Y是等值的。在这样一个市场中，如果X和Y的市场价格要达到相同也就是说完全由理性投资者决定，则市场必须满足以下必要条件：①有限理性的投资者不能太多；②要有完善的卖空机制，以便在资产价格过高时，理性投资者能通过卖空机制将资产价格打压下去，且这种卖空机制的交易费用为零；③只能允许理性投资者卖空，否则当X和Y价格相同时，有限理性的投资者便会卖空Y，因为他们认为X比Y价格高，市场便会没有均衡；④在某一时刻T，所有投资者必须认识到X和Y是等值的；⑤理性投资者持有X和Y的时间必须足够长并包含T。显然，这五个条件同时成立是很困难的。凯恩斯（Keynes）在阐述就业不足与商业周期的基本机制时，研究了工人对货币产生的假象，从理论上论述了人的有限理性。卢卡斯（Lucas）关于周期的合理预期理论中，认为企业主认识的局限性在于不能区分工业价格的变动与整个物价水平的变动，也从理论上论述了人的有限理性。

在实践中，与弗里德曼的论断相背离的情形也十分普遍，英荷壳牌集团股票就是一个典型案例。1907年，分别属于荷兰的荷兰皇家石油公司

---

① De Long，Shleifer，Summers and Waldmann，“The survival of noise traders in financial markets”，Journal of Business，64，1~20.

② 有限理性是指人们虽然想尽可能做出正确的决策，但由于能力有限，他们会出现预测失误。

和属于英国的壳牌运输贸易公司决定将其分别下属的实体合并，但原来的两家公司仍作为控股母公司而独立存在。荷兰皇家石油公司拥有集团公司 60% 的净资产和利润，而壳牌运输贸易公司拥有 40% 的净资产和利润。荷兰皇家石油公司在荷兰和美国上市交易，壳牌运输贸易公司的股票主要在伦敦交易。由于两家公司的利润全部来源于集团公司的利润分配且分配比率固定为 6∶4，按照传统模型，两家公司股票的总市值也应为 6∶4。但事实上，两家公司股票总市值的比率与期望比率的偏差高达 35%。Froot 和 Dabora 的研究表明，一些传统考虑的因素如税收政策、交易成本等方面的差异是不能解释这一偏差的。

事实上，人是有情绪感情、有动机需求、有个性特征并相互作用的社会人，不可能像理性人那样决策，经济人理性实质上是一种有限理性，即人的理性是有限度的，而不是传统经济学所谓的完全理性。因为证券市场本身的不确定和复杂性，以及人类所处环境和自身处理能力的限制，经济人不可能对某一事件所有的备选方案及实施后的情况了如指掌，在市场中只能寻求次优的标准。尤其是对投资者而言，面对竞争激烈的市场环境和不确定性极强的市场走势，面临信息的不对称、不及时、不全面，其决策预期的失误在所难免。而人们的从众心理，导致市场往往出现追涨追杀行为的出现，引发市场的暴涨暴跌，加重证券市场的系统性金融风险，这种风险无法化解。在历次金融危机中，我们都可以看到市场参与者大规模的有限理性行为。在 1987 年的“黑色星期一”，我们更看到了全球股市参与者（包括机构投资者）的有限理性，这个问题很普遍。

2. 有限理性条件下的从众心理与证券市场风险

正因为证券市场参与者是有限理性的，所以传统金融理论中的一个基本假定，即投资者的决策是在理性约束下的相互独立的随机过程，是不成立的。在现实金融市场中，大量实证研究证明，投资者之间是相互学习和相互模仿的，不是独立的。对金钱的渴望和对利益的高度关注，再加上信息的不完全，人们在做出投资决策时（尤其是在即时行为情况下），容易寻找参照物或心理依靠，形成了所谓的从众心理。

"羊群效应"理论是从心理学角度，研究在信息不完全、不确定的环境条件下，经济人的行为特征的理论。"羊群效应"在日常生活中非常普遍。金融经济学家在"羊群效应"的实证研究方面，已经取得了不少成果。Scharfstern 的研究发现，基金经理之间存在着明显的羊群效应①；Grinblatt 则发现了共同基金投资的羊群效应②；Trueman③ 和 Welch④ 以金融分析师为研究对象，其研究结果证实，在金融分析师之间也存在着显著的羊群效应。可以通过下面两个例子对"羊群效应"做一具体描述。

［**例一**］假设投资人 A 拥有某上市公司的信息，投资人 B 掌握了上市公司高层内部讲话的情报，投资人 C 则获得了证券公司高层内部讲话的情报。投资者 A 获得的是利空消息，投资者 B 获得的是中性的甚至是轻微的利好，投资者 C 获得的信息是利好因素。投资者 A 根据自己掌握的信息会抛售手头持有的股票；投资者 B 得知 A 已经抛售了股票，他也将会抛空手中的头寸，尽管 B 获得的消息是中性的甚至是轻微的利好；此时，投资人 C 也将抛空手头头寸，尽管他获取的信息是利好因素，但投资人 A 和 B 抛售股票的事实却不得不让 C 得出这样的结论：A 和 B 从他们各自的渠道获得的是不利的消息，自己的利好消息值得怀疑。同样的道理，如果投资者行动的顺序改为 C——B——A，羊群效应的结果则正好相反，这种效应称为由私人信息引起的"领头羊效应"。

---

① Scharfstern D. S. & Stein J. C.（1990）"Herd Behavior and Investment"，American Economic Review，80，465~479.

② Grinblatt M.，Titman S. & Wermers R.（1995），" Momentum Investment Strategies，Portfolio Performance and Herding: A Study of Mutual Fund Behavior American Economic Review，85（5），1088~1104.

③ Trueman，B.（1994），"Analysts Forecasts and Herding Behavior"，Review of Financial Studies，7（1），97~124.

④ Welch，Ivo（1996），"Herding among Security Analysts" UCLA Working Paper 8~96.。

［**例二**］假设某一养老基金专门从事新兴市场的投资，在一个人们普遍看淡的市场中，尽管个别基金经理人有足够的证据表明市场判断是错误的，但求稳心理导致基金经理人更愿意采取一致的行动，在普遍看空的情况下撤离资金。此外，有些经济学家认为，私人投资者的羊群效应在一定程度上也源于私人内部的代理人——委托人冲突，经济学家切宁认为，私人投资行为是私人内部的短线思维不断斗争的结果，比如，个人投资者通常会有这样的“有难同当”的想法：在股票下跌过程中，如果我比其他投资人损失更多的话，我将感觉更糟，因此同其他投资人承担相同的损失尽管令人沮丧，但毕竟不算最糟。凯恩斯有段话归纳得很经典：“如果他获得成功，那么，这只会肯定一般人对他的鲁莽的评语。在短期内，如果他遭受很可能要有的失败，那么，他不会得到多少同情和怜悯。世俗的智慧教导人们：就人们的声誉而言，合乎成规的失败要优于不合乎成规的成功。”①

通过上面两个例子，我们可以看出，投资者放弃自己手头拥有的信息而随从其他投资者进行决策，可能他并不了解其他投资者是否正确。如果第一位投资者选择某个决策 $i \neq 0$，第二位投资者也选择 i， 那么如果第三位投资者也盲从他们，后面的所有投资者就有可能也做出同样的决策。假定前面 k 个投资者做出了 k 种不完全相同的选择，如果下一位投资者（k+1）没有自由信息，他将可能选择已选方案中 i 值最大的一个。随后的投资者只要在已选方案中没有找到与自己的信息一致的方案时，就有可能随从第 k+1 位投资者，做出相同的决策，于是羊群效应就开始了。

朱少醒②的研究表明，对于不同的投资者群体规模，群体中所有人都

---

① 约翰·梅纳德·凯恩斯著，高鸿业译：《就业、利息和货币通论》，商务印书馆 1999 年版，第 161 页。

② 朱少醒：“行为金融投资理念探究”，《金融科学》2000 年第二期。

选择错误的概率不为零。只要参数足够小，这一概率可以变得相当大。这与投资者根据自己的信息作独立判断的情况不同：当投资者数量足够多时，独立判断的投资者总有一些选择是正确的。但是，从模型的均衡特性看，均衡值从财富最大化角度来看不是有效解。投资者一旦加入羊群队列，就会丧失深入挖掘事实真相的动力，这种均衡状态下的社会总福利是比较低的。

19世纪法国心理学家、人类群体心理理论的奠基人勒旁（Lebon）将群体分为“客观群体”和“心理群体”。“客观群体”是指人类在某一时间和空间上的集合体，“心理群体”则是指具有相同心理活动的人群的集合体。对客观群体而言，他们具有时间和空间上的一致性，但是不具有心理活动特征上的一致性；对心理群体而言，他们具有心理活动特征上的一致性，但是不一定具有时间和空间上的一致性。比如，证券公司交易室里的股民，有时只形成一个客观群体，有时则转变为心理群体。当市场相对平静时，投资者的关注点相对分散，情绪也比较稳定，全体投资者就构成了一个客观群体，这时他们只有时间和空间活动的一致性，而没有心理活动的一致性。但是，一旦市场受到强烈刺激（空前的利多或利空），投资者的关注点就立即集中起来了，并且情绪激昂，全体投资者就形成一个心理群体。人群个体在形成心理群体的过程中，通常需要三个主要的外因刺激，即经过“情绪激发”“情绪传递”“建议接受”三个阶段，形成了所谓的羊群效应。“黑色星期一”美国股市崩盘后引发的连锁反应，就比较形象地展示了这一过程。

当人群形成一个心理群体时，该群体作为一个整体在决策和行为时所表现出的智能水平，将远远低于群体成员在单个个体决策和行动时所能表现出的智能水平。这就是勒旁著名的“心理群体整体智能低下”定理。勒旁认为心理群体有三个基本特征：①冲动性，是指心理群体的整体行为可以在外界某一强刺激因素的激发下，迅速向相反方向逆转。因此，心理群体的高度不稳定性必然导致其行动方向的极度不确定性，并进而导致证券市场上价格的剧烈波动，如 1987 年的“黑色星期一”。②服从性，是指证券市场对“权威”的崇拜，导致投资概念上的统一性和投资行为一致性，甚至产生中长期协同行为，从而破坏了市场完备性。③极端性，是指心理群体的发展经常超乎人们的预期，并导致证券市场循环周期的不规则性。这一点正是数学家难以理解而资深投资者给予特别关注的市场规律。在投资历史上，这种由心理群体极端性特征引发的市场周期不规则现象，往往给不警觉的投资者造成极为重大的损失。例如，1929 年秋冬美国股市的熊市开始后，到 1930 年底 1931 年初，很多投资人按常规的市场周期认为股市已跌至底部从而大批买进。美国历史上最著名的投资家巴鲁赫（Baruch）也做出了同样的判断，结果在这场跌幅深达 90% 的、美国历史上最严重的熊市中，他蒙受了极大损失。

3. 有限理性条件下的人为操纵风险

上面的分析指出，在有限理性条件下，投资者很容易产生从众心理，这种心理现象在现实中是客观存在的。也正因为这种从众心理的存在，使证券市场上的人为操纵成为可能，再加上公众投资的盲目性，使系统性金融风险被放大的可能性大大增加。

1986 年美国当时的金融协会主席 F. Black 发表了《噪音》[①] 一文，对金融市场的噪音做了较为系统的陈述。金融市场的噪音 [②] 概念强调了在解释经济现象时需考虑一系列分散且相互间没有联系的因素的作用，如我们在解释资产价格波动偏离均值时，不能只关注某个因素或某些因素的作用，而忽略其他分散的因素。噪音交易是作为理性交易的对立面出现的，它是非理性交易者以噪音而不是以信息为基础进行的交易，它分为两个

---

① Black，F.1986. Noise. Journal of Finance 41，July: 529–43.

② 所谓噪音，是指资产价格偏离均衡价值的状态。在噪音交易模型中，投资者被划分为“信息交易者”和“噪音交易者”两类。前者掌握比价准确的经济指标，主要根据基本因素进行交易，不过并非完全以此为依据；后者则根据与基本因素无关的噪音信息进行交易，Black 将这种人定义为把“噪音”当成真正的信息而交易的人。

主要方面：一是指噪音交易者之间的交易；二是指理性套利者利用噪音交易者的错误认识所进行的套利活动。Da Long , Shleifer , Waldman, Summers[①] 的研究表明，噪音交易者数量超过套利者，噪音交易者之间是一种相互学习和相互模仿关系，这种模仿行为会使噪音交易有集群性。在噪音交易者的推动下噪音交易会创造噪音价格。证券市场由于噪音的存在而出现正反馈行为，即通常所说的“追涨追杀”行为。理性套利者则会通过自己的购买行为刺激正反馈行为者的下期购买，从而使正反馈者持仓进一步扩大，当这种购买压力高于理性套利者出售证券造成的证券价格下降的压力时，证券价格就会偏离基础价值而形成泡沫。

许多股民的投资表现符合噪音交易者的行为特征，大部分并不具备投资专业知识，行为表现相当不成熟，热衷于打探消息，但又没有渠道获得内幕消息。普通股民尽管希望能够及时掌握市场的相关信息，但由于实力弱小，一般只能从市场价格的变动中进行信息的判断，而由此得到的信息大部分是噪音，其交易行为具有很大的盲目性。

理性的庄家投机者在预先获得利好消息后就有可能利用这一消息进行交易，他们会认识到：因他们的初始购买会使股票价格上涨，而普通股民在看到股票价格的上涨后，会认为价格中包含了自己尚未获得的信息，提高了自己对未来收益的预期。这样就刺激了普通股民在下期购买的欲望。在预计到普通股民的这种即将购买的行为时，理性的投机者便会在当前扩大购买，从而推动价格的上涨幅度高于有关基础价值的信息所保证的上涨幅度。在下期，作为对上期价格上涨的反应，普通股民购买股票。他们的行为明显存在从众倾向，在理性投机者和普通股民之间的交易形成了一个正反馈链，理性的庄家投机者是这一链条的肇事者和主观推动者，普通股民就成了正反馈交易者，二者的共同作用使股价高于基础价值。当市场的大势反转，或者当利空消息出现时，理性的庄家

① Da Long，J.B.，Shleifer，A.，Summers，L.，Waldman ，R.，（1990a）. Positive Feedback Investment Strategies and Destabilizing Rational Speculation. Journal of Finance 45，375~395.

因事先知道而进行了卖出操作，在正反馈作用下，普通股民随之卖出股票，二者的共同作用使股价低于基础价值。普通股民的行为是典型的“追涨追杀”。由于信息的流动性差，许多庄家能事先得到某种相关消息，甚至是人为制造消息，这必然增加了市场交易的强度，造成股市的巨幅波动，他们往往采取在适当的时机买入或卖出而获利的策略，从中牟取暴利，把亏损留给了普通股民，这样必然加重证券市场风险，这是系统性金融风险中的不合理成分，属于防范对象。

4. 参与者的预期与证券市场风险

在证券市场上，公众的预期和公众信心十分敏感，心理因素在证券投资中每时每刻都发挥着重要作用。公众的证券交易建立在脆弱敏感的预期之上，外部环境变动引起的信息改变都会导致人们对于未来预期的修正。某个投资者预感到某种证券的价格要发生大的波动时，他就抢先行动，当这种意识为许多人共有时，就会形成集体一致的行动。这种共有意识构成了证券市场每日每时的心理潮流，构成了人们预期的一致性和行动的一致性。另外在相同的信息面前，对经济前途信息不足与充满信心的人会对未来做出截然相反的预期，这也引起整个证券市场价格的剧烈波动。下面我们集中探讨参与者的预期对证券市场风险的影响。

（1）预期与预期机制推理的四个阶段

在经济学中，预期（Expectation）是指参与经济生活的人对经济变量在未来某一时期的数值做出估计。从经济学的角度来讲，经济主体为了切身利益，总是要先对将来的经济形势或经济变量做出估计和判断，然后再决定自己如何行动。由于这种估计在很大程度上是人们心理活动的产物，带有主观色彩，因此，即使客观条件相同，也可能因人而异。经济人必须做出的多数决策都涉及对外来不确定性的一定预期。对预期的理解无论在描述个体行为还是在解释宏观经济波动方面都是十分重要的。

预期机制的推理过程经历了四个阶段。第一个阶段为 20 世纪 30 年代蛛网定理中的预期机制：投资者对下一期价格的预期等于前一期的实际价格。假定 P_t^e 是 t–1 期的所作的对 t 期价格的预期，P_{t-1} 是 t–1 期的市场价格，则：

$$P_t^e = P_{t-1} \quad (1)$$

第二阶段为了克服蛛网定理对预期过于机械和简单的处理，提出了外推法预期：

$$P_t^e = P_{t-1} - \eta(P_{t-1} - P_{t-2}) \quad (2)$$

（2）式中，P_{t-2} 是 t–2 期的市场价格，预期系数 η 在—1 到＋1 之间。

第三阶段为适应性预期机制，由菲利普·卡苷提出。适应性预期机制假定经济人根据他们以前的预期误差来修正以后的预期。假定 P_t 为 t 期的价格，P_t^e 为预期的 t 期价格，η 为常量，那么 t 期价格和适应性预期定义为：

$$P_t^e = P^e_{t-1} + \eta(P_{t-1} - P^e_{t-1}) \quad (3)$$

（3）式中的 $0<\eta<1$ 为适应性系数，它决定了预期对过去的误差进行调整的幅度。将上式变形为：

$$P_t^e = \eta P^e_{t-1} + (1-\eta) P^e_{t-1} \quad (4)$$

（4）式中的 P^e_{t-1} 又与前一期的预期相关，即：

$$P^e_{t-1} = \eta P^e_{t-2} + (1-\eta) P^e_{t-2} \quad (5)$$

代入（2）式，得：

$$P_t^e = \eta P_{t-1} + (1-\eta) P_{t-2} + (1-\eta)^2 P_{t-2} \quad (6)$$

依此类推，可总结出下式：

$$P_t^e = \eta \sum (1-\eta)^{k-1} P_{t-k} \quad (7)$$

上式说明了 t+1 期的预期是怎样形成的：它是这个变量过去所有实际值的加权平均数，而权数 $\eta(1-\eta)^{k-1}$ 构成几何级数。

第四个阶段为理性预期（Rational expectation），首先是由经济学家约翰·穆思在他的著名的《理性预期和价格运动理论》一文中明确提出来的。在竞争的经济社会里，任何行为人的经济行为都合乎理性，就预期形成的机制而言，经济当事人为避免损失和谋取最大收益，总是设法利用一切可以获得的信息（过去的和现在的）来对所关心的经济变量在未来的变动状况做出尽可能准确的预测。所谓理性预期即在有效地利用一切信息的前提下，对经济变量做出在长期中平均说来最为准确的，而又与所使用的经济理论、模型相一致的预期。引入数学期望我们可以将理性预期概括为：假设 X^{e}_{t} 为人们在 t–1 期所做出的对变量 X_{t} 预期，则理性预期假说可表示为：

$$X^{e}_{t} = E[X_{t}/I_{t-1}]$$

式中，I_{t-1} 是指 t–1 期可获得的所有信息，即 I_{t-1} 是全集。上式并不意味着经济人的判断总是正确的，或不同的个人有同样的预期（即预期的异质性），它只是说明个人的预期将分布在被预期变量的实际期望值周围。

（2）预期对证券市场风险的影响

证券市场是宏观经济中一个重要的筹资和投资场所，收益和风险是证券市场的核心问题。凯恩斯认为投资取决于利率和资本边际收益率，而资本边际收益率取决于公众的预期利润率。

将凯恩斯的理论应用于证券市场，我们可以认为，人们之所以放弃其他消费或投资，而购买证券市场上的股票或债券，就是为了获得未来的收入流量。很显然，在证券市场上进行投资包含着风险，未来投资收益是事先难以确定的，具有很大的不确定性。证券投资的收益与风险是对称的，收益是风险的补偿，风险是收益的代价，它们之间是正相关的，可以表示为：

预期收益率 = 无风险收益 + 风险补偿

预期收益率是投资者承受各种风险应得的补偿，无风险收益率是指把资金投资于无任何风险的投资对象而能得到的利息率。既定风险情况下的预期收益率是公众在证券市场投资的主要指标，证券预期收益率按现值法计算如下：

$$P_0 = \frac{C_1}{(1+r)} + \frac{C_2}{(1+r)^2} + \frac{C_3}{(1+r)^3} + \cdots + \frac{C_n}{(1+r)^n}$$

式中 P_0 是证券现价，C_n 是证券年收入，r 为到期年限。若证券为股票，则 $n \to \infty$。由此可见，如果公众预期未来收益不足以弥补风险时，公众会从证券市场撤出资金或者用于现时消费或者投资于其他渠道。实际上，这个规律也是公众在其他金融市场上进行投资的主要依据。当经济过热时，公众过高的资本收益预期和过低的风险预期，会导致证券市场风险的不断积累，并可能引致证券市场危机的爆发。

依据理性预期学说的基本观点，经济人在证券市场上的行为以自己对未来经济发展的理性预期为基础，即证券市场的参与者都是具有理性的、明智的人，他们对证券市场的形势进行预期时，总是尽力获取最完全的信息，并有效地利用这些信息，而不至于犯一贯性的错误。这里就产生了这样一个问题，在参与者理性的假定条件下，微观个体理性预期的集合就一定能够实现集体的理性预期吗？答案是否定的。

比如说，在一个宏观经济形势持续低迷的经济环境中，某个投资者预期股市会下跌，他会抛售股票，如果所有的投资者都预期股市会下跌不约而同地抛售股票时，股市就会真的出现下跌，甚至下跌的幅度比自己预期的还要大，这种结果就会助长投资者的悲观情绪，而一旦这种情绪在投资者中占大多数，则产生的后果便是，投资者本身的看空行为会影响股市向他们预期的方向发展，同时集体的力量会加深股市下跌的空间，逐渐积累便会使股市背离实际经济的发展状况。也就是说，在证券市场上悲观情绪和乐观情绪通常会自我证明，悲观的举动往往会造成更悲观的结果，反之亦然。当证券市场被悲观情绪笼罩时，市场的风险就会被极度地放大，直至危机的爆发。由此可见，即使微观个体的预期是理性的，这种个体的理性预期的集合也很可能会导致集体预期的非理性。这必然会影响证券市场的运行，并加重证券市场风险。这一点在“黑色星期一”表现得淋漓尽致。

克鲁格则从证券市场效率的角度给出了一种解释。他认为证券市场效率的提高会极大地减少交易成本，使得微观经济摩擦的作用几乎不存在，但证券市场效率的提高有可能促使某些主观臆测更加容易传播和蔓延，导致短期内发生经济人自身都无法想象的结果，因此，保持适当的交易成本，尽管这种交易费用只占全部成交金额的很小一部分，却可以避免风险短期传导的可能性，因为投资者会在交易费用与收益率之间权衡。20 世纪 80 年代以来，金融市场效率提高了，而金融危机却频繁发生，这在一定程度上验证了克鲁格的思想。

为了避免证券市场价格的剧烈波动，政府总是采用一些手段干预市场的运行。比如说，当股市低迷时，政府可以采用降息等手段来刺激股市，让人们预期降低利息证券市场价格将有可能上涨时，就买进证券，增加了证券市场的流动性，证券市场将走出低迷而趋于繁荣。当证券市场过热时，为了减少证券市场的泡沫，政府可以采用提高利息等手段为证券市场“降温”，当投资者预期到股市将下跌而卖出各种证券后，证券价格将下降。但当政府过多地干预市场，人们预期到政府采取的手段只是临时性的而不是长期的措施后，便有可能不再理睬政府的举动，各个微观主体集体行动的结果将抵消“貌似强大”政府宏观调控举措的刺激。比如说，当政府已经预测到股市可能会出现低迷，而普通的投资者没有预期到时，政府采用降息的手段刺激股市时，人们可能会把政府“降息”看成股市低迷的前兆。当这种悲观的情绪弥漫股市时，人们便会大量抛售股票，就把可能出现的低迷变成了真正的危机了。在 1987 年的“黑色星期一”中，一些美国官员的不当言论助推了股灾的爆发，就是明证。民不可欺，保持政府政策的一致性和连贯性，并取信于民，对于降低金融风险是很重要的。

第四章

日本资产泡沫危机

20 世纪 80~90 年代，日本经历了资产泡沫快速膨胀与急剧破裂的过程，沉重打击了实体经济，并在其后 20 年经济增长近乎停滞。这一危机被称为“日本资产泡沫危机”。

第一节　来龙去脉

一、泡沫形成

从 20 世纪 50 年代中期后的近 20 年间，日本经济高速增长。到 1968 年，日本成为仅次于美国的第二大经济体。第一次石油危机后，日本 GDP 年均增长率从超过 10% 下降到 4% 左右。1985 年，日本 GDP 为 13645.4 亿美元，人均 GDP 为 11296 美元。

20 世纪 80 年代前期，日元有所贬值，出口规模扩大，经常项目顺差从 1979 年的 18 亿美元和 1980 年的 21 亿美元，猛增到 1981 年的 200 亿美元和 1985 年前三季度的 552 亿美元。巨大的贸易顺差使日元面临较大的升值压力，日美贸易摩擦日趋激烈。1984~1985 年，美国对日本的贸易逆差约占其全部贸易逆差的 38%。1985 年 9 月，美、德、法、日、英五国签订了著名的《广场协议》[①]，迫使日元继续大幅升值。协议公布的第二天，日元从1美元兑换235日元上升至215日元；1986年9月上升至150左右；到1995年4月19日上升至1美元兑换79日元的高点。日元的升值预期吸引大量国际资金流入日本，并进入股市和房地产市场。随着日元的升值，依赖出口的日本企业的利润空间被大大挤压。为增强产品竞争力，很多日本企业向外转移产能，选择到成本比较低的中国、泰国及其他东南亚国家投资。

表4-1　　1980～1985年日本对美国的贸易差额

单位：亿美元

年份	1980	1981	1982	1983	1984	1985
贸易差额	104.1	158	169.9	198.8	335	462

资料来源：1983~1984年《世界经济年鉴》和1988年《世界经济年鉴》。

表4-2　　1965～2002年日美名义汇率变动情况（平均值）

年份	日元/美元	年份	日元/美元
1965	360	1991	135
1970	360	1992	130
1975	308	1993	118
1980	242	1994	107
1983	238	1995	93
1984	235	1996	106
1985	255	1997	120
1986	193	1998	130
1987	152	1999	118
1988	127	2000	106
1989	129	2001	119
1990	150	2002	125

资料来源：日本银行的官方统计。

① 《广场协议》内容可大体概略为：汇率在调整不均衡方面具有重要作用；汇率应比以往更加反映经济基本面；主要国家货币对美元汇率应有序地进一步上升，为此五国将更加紧密地合作。在协议签署后的相当长时间内，日本对美国的贸易顺差不但没有减少，反而大幅增加。日元升值并没有为美国商品打开广阔的日本市场，因为日本产品与美国本土产品有很强的结构性差异，形不成价格竞争。即使在泡沫经济崩溃后，日本经济最悲惨的时代，也没有发现日本产品失去了国际竞争力。因此，从减少美国对日的贸易赤字这一目标看，《广场协议》是失败的。

早在 1971 年“布雷顿森林体系”崩溃时，日元就经历过一次升值。日元升值使日本出口受抑制，再加上能源进口支出增加，1973~1975 连续三年出现贸易逆差，当时日本就采取了超缓和的金融政策来应对日元升值。有了这次经验，为缓和《广场协议》的不利影响，日本政府又推行了弱势美元政策。日本银行不断购入美元以缓解日元升值压力。据日本银行的统计数据，1986 年日本银行当时买入 258 亿美元、卖出 4.3 万亿日元。这在当时可是个天量，意味着有 4 万多亿的日元流入市场。同时日本银行不断下调央行贴现率，从 1986 年 1 月起连续 5 次下调利率，央行贴现率从 5% 下降到 1987 年 2 月的 2.5%，并在 2.5% 的位置上保持了两年多。1987~1990 年，日本货币供给量（M2+CD）年均增长 10%，而同期 GDP 增长率为 4% 左右，货币供给明显过多。① 大量廉价资金窖藏在金融体系，自我积累和循环，主要流向了股票和房地产行业，加剧了资产泡沫化。

日经 225 指数在 1985 年底为 13000 点，之后快速上涨。受 1987 年“黑色星期一”影响，日经 225 指数曾一度下跌，但很快就止跌回升，在 1989 年 12 月 29 日达到 38915 点的历史顶点。1989 年末，东京证券交易所上市公司总市值是日本 GDP 的 1.6 倍②。当时日本股市的平均市盈率很高，1987 年 10 月 14 日这一天竟然达到 92.28 倍③。而发达国家成熟股票市场的总体市盈率通常不超过 15 倍。

土地价格与股市同步猛涨。日本土地资产总额从 1985 年底的 1004 万亿日元升至 1990 年的 2389 万亿日元。1986~1990 年，东京、大阪等六大城市地价的价格指数平均上涨了 3 倍以上。到 80 年代末，日本房地产价值总额是美国的两倍，而日本的面积仅为美国的 1/25，日本的人均收入为美国的 60%~70%。按当时的不动产价格计算，卖掉东京就能买下整个美国，卖掉日本皇城就能买下整个加利福尼亚。历史总是惊人地相似，

① 另外，早在 20 世纪 60 年代末 70 年代初，美国通货膨胀严重，很多资金从美国市场转移到日本、德国及其他市场，就已经导致这些国家货币基础增加，货币供应量扩张。

② 1985 年之前，日本股票总市值接近于日本 GDP 的 1/2，尚属正常。

③ 陈峥嵘：“日本股市的市盈率为什么高企不下”，《上市公司》2001 年第 9 期。

现在还有人做类似的计算，那他或是没大脑，或是别有用心了。

表 4-3　　日本六大都市① 地价指数（1969~1992 年）

月末	商业地价指数	住宅地价指数	工业地价指数	三种平均指数
1969.3	37.3	16.2	25.4	23.8
1969.9	40.3	17.8	27.4	25.8
1970.3	43.1	19.5	29.7	28.0
1970.9	45.4	21.4	32.3	30.4
1971.3	47.5	23.1	34.7	32.5
1971.9	49.4	24.9	36.9	34.6
1972.3	51.8	26.6	39.0	36.7
1972.9	56.0	29.9	42.7	40.4
1973.3	64.7	36.8	50.3	48.3
1973.9	72.0	42.6	57.0	55.0
1974.3	74.5	44.1	59.2	57.0
1974.9	74.8	44.5	59.3	57.3
1975.3	68.9	40.8	53.9	52.4
1975.9	68.9	41.2	53.9	52.6
1976.3	69.1	41.6	54.0	52.9
1976.9	69.5	42.5	54.1	53.4
1977.3	70.4	43.5	54.3	54.2
1977.9	70.9	44.5	54.6	54.9
1978.3	72.0	45.7	55.0	55.8
1978.9	73.4	48.0	55.8	57.3
1979.3	75.8	51.5	57.2	59.9
1979.9	80.0	56.9	59.6	63.9
1980.3	83.9	62.2	62.2	67.8
1980.9	87.8	66.0	64.3	70.9
1981.3	90.7	68.7	66.3	73.5
1981.9	94.4	71.4	68.3	76.2
1982.3	97.9	73.3	70.0	78.5
1982.9	101.2	74.7	71.4	80.4
1983.3	104.6	76.2	72.5	82.2
1983.9	107.8	77.5	73.7	84.0
1984.3	113.9	78.8	75.0	86.5
1984.9	121.2	80.6	76.5	89.6
1985.3	128.9	83.2	77.7	92.9
1985.9	140.2	85.9	79.0	97.2
1986.3	166.1	91.2	81.5	406.2

① 六大都市包括东京、横滨、名古屋、京都、大阪、神户。

续表

月末	商业地价指数	住宅地价指数	工业地价指数	三种平均指数
1986.9	192.5	102.8	85.1	117.9
1987.3	222.2	115.8	95.5	133.7
1987.9	282.6	134.3	109.0	159.3
1988.3	315.0	142.6	113.9	171.0
1988.9	352.6	149.2	132.5	189.0
1989.3	394.0	164.4	151.5	212.8
1989.9	443.8	186.9	173.6	241.9
1990.3	502.9	218.8	196.2	276.8
1990.9	525.4	231.5	206.2	291.0
1991.3	519.4	223.4	203.6	285.3
1991.9	497.2	208.9	195.3	271.0
1992.3	440.2	183.3	176.9	241.0
1992.9	385.0	165.9	166.1	218.5

资料来源：城市地价指数和全国木质房屋价值指数，日本不动产研究所。

伴随着地价和股价上涨，财富向土地持有者集中。1987 年，日本前 100 名富翁中，有 71 人靠土地致富。到 1989 年，前 100 名富翁中，有 63 人靠土地致富，27 人靠持股致富。①

20 世纪 80 年代末，日本经济如日中天。在世界十大商业银行中，日本占据 7 席。野村证券的资本金规模甚至超过了美国前五大投资银行之和。日本企业不断在纽约和伦敦购买摩天大楼。②三井物产株式会社以 6.25 亿美元的价格买下了位于纽约第六大道的埃克森大厦，三菱地所联合住友银行收购了北加利福尼亚州的圆石滩高尔夫球场，等等。

“月满则亏，水满则溢。”在经济繁花似锦时，往往孕育着危机的种子，暴风雨就要来了。

① 罗清：《日本金融的繁荣、危机与变革》，中国金融出版社 2000 年版。

② 1999 年，德意志银行证券驻香港分析师安德鲁.劳伦斯提出“摩天大楼指数”(Skyscraper Index)。他发现经济衰退或股市萧条往往都发生在新高楼落成前后。宽松的政府政策及对经济乐观的态度，经常会鼓励大型工程的兴建。然而，当过度投资与投机心理而起的泡沫即将危及经济时，政策也会转为紧缩以应对危机，使得摩天大楼的完工成为政策与经济转变的先声。这一惊人发现被称为“百年病态关联”：大厦建成，经济衰退。

二、泡沫破灭

20 世纪 80 年代末，日本资产泡沫严重，日本政府开始担忧，并转变宏观经济调控方向。1989 年 12 月，强硬派代表三重野康[①]出任日本银行总裁，他主张抑制资产泡沫，并且明令禁止房地产贷款占贷款总额的比率增长，刺破了日本的资产泡沫。日本银行将央行贴现率从 1989 年 5 月 31 日的 2.5% 连续上调五次，到 1990 年 8 月 30 日就达到 6%。为了抑制地价上涨，1991 年日本政府还进行税制改革，开征“地价税”，并把土地转让税从 20%~25% 上调到 30%。

由于日本货币政策收缩，加上境外投机资金迅速撤退，日本金融市场的流动性急剧收缩，股市和房市崩溃。日经 225 指数从 38915 点断崖式下跌，到 1990 年底已跌至 23849 点，跌幅达 38.7%；到 1992 年 3 月跌破 20000 点；到 1992 年 8 月跌破 17000 点，与高峰相比已跌去 60%；1998 年 10 月下探至 12787 点。

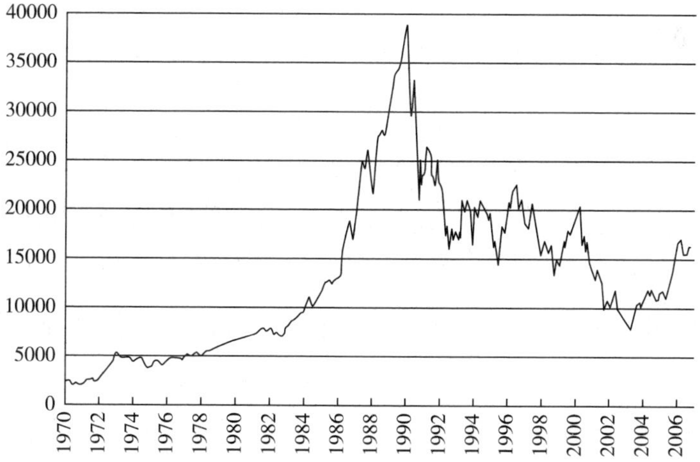

图 4-1　1970 ~ 2006 年日经 225 指数走势图

---

① 三重野康 1989 年 12 月接替澄田智，担任日本银行第 26 任总裁，任职到 1994 年。他一度被认为是治理泡沫经济的“平成鬼才”。

土地价格的下跌晚于股市。房价从 1991 年开始下滑，到 1994 年，东京、大阪等地的房价跌去了一半以上。

日本资产泡沫破灭后，政府行动缓慢，到 1991 年 7 月 1 日才将基准利率从 6% 下调至 5.5%，之后连续下调利率直至 1995 年的 0.5%，并长期维持这个极低利率。然而，低利率并不能促进投资，日本经济陷入了“流动性陷阱”[①]。

资产泡沫破灭后，日本很多企业资不抵债，纷纷破产倒闭。从 1990 年开始，每个月都有 1000 家企业破产，连续六年每年的破产企业数超过 1.4 万家，1997 年更是达到了 1.5 万家。银行大量坏账无法收回，尤其是不能吸收存款的住专金融公司的不良资产总额竟高达 13 万亿日元。大批金融机构倒闭，比较出名的有，1994~1995 年，东京协和信用社、安全信用社、宇宙信用社相继倒闭，其中宇宙信用社是日本最大的信贷联盟信用合作社；1995 年 8 月兵库银行倒闭，是第二次世界大战后日本倒闭的第一家商业银行，打破了“银行不会破产”的神话；1997 年日本四大券商之一的山一证券破产。

资产泡沫破灭给实体经济带来严重冲击。自 1990 年日本资产泡沫崩溃后，日本 GDP 平均增长率约为 1%，有十多年经济增长不足 1%。1996 年虽然短暂恢复到 3.6%，但受亚洲金融危机的影响，1997 年 GDP 增速又回落至 1.4%，1998 年日本名义 GDP 甚至出现了负增长。

为应对这次金融危机，日本从 1992 年开始出台了很多公共救助措施或资金救助措施，但收效甚微。亚洲金融危机又让日本经济遭受打击，日本从此步入了长达 10 年的经济萧条期，被称为“失去的十年”[②]。而当时日本朝野没人预计到日本经济此后会陷入如此漫长的衰退，一般认

① 流动性陷阱是凯恩斯提出的一种假说，指当一定时期的利率水平降低到不能再低时，人们就会产生利率上升而债券价格下降的预期，货币需求弹性就会变得无限大，即无论增加多少货币，都会被人们储存起来。发生流动性陷阱时，再宽松的货币政策也无法改变市场利率，使得货币政策失效。

② 也有人称日本陷入了“失去的二十年”。

为一二年，顶多三四年，日本经济就会重新进入上升轨道。但事与愿违，日本经济从此陷入长期衰退。在回忆 20 世纪 90 年代的日本经济时，浮现在大家脑海的词语大多是债务、通缩、坏账、老龄化与管制放松。

资产泡沫危机爆发后，许多日本资本与国际资本一起流出，流向东南亚等新兴市场国家，推动了这些国家资产价格的上涨，同时加重了日本经济的“空心化”。

第二节　几点认识

一、日本资产泡沫形成和破灭的机理

对日本资产泡沫的研究很多，笔者不想重复，仅从日本的金融体制入手，对其资产泡沫形成和破灭的机制做些分析。

第二次世界大战后，日本的金融体制的特点是主银行制度。在主银行制度下，银行和企业相互持股，银行不是单纯作为提供资金的金融机构，而是与视其为主银行的企业结成很深的、几乎成为一体的关系，可以说是“荣辱与共”。在二十世纪五六十年代，几乎所有的日本企业都有自己的主银行①。客观地讲，主银行制有利于企业长期稳定经营，支持了第二次世界大战后日本经济的高速增长。

从 1975 年起，日本放松了对上市公司发行公司债券的管制。由于公司发行债券的成本低于银行贷款，于是上市公司纷纷通过海内外资本市场，发行公司债券来筹措更廉价的资金，这就使银行和大企业之间的贷

① 汪燕：《论日本金融制度缺陷对 90 年代金融危机的影响》，厦门大学 2001 年金融学硕士论文。

款业务不断萎缩。进入 80 年代，伴随着金融自由化，主银行制更加弱化。日本银行不得不将服务对象转向中小企业，包括房地产企业。银行认为：只要有土地和房屋作担保，回收贷款就没问题。一些银行为了在同业竞争中获得优势，维持利润，放松了对贷款的审查，银行的资产质量也开始下降。

20 世纪 80 年代初期，日本商业银行为规避管制，纷纷设立住宅专业金融公司（简称住专金融公司）[①]。住专金融公司可以从银行贷得款项，再为购房者提供房屋抵押贷款。其实银行和住专金融公司就是一家人，是为躲避金融监管搞的创新。由于房地产价格暴涨，在高利润的刺激下，住专金融公司的贷款对象从私人转向房地产业。与此同时，由于分业经营的放松，各大银行还通过设立证券子公司，使资金更容易投入证券市场。后来日本各商业银行就直接从事房屋抵押贷款业务了。

日本商业银行持有大量的房地产和股权投资。随着这些资产价格的不断上涨，银行资本金规模不断扩大。有了更多的资本金，银行就可以发放更多贷款。日本长期推行低利率政策，存款利率长期低于通胀率，企业贷款需求旺盛。日本银行的统计显示，1985~1989 年，日本企业的资金需求为 61.7 万亿日元，而同期却筹措了 233.1 万亿日元，其中有 171.3 万亿日元用于非生产性支出。也就是说，日本企业筹措到的资金，是实际生产需求的近 4 倍，这其中有近 75% 用于了股票或土地投资。[②] 再加上房地产供应增长相对缓慢，供需不平衡导致房价快速上涨，与股市上涨是同步的。

1984 年，日本大藏省发表了号称“金融自由化宣言”的《关于金融

---

① 第二次世界大战后，日本经济快速增长，积累了大量的财富。一些日本人把大量的资金投入到地产和股市上去。日本的住宅专业银行在 80 年代里应运而生，并与日本政府之间有着千丝万缕的联系。提出建立“住专”的庭山庆一郎就是大藏省官员，后来还出任了日本住宅金融公司的总经理，其余 6 家“住专”的第一任总经理除住宅贷款服务公司外，也均由大藏省退休官员担任。

② 李宏舟：“日本资产价格泡沫发生机制研究”，《现代日本经济》2008 年第 3 期。

自由化、日元国际化的现状与展望》，允许日元与外币自由兑换。金融自由化后，日元的国际地位上升了，也意味着国际资本可以更自由地出入日本国内市场，为国际游资跨境流动提供了便利。金融自由化还创造了大量金融衍生品，加大了货币当局掌握资本市场变动及资金流动的难度。

当时日本房地产泡沫与股市泡沫基本是同时出现的。房地产行业上市公司的股票市值，在股市总市值中占很大的比例。当房地产价格上涨时，房地产企业持有的房产价值出现大幅增值，这些房地产行业上市公司的市值自然水涨船高。那些卖出房地产企业股票的投资者，很可能将资金投入到与房地产不相关企业的股票上，这也会提高非房地产行业公司的股票价格。随着房地产价格的上涨，建筑业的景气指数也不断提高，建筑业上市公司的市值也会不断增长。

股价和房价上涨，又吸引了很多欧美投资者购买日本公司的股票和房地产，他们不仅能获得资产上涨的收益，还能获得日元升值的汇兑收益，一举两得。

到这时，故事的一切都很美好，日本金融市场好像搭建了一台“永动机”：房价上涨推动股价上涨→资产价格上涨增厚银行资本金→银行增加信贷投放→资产价格再度上涨。这是多么美好的良性循环。

然而，一旦经济形势发生逆转，这台“永动机”就开始发生逆转了：变现资产使得资产价格下跌→资产价格下跌冲蚀银行资本金→银行放贷受到约束→资产价格再度下跌。由于日本股票价格不断下跌，全球股价指数基金的经理们开始变现资产组合中的日本股票，去购买美国股票。国际资本从日本流出，流入美国等地。

日本房价和股价的下跌，使家庭财富迅速缩水，抑制了国内消费；使企业资产和负债不平衡，很多企业陷入困境，尽力缩小经营规模，减轻负债，这种普遍一致的行为严重抑制了国内投资。日本经济开始一蹶不振。

二、通俗易懂的资产负债表衰退学说

布雷顿森林体系崩溃后，国际金融危机频发，让人很郁闷。混混沌沌中也有好事，那就是为经济学家研究经济危机和金融危机，提供了难得的案例和切身体验。金融危机理论日益丰富，一代又一代学说喷涌而出。在这些危机理论中，辜朝明（Richard C. Koo）提出的资产负债表衰退学说，就具有重要参考价值。辜朝明是野村证券首席经济学家，长期供职于金融圈，亲历了日本经济的衰退和资产泡沫的破灭，对日本经济和资产泡沫危机拥有深刻的认识。

辜朝明的资产负债表衰退学说简单通俗。该学说认为，在经济正常运行阶段，市场保持良好的信心和活力。但信心过度积累，会在某些领域（比如房地产、股票等）出现非理性的资产泡沫。为了抑制泡沫的无限膨胀，政府当局会采取措施（紧缩性货币政策）来刺破泡沫，从而造成资产价格暴跌。资产泡沫破灭后，企业资产大幅缩水，从而造成资产负债表失衡，也就是负债严重超出资产，企业陷入技术性破产①。这时，企业的经营目标不再是“利润最大化”，而是转向“负债最小化”。企业在停止借贷的同时，尽可能减少负债，修复受损的资产负债表。如果大多数企业都这么干，这种大规模的集体“减负”行为会形成合成谬误，引发经济危机。这时，即便货币政策很宽松，资金成本很低，企业也不会主动去借贷。经济陷入了“流动性陷阱”，货币政策失效。为挽救经济于衰退，政府应实施积极的财政政策，主动去干预市场。

沿着资产负债表衰退学说的逻辑，辜朝明又将经济周期分为“阴”“阳”两个阶段。当经济处于“阳周期”，企业资产负债表健全，以利润最大化为目标。此时企业的资金需求旺盛，对利率反应灵敏，货币政策是有效的政策工具，而财政政策具有“挤出”效应。当经济周期进入“阴周期”时，

① 技术性破产是指企业尚能正常运营，企业因借债过多或债务集中到期不能清偿到期债务而处于破产状态。

企业面临资产价格暴跌带来的资产负债表失衡问题，只能依靠缩减债务来维持财务状况，因而导致资金需求急剧下降，将经济推入“流动性陷阱”，造成货币政策失灵，这时就需要发挥财政政策的作用。

在“阴周期”和“阳周期”中，有两个重要差别：一是企业的经营目标不同，在“阳周期”中，企业以利润最大化为经营目标；在“阴周期”中，企业以负债最小化为经营目标。二是在不同周期中财政和货币政策的作用是不同的。在“阴周期”中，经济陷入“流动性陷阱”，货币政策失效，财政政策有效；在“阳周期”中，财政政策具有“挤出效应”，货币政策应成为调控经济的主要工具。

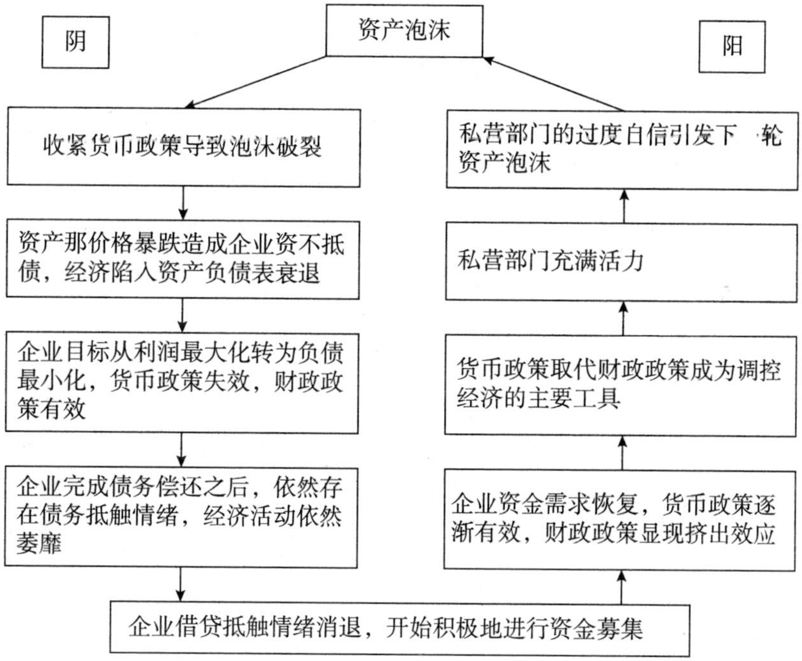

图 4-2　辜朝明的“阴周期”和“阳周期”示意图

在危机期间，日本银行贷款利率持续回落并接近于零，说明日本经济面临的困境不是来自银行部门，而是来自实体经济。在零利率的条件下，流动性很宽松，企业仍然忙着去还债，表明大部分企业追求的是负债最小化而不是利润最大化，也表明日本经济整体陷入了资产负债表衰退。

用句形象的话说：你可以把驴子拉到流动性泛滥的河边，但你不能强迫驴子去喝水。

资产负债表衰退学说通俗易懂，容易被接受。但它毕竟不是理论。一些研究发现，该学说与当时日本的情况不太吻合。比如谢玮的研究发现，日本企业部门集体偿债引发的总需求的下降刚好抵消了本应有的供给增长，还没有达到辜朝明认为的程度。日本的企业部门在 20 年间以经济没有出现负增长的代价完成了对资产负债表的修复①。

笔者认为，辜朝明的学说虽然通俗，但过于简化，是一种典型的封闭的三部门分析，对国际因素考虑不足。用资产负债表衰退学说分析美国的“大萧条”可能说得通，但用于分析日本 20 世纪 90 年代的经济低迷就有待商榷了。因为日本国土狭小、资源贫瘠，基础设施建设和房地产开发等国内市场容量很有限，生产的原材料和产品销售严重依赖国际市场，国际因素对日本市场的影响要远大于对美国市场的影响，货币和财政等政策是否有效不仅受制于国内市场，还要受制于国际因素的冲击。

20 世纪 90 年代日本经济有所衰落，但其整体科技水平和劳动生产率高，日本的钢铁、摩托车、家电、汽车等产品因为物美价廉而在国际上具有极强竞争力。在那个年代，中国老百姓结婚购买的四大件（彩电、冰箱、洗衣机和摩托车）很多是日本产品。经济学的基本道理告诉我们，一个国家想要获得日本产品，就需要持有日元。一国货币的国际化程度和汇率水平是由货币发行国的经济实力和国际竞争力决定的。在当时的 SDR 一篮子货币中，日元的地位仅次于美元，强于马克和英镑。日本国内的货币政策越宽松，日元越便宜，日元与美元之间的套利空间就越大。套利空间越大，日元与美元绑定得就越牢固。90 年代，美国经济一尊独大，美元横行天下，美元走到哪里，日元就可以跟着走到哪里。另外，从 60 至 80 年代，日本借助强劲的经济实力，推动日元国际化，已在周边国家

---

① 谢玮：《资产负债表衰退研究——对战后日本经济的再评述》，中国社会科学院金融学 2012 年博士论文。

和地区初步建立了日元网络，并培养了日元使用习惯。日本的国内市场已基本开发完毕，生产能力严重过剩，需要大规模对外输出资本，转移过剩产能，开发国际市场（尤其是东南亚及周边国家）。日本的 GNP 大于 GDP①，并且二者之间的差额越来越大，我们就能从中略见一斑。1973 年日本的 GNP 与 GDP 之间的差额是 0.03 万亿日元，而到 2001 年二者之间的差额就已达到 8.5 万亿日元②。国际市场对日本经济的影响越来越大。这些都说明，资产负债表衰退学说过于简化，有待丰富和完善。引发金融危机的因素很复杂，资产负债失衡只是其中的一个重要因素，虽能开拓研究视野，但过于侧重可能有失偏颇。

三、不合时宜的地价税

现在有人说，20 世纪 90 年代初，日本股市泡沫破灭引起了房地产泡沫破灭，进而引发资产泡沫危机。从逻辑上看这个说法好像成立，但现实没有符合逻辑。1990 年初日本股市开始崩溃后，日本地价不仅没下跌，反而同比大涨了 14%，1991 年又上涨了 10%，并达到历史峰值。日本地价真正下跌是从 1992 年开始的。1992~1994 年日本全国商业区的平均地价同比分别下跌 6.9%、19.0% 和 18.3%③。这里面有什么故事？是什么让剧情发生了逆转？答案是，地价税的“功劳”。

在 80 年代末日本地价暴涨，对经济的危害已经很明显，比如高地价增加了企业运营成本，加剧了社会财富的两极分化，削弱了日本的国际竞争力等。如何解决这些问题？有人给日本出了一个“高招”——征收地价税。

① GNP 是指一个国家（或地区）所有国民在一定时期内新生产的产品和服务价值的总和，只要是本国（或地区）居民，无论是否在本国境内（或地区内）居住，其生产和经营活动新创造的增加值都应该计算在内。GDP 指的是在一国国土内所有的生产要素，在一定时期内所生产并实现销售的最终产品和服务的价值总和，它包括本国企业在本国内投资带来的产出，以及由外国企业在东道国投资 (即 FDI) 所带来的产出。

② 冯昭奎：“日本的 GNP 与 GDP（经济透视）”，《人民日报》2003 年 8 月 12 日。

③ 数据来源于 2006 年日本统计年鉴。

所谓地价税，是指凡是保有土地者，每年都必须交一定比例的税款，不管当年地价是涨还是跌，纳税对象包括在日本国内拥有土地所有权和借用权的个人和法人。地价税评价额按继承税评价额计算，税率为 3‰（实施的第一年为 2‰）。[①] 日本政府还把对个人和法人在转让土地时收益的税率，一律从 20%~25% 提高到 30%。对法人持有土地超过 5 年的长期转让利润，追加课税 10%，即使是赤字法人也必须交纳。在推出地价税的同时，日本出于实现经济民主的原因，政府将“定期租地权”确定为 50 年。

日本从 1992 年起开征地价税，由国库征收，是一种国税，日本房地产的土地税额急剧增加，发了一笔小财。可别小看这 3‰的地价税。有人曾做过这样的计算，那些高端百货业一般位于日本城市最繁华地段，地价很高，每年按 3‰缴地价税，仅这项税就占了百货业销售商品利润的 20% 以上[②]。

出台地价税后，开始是个人忙着卖房子，然后上市公司、外资等都争先恐后地卖房子。再加上泡沫经济破灭的影响，造成市街地价格指数连续 5 年下跌。一些繁华地区的标准住宅价下跌幅度更大。从日本 38 万个地点的每平方米地价平均额看，1995 年为 22.1 万日元，比 1994 年减少 13.3%。其中东京圈下降了约一半，从 88 万日元下降到 46 万日元。[③] 当时，人们都认为土地已进入“剩余”时代。房子的供给超过了刚性需求，房地产泡沫被刺破了。房地产泡沫破灭后，日本的 CPI 从 1993 年至 2007 年基本上低于 1%（1997 年除外），还有很多年份是负增长，陷入了通缩的尴尬境地，加重了经济衰退。从 1998 年起，日本暂时停止征收地价税，但保留了这个税种。

---

① 下列情况属非课税范围：1. 国家、地方政府和公共法人所拥有的土地；2. 公益法人所拥有的土地等；3. 农地、医院、社会福利和供学校、铁路等公共、公益用途的土地；4. 不足 1000 平方米的住宅用地，在超过 1000 平方米时，其超过部分课税；5. 每亩土地的转让价格在 3 万日元以下的土地。

② 张捷：“日本地产泡沫热钱的滑铁卢”，《中国证券报》2011 年 3 月 11 日。

③ 孙执中：“论日本地价高涨对经济周期的影响”，《日本学刊》1998 年第 2 期。

当时日本股市已经崩盘，经济步入衰退，为什么还要开征地价税，让房地产市场低迷？为什么不让经济先获得喘息、待经济平稳后再开征？现在看来，日本当时出台地价税不合时宜，是压垮日本经济的一块巨石。地价税是把锋利的“双刃剑”，挥舞需谨慎，开征时机的选择更关键，需充分论证并试点，渐次推进。

四、如何修补 CPI 缺陷？

20 世纪 80 年代后期，日本银行释放了大量流动性。这些资金主要流向股票和房地产行业，形成了严重的资产泡沫，而流入消费领域的资金并不多，所以当时日本的物价水平仍然比较低。1985~1989 年，日本的消费品物价指数（CPI）每年都在 2.5% 以内，1987 年甚至为负值。1989 年 2 月，IMF 总裁米歇尔·康德苏访问日本时，认为日本经济根本没有通货膨胀，他还认为：“日本应该保持现有的货币政策，并可以为世界提供一个货币锚。”

通过这一案例，我们就能看出 CPI 衡量物价指数的局限性。我们知道，衡量物价变化和反应通货膨胀的常用指标是 CPI 和 PPI。CPI 是一个反映居民家庭购买的消费品和服务项目价格水平变动情况的宏观经济指标，统计调查的是社会产品和服务项目的最终价格。PPI 是一个衡量工业企业产品出厂价格变动趋势和变动程度的指数，是反映某一时期生产领域价格变动情况的重要经济指标。CPI 和 PPI 的衡量都限定在一定的范围内，CPI 侧重于反映居民消费领域的价格水平变动，PPI 侧重于工业领域，两者都不能比较全面地反映整个经济运行的通货膨胀情况。

随着经济发展、消费结构升级和金融深化，资产价格波动对经济运行的影响日益明显。所以，不少学者呼吁将资产价格纳入通货膨胀测量中。无论从理论还是从现实看，这种呼吁是合理的。但如果把股票等资产价格纳入到通胀测量，也面临很多困难，主要有：①各类资产的权重很难确定。按照跨期生活成本理论，由于生命周期中的大部分消费都是将来的消费，当前 CPI 所测量的权重可能很小，而资产价格所测量的权重将很大，甚至接近于 1。比如，张三今年 40 岁，在北京东四环外购买了一套 100 平方米的普通住房，投入 800 万，这一次投入不仅超过张三过去 40 年的消费，甚至超过他未来 40 年的消费。②对资产价格的测量更困难。因为资产价格应该包括所有形式的居民财富，金融资产和非金融资产，有形资产和无形资产等，在这里面有些资产价格就很难计量，比如商标、专利、发明等无形资产。另外，股票等资产价格波幅太大，很难从中选取。

有鉴于此，很多学者推荐 GDP 平减指数（GDP Deflator），认为它能更全面地反映通货膨胀水平，可以作为判断物价走势的重要指标。笔者赞同这一观点，因为 GDP 平减指数衡量的是广义通胀水平，包含了各个产业和经济部门，代表性更强。无论是房地产价格变动、银行利率变化、关税变动带来的价格效应，还是股市价格波动，最终都会反映到 GDP 平减指数上。另外它是个衍生指标，不是通过调查编制的价格指数，不用重复劳动，投入小。当然，GDP 平减指数也面临一些问题，比如它的频率较低，囊括的东西又太多，如果一个国家的数据缺失严重或不准确，将给计算带来很多麻烦。

经济学对 GDP 平减指数的定义很简单，是指没有剔除物价变动前的 GDP 增长与剔除了物价变动后的 GDP 增长之比，也可看作是名义 GDP 与真实 GDP 之比。GDP 平减指数具体计算公式是：

$$\text{GDP平减指数}=(\text{名义GDP增长}/\text{实际GDP增长})\times 100$$

由于 GDP 有名义 GDP 与实际 GDP 之分[①]，为了反映两者之间的内在联系，必须去除价格变动的影响，由此提出了 GDP 价格调整指数的概念。它是指名义 GDP 与实际 GDP 之间的百分比值。即：

$$\text{GDP价格调整指数}=(\text{名义GDP}/\text{实际GDP})\times 100$$

① 名义 GDP 与实际 GDP 在统计方法上是相同的。政府统计部门公布的多为名义 GDP，而经济学家在进行经济分析时大多使用实际 GDP。

在GDP价格调整指数的计算中，包括了所有产品与劳务的数量和价格信息，因此可以把GDP平减指数看作为是衡量总物价水平的一般性指标。很多国家根据GDP价格调整指数，来判断经济运行中总体物价水平的变动状况。

统计检验显示：GDP平减指数大致相当于CPI、固定资产投资价格指数和PPI的加权平均数；GDP平减指数变动的合理范围，应该位于CPI变动率和固定资产投资价格指数变动率之间；GDP平减指数小范围上涨有利于经济增长，大幅波动可能导致经济滑坡。

专栏二　英镑危机

在日本爆发资产泡沫危机后不久，欧洲也爆发了欧洲货币体系危机，这是一场区域性货币危机，其中英镑危机最有影响力。

1990年10月，英国加入了欧洲货币体系（简称EMS）[①]。欧洲货币体系使西欧各国的货币不再盯住黄金或美元，而是相互盯住；每一种货币只允许在一定的汇率范围内浮动，成员国间汇率的最大波动幅度为中心汇率的±2.25%，个别成员国的货币汇率的波动幅度扩大至±6%（如英镑和意大利里拉）。一旦超出了规定的汇率浮动范围，各成员国的中央银行就有责任通过买卖本国货币进行市场干预，使该国货币汇率稳定到规定的范围之内；在规定的汇率浮动范围内，成员国的货币可以相对于其他成员国的货币进行浮动。

原则上，欧洲货币体系的汇率制度以欧洲货币单位[②]为中心，让

① 1979年3月，在德、法国倡议下，欧洲经济共同体的8个成员国（法国、德国、意大利、比利时、丹麦、爱尔兰、卢森堡和荷兰）建立欧洲货币体系（European Monetary System，EMS），将各国货币的汇率与对方固定，共同对美元浮动。在欧洲货币体系成立后的10年内，它的内部固定汇率不断在调整，使它的汇率体制得以生存。1989年西班牙加入，1990年英国也加入，欧洲货币体系的成员国扩大到10个。

② 欧洲货币单位（European Currency Unit，ECU）是当时欧共体12个成员国货币共同组成的一篮子货币，各成员国货币在其中所占的比重大小是由他们各自的经济实力决定的。

成员国的货币与欧洲货币单位挂钩，然后再通过欧洲货币单位使成员国的货币确定双边固定汇率，这种汇率制度被人们称为格子体系，或平价网。由于德国马克是欧洲货币体系中最强的货币，德国马克又是国际外汇市场上最主要的交易货币之一，人们便常常把欧洲货币体系成员国货币与德国马克汇率的波动，作为中央银行干预的标志。各成员国货币之间的汇率波动其实是以德国马克为核心。在欧洲货币体系中，德国的地位类似于美国在布雷顿森林体系中的地位。

从1987年至1992年，欧洲货币体系相对稳定，没有经过汇率调整，欧洲货币单位使用范围不断扩大。市场很乐观，社会各界（包括理论界）都认为固定汇率制是政治稳定和经济繁荣的象征。在这种乐观的表象下，欧洲货币体系内部的系统性风险正在积累。

1992年2月7日，欧盟的前身——欧洲共同体十二个国家签署了《马斯特里赫特条约》（简称《马约》）。该条约的目标是要在密切协调成员国经济政策和实现欧洲内部统一市场的基础上，形成共同的经济政策。具体内容是统一货币，制定统一的货币兑换率，建立一个制定和执行欧共体政策的欧洲中央银行体系。但欧盟各国经济发展不均衡成为制约欧洲汇率机制的重要问题。两德统一后，由于东德地区基础设施建设的需要，德国政府实行扩张性财政政策，使德国政府财政赤字率升至13.2%，通胀率从3%上升至5%。德国央行不得不实施紧缩的货币政策来抑制通货膨胀。1991~1992年两年，德国的利率几乎上升了3个百分点。另外，德国提高利率，也可以吸引更多国际资本流入。

在德国实施紧缩货币政策的同时，美联储却实行了宽松的货币政策，不断下调联邦基金利率。美元贬值，欧洲货币体系里联合浮动的货币（比如英镑）随同德国马克一起对美元升值。英国经济增长迟缓，患了“英国病”[①]，需要英镑贬值来刺激出口，但英国政府

① “英国病”是指在第二次世界大战结束后，英国经济出现的滞胀状态，这种状态持续了近三十年，被一些经济学家戏称为“英国病”。

却受到欧洲汇率机制的限制，必须维持英镑兑换德国马克的汇率波动幅度，这样做进一步削弱了英国产品的国际竞争力，抑制了出口。

在《马约》签署之前，英镑已经被高估，英镑兑换马克的汇率是1:2.95。《马约》强化了欧洲汇率机制，使英镑的浮动受到限制。根据条约的规定，英国政府不能通过英镑的主动贬值来刺激经济的发展。如果英镑出现异常的贬值或升值，欧洲各国中央银行负有干预外汇市场、稳定英镑汇率的义务。因此面对德国央行的加息，英格兰银行只能随之提高利率，以维持英镑对德国马克的利率平价，但提高利率则抑制了英国的经济活力，使英国经济进一步陷入衰退。

英国加入欧洲汇率机制（The European Exchange Rate Mechanism，ERM），在索罗斯等国际炒家看来是个错误决定，因为经济疲弱，英镑高估了，将面临巨大的降息或贬值压力，与德国在有关经济政策方面很难保持一致。一旦构成欧洲汇率机制的一些“链条”出现松动，拉大套利空间，像索罗斯那样的国际炒家便会乘虚而入，对这些松动的“链条”发起进攻，而其他的追随者也会跟着行动，使欧洲汇率机制更加不稳定。

果不其然，在《马约》签订后不足一年的时间里，一些欧洲国家便很难协调各自的经济政策。在英国经济长期不景气的情况下，英国实际上已经无法维持高利率，刺激本国经济的方法只能是降低利率。但假如德国的利率不下调，英国单方面下调利率，将会使英镑走软，对德国马克下跌，从而迫使英国退出欧洲汇率机制。

在几个月内，索罗斯及其他一些投机者在不断扩大头寸，为狙击英镑做准备。随着时间的推移，英国政府越来越难以维持高利率，受到许多金融专家的质疑，国内的商界领袖也强烈要求降低利率。

1992年夏季，英国的首相梅杰和财政大臣在各种公开场合一再重申坚持现有政策不变，英国有能力将英镑留在欧洲汇率机制内。但索罗斯等人却认为英国政府只是虚张声势，英国保不住它在欧洲汇率机制中的地位。

在此期间英镑对马克的比价在不断地下跌，从 2.95 跌至 2.85，又从 2.85 跌至 2.7964。英国政府为了防止英镑对马克的比价低于欧洲汇率机制中所规定的下限 2.7780，已下令英格兰银行购入 33 亿英镑来干预市场。还计划从国际银行组织借入资金用来阻止英镑继续贬值，但干预资金规模太小。仅索罗斯一人在这场与英国政府的较量中就动用了 100 亿美元。索罗斯的量子基金抛售了相当于 70 亿美元的英镑，购入相当于 60 亿美元的马克，同时，索罗斯购入价值 5 亿美元的英国股票，卖出德国股票，买入德国债券。另外，在远期市场上持有德国和法国利率期货的大量多头头寸。如果只是索罗斯一个人与英国较量，英国政府也许还能抵抗，而众多投机者的参与，使这场较量的双方力量对比悬殊。巧妇难为无米之炊，即便是英格兰银行那样的老牌央行也无能为力。这场危机发人深醒，也反衬了市场和投机资金力量的强大，各国对国际游资不得不防。

1992 年 9 月 8 日，欧共体成员国之一芬兰宣布芬兰马克脱离欧洲货币体系的汇率机制，实行自由浮动。此后，英国要求德国降低利率，但德国拒绝了。9 月 13 日，意大利不得不宣布里拉贬值。直到这时，德国政府才出于维持欧洲货币体系的运行做出细微让步，14 日宣布将贴现率从 8.75% 降至 8.25%，但已错过救助时机。第二天英镑一路下跌。16 日（星期三），索罗斯决定大量做空英镑。英国央行一天之内两次提高利率，从 10% 提高到 15%，极为罕见，仍未能奏效。到傍晚收市时，英镑对马克的比价差不多已跌至欧洲汇率机制规定的下限。在这场捍卫英镑的行动中，英国政府动用了价值 269 亿美元的外汇储备，还是以惨败告终。就在这一天，英国宣布退出了欧洲汇率机制，允许英镑对马克贬值 10%。索罗斯是这场袭击英镑行动中最大的赢家，仅从英镑空头交易中获利就接近 10 亿美元。索罗斯一战成名，旗下的对冲基金实力大增。

英镑危机后，瑞典克朗、西班牙比塞塔、葡萄牙埃斯库多、法国法郎等相继贬值。在持续近一年的欧洲货币危机后，欧洲货币体系伤痕累累。1993年7月，法郎遭受攻击后，法德联手干预，但收效甚微。8月2日，欧共体各国做成艰难抉择：让各成员国的货币汇率波动幅度由原来的4.5%增加到30%，相当于实行了自由浮动，运行了14年的欧洲货币体系名存实亡。

引发英镑危机的主要问题是英国的汇率和货币政策不当，其他国家不配合救助，放大了英镑贬值预期，为国际游资套利创造了投机空间。这一事件暴露了欧洲货币体系的汇率机制存在缺陷，比如各成员国经济实力和发展水平不平衡，尤其是德国实力随两德统一后实力大增；成员国在一定程度上丧失了货币政策自主权；汇率机制不够灵活；政府干预能力有限等。汇率之比说到家是各国经济竞争力之比。德国经济实力强大，出口产品竞争力强，德国马克是典型的强势货币。再加上当时德国国内利率高，德国马克正在走强，其他货币跟着走强的货币浮动，自己的货币也走强，削弱了本国产品的国际竞争力，出口受抑制，经济日趋衰弱，最后即便不是为了维持格子系统，就是为了自保，也只能与欧洲货币体系脱钩。英国退出欧洲货币体系后，开始通过货币贬值和降低利率，促使经济复苏。英磅后来没有加入欧之区，保持了货币政策的独立性，现在看来这是比较务实的选择。

"英镑脱欧"事件再次告诉我们，当宏观经济内外均衡发生矛盾时，用牺牲内部均衡的办法来维持外部均衡，类似于自残，将付出很大代价，迟早内外均衡都保不住；货币政策独立有利于提高货币当局应对金融危机的能力和实施危机极助的效率；汇率制度的选择应有利自身经济增长，应与自身经济实力相匹配等。

第五章

墨西哥比索危机

第一节 来龙去脉

第二次世界大战后，墨西哥积极奉行进口替代发展政策，建立了工业化的国民经济体系，GDP 年均增长 6%~7%，1992 年人均 GDP 达到 4210 美元，一度被誉为经济改革的“样板”和投资的“热土”。1994 年 10 月，IMF 在《世界经济展望》中对墨西哥的前景做出了美好的预测。在 1994 年 12 月初举行的美洲国家首脑会议上，克林顿总统还称赞其好朋友卡洛斯·萨利纳斯在墨西哥开创了史无前例的改革，并要求其他拉美国家的领导人向萨利纳斯学习。在一片热捧中，1994 年底墨西哥爆发了一场金融危机，比索大幅贬值，股市连日下跌，对墨西哥、拉美乃至世界经济都产生了重大影响。

一、危机爆发及影响

1994 年 12 月 19 日深夜，上台不到 20 天的赛迪略政府突然宣布，比索兑美元汇率的浮动范围扩大到 15%，这意味着比索将贬值。这一决定在市场上引起极大恐慌。尽管墨西哥财政部长表示：这一变动是使货币当局在管理比索时，拥有更大的灵活性。但外国投资者还是疯狂抛售比索，抢购美元，比索汇率急剧下跌。当天，比索对美元的汇价由一天前的 3.46:1 下跌至 3.66:1。虽然墨西哥央行大力干预，但仍无法抑制比索汇价下跌。

短短两天内墨西哥的外汇储备就损失了 50 亿美元。10 月 22 日，墨西哥政府宣布央行不再干预外汇市场，实行汇率自由浮动，整个金融市场一片混乱。12 月 27 日，比索对美元的汇价大幅下跌至 5.75∶1，一周之内比索贬值达 60%。

资本外流造成墨西哥股市大跌。12 月 30 日，墨西哥 IPC 指数下跌 6.26%。1995 年 1 月 10 日更是狂跌 11%。到 3 月初，墨西哥股市 IPC 指数跌至 1500 点，与 1994 年金融危机前最高的 2881.17 点相比，已累计跌去 47.94%。

这次金融危机对墨西哥经济打击很大。1995 年，墨西哥 GDP 下降 6.9%，制造业下降 6.4%，贸易量下降 14.4%，消费量下降 11.7%，通胀率达 52%，失业率 6.8%，外债总额 1700 亿美元，相当于 GDP 的 2 倍，商业银行的不良资产率从 1992 年的 2% 上升到 15.7%。[①]1996 年 6 月，墨西哥财政部的一份报告宣布，这场危机使墨西哥付出了 420 亿美元的代价。

墨西哥比索危机产生了比较强的溢出效应。阿根廷、巴西、智利等其他拉美国家的经济结构与墨西哥相似，都不同程度地存在债务沉重、贸易逆差、币值高估等经济问题。由于外国投资者害怕墨西哥金融危机扩展到全拉美国家，纷纷抛售这些国家的股票，引发拉美股市猛跌。在墨西哥爆发金融危机的当天，拉美国家的股价指数也大幅下滑，1995 年 1 月 10 日的股价指数与 1 月初相比，巴西圣保罗和里约热内卢的证券交易所分别下跌 9.8% 和 9.1%，阿根廷布宜诺斯艾利斯证券交易所下跌 15%，秘鲁利马证券交易所下跌 8.42%，智利证券交易所下跌 3.8%。同时拉美国家发行的各种债券价格也出现暴跌。在股市暴跌中，投资者从阿根廷抽走资金 16 亿美元，从巴西抽走资金 12.26 亿美元，整个拉美证券市场损失 89 亿美元。美国在墨西哥的 200 亿美元股票损失 70 亿美元，加上比索贬值，损失近 100 亿美元。

---

① Banco de Mexico(1995)， The Mexico Economy， 1994 and 1995， Mexico City.

二、救助措施

为了稳定金融市场，墨西哥政府经过多方协商，推出了紧急经济拯救计划：缩减公共开支 5.2%，与社会各界签署协议，控制工资上涨幅度，设立特别基金稳定金融市场，控制通货膨胀，向国际金融机构申请紧急贷款援助等。

为帮助墨西哥政府渡过难关，减少外国投资者的损失，美国政府和 IMF 等国际金融机构决定提供巨额贷款，支持墨西哥经济拯救计划。资本外逃趋势得到缓解，很多资本又返回了墨西哥市场。随着国际资本援助逐步到位，墨西哥的金融动荡有所缓和。到 1995 年 2 月底，墨西哥的外汇储备从 35 亿美元回升至 112 亿美元，股价指数从 1500 点回升至 1700 点。

三、原因分析

墨西哥爆发金融危机后，震惊世界，对这一事件的跟踪分析很多，比较一致的看法是：

1. 导火索是外汇储备减少和比索贬值

墨西哥金融危机的导火线是比索贬值，并引发金融动荡，所以称之为比索危机[①]。而赛迪略政府之所以在上台不久就让比索贬值，直接原因是外汇储备不断减少。那么，墨西哥为什么会外汇储备不足呢？这还要从墨西哥的反通胀计划说起。

1988 年，萨利纳斯总统上台后推行反通胀计划，核心是将汇率作为反通胀的工具，让比索钉住美元。这个计划虽然在降低通胀率方面是成功的，但也高估了比索的币值。据估计，在 1991 至 1993 年期间，比索

① 严格地讲，比索贬值不一定引发金融危机。墨西哥在 1954 年和 1976 年实施了两次贬值就没有引发金融危机。

累计高估了26%[1]。币值高估肯定会削弱本国产品的国际竞争力，出口少进口多，贸易赤字，经济滑坡。

早在1994年，墨西哥就已经出现金融危机的苗头，比索开始贬值，外资流出。1994年4月，美国和加拿大首先出手援助，主要依据是三国在1993年签订的《北美自由贸易协定法案》中的“特殊关系”。两国提供了共67亿美元的信用额度，其中美国提供了60亿美元，加拿大提供了7亿美元。然而危机仍持续发展。

到1994年底，墨西哥经济已经很疲弱，再加上爆发了一连串的政治事件，经济金融环境很糟糕，外资纷纷出逃。1994年初，墨西哥的外汇储备还有280亿美元，到11月就降至170亿美元。就在政府宣布比索贬值的前一天，又有30亿美元被抽走。而墨西哥政府当时至少需要100亿美元，才能对付1995年第一季度到期的短期国债。墨西哥政府让比索贬值是迫不得已的被动选择。

2. 政局动荡恶化了经济和金融环境

1994年是墨西哥总统大选年，执政的革命制度党总统候选人科洛西奥和总书记马谢乌先后被暗杀。12月赛迪略就任总统后，恰帕斯州又发生流血冲突。墨西哥长期积累的社会矛盾开始激化，党派斗争激烈，政局动荡动摇了投资者的信心，外资流入减少，撤资日益增多，墨西哥不得不动用外汇储备来填补外贸赤字，造成外汇储备从1994年10月底的170亿美元，降至12月21日的60亿美元，不到两个月降幅就高达65%。

3. 经常项目逆差导致比索走软，动摇了市场对比索的信心

在加入北美自由贸易协定谈判时，按照乌拉圭回合协议，墨西哥本可以争取发展中国家的待遇，降低关税的幅度和时限都不必与美国和加拿大对等。但当时墨西哥政府为了尽快跻身于发达国家行列，在谈判中，

---

① 王丽颖：“1994年墨西哥比索危机还原”，《国际金融报》2015年09月21日。

同意在美国、加拿大、墨西哥之间的 80% 的产品相互取消关税。北美自由贸易区于 1994 年元旦生效后，墨西哥国内市场开放力度太大，再加上比索高估，美国和加拿大的商品蜂拥而入。尽管墨西哥出口也有增长，但增速远不及进口增速。统计数据显示，从 1989 到 1994 年，墨西哥的贸易逆差就从 1989 年的 6 亿多美元，猛增到 1994 年的 185 亿美元。

在外资大量流入的情况下，墨西哥政府还可以依靠外来资金来保持国际收支平衡。但也面临一个问题，当一个国家主要依靠外资流入来保持国际收支平衡时，经济发展和汇率稳定的基础就会变得非常脆弱。一旦形势不利，外资出逃，政府只能动用外汇储备去填补。外汇储备不断缩水更加动摇了市场对比索的信心。此时比索还钉住强势的美元，结果只能是投资者抛售比索、抢购美元，这是很理性的市场预期和选择。实际上，从 1994 年初，外资就开始撤离墨西哥了。这一案例再次表明，在信用货币时代，信心比外储重要得多。

除了上面谈的几点，笔者认为，墨西哥政府当时的货币政策操作也值得商榷。也许当时墨西哥货币当局的操作是迫于内外压力而做出的被动选择，但确实有违经济常识，后果自然很严重。

墨西哥当时采取钉住汇率制，让比索钉住美元。选择什么样的汇率制度是一个国家主权的体现，无可厚非。但既然选择了这条路径，就需要时刻关注美联储的政策走向，顺应美联储的操作，及时调整自己的货币政策，不能搞反了。这就是说，弱势货币选择钉住强势货币，想“大树底下好乘凉”，就需要牺牲部分货币政策独立性，只能跟着强势货币一起“摇摆”，任性不得。

20 世纪 90 年代初，美国经济低迷，美联储将基准利率从 1990 年 1 月 13 日的 8.25%，连续下调至 1992 年 9 月 4 日的 3.00%，并保持了一年多。此时美国的实际利率接近于 0。大量投机资本从美国流出，流入拉美国家。而当时墨西哥实行紧缩性货币政策，1991 年至 1992 年，墨西哥国内实际利率高达 20% ~25%，居拉美国家之首，远高于国际市场。同时，墨西哥政府还通过优惠政策吸引外资，1989年颁布的外资法规定，除了石油、电力、铁路、铀矿开采和货币铸造等战略部门外，其他部门外资都可进入，持股比例可达100%。在利差和优惠政策的驱动下，外资纷纷涌入墨西哥，到1994年底共引进外资730亿美元，其中70%至80%是有价证券投资，短期国际资本占比过高。

1994年美国经济复苏，为抑制经济泡沫，美联储从1994年2月4日起连续六次加息，将基准利率提高到1994年11月15日的5.50%，美国的长期利率上升至8%，美元开始走强，国际资本开始回流。可是就在这一年，萨利纳斯政府为稳定政治和经济局势，实施了扩张性的货币政策，不仅没有提高比索利率，反而从5月开始下调短期利率，放松银根。现在看来，这一操作不合时宜，刺激了资本外流，到1994年底，从墨西哥流出的资金达到180多亿美元。对于严重依赖外资的墨西哥而言，这是一个沉重打击。

表5-1　美国联邦基金利率调整变化表（1990～1995年）

1990年			
时间	调整前	调整后	调整幅度
1990年1月13日	8.25%	8.00%	调降25基点
1990年10月29日	8.00%	7.75%	调降25基点
1990年11月13日	7.75%	7.50%	调降25基点
1990年12月7日	7.50%	7.25%	调降25基点
1990年12月18日	7.25%	7.00%	调降25基点
1991年			
时间	调整前	调整后	调整幅度
1991年1月9日	7.00%	6.75%	调降25个基点
1991年2月1日	6.75%	6.25%	调降50个基点
1991年3月8日	6.25%	6.00%	调降25个基点
1991年4月30日	6.00%	5.75%	调降25个基点
1991年8月6日	5.75%	5.50%	调降25个基点
1991年9月13日	5.50%	5.25%	调降25个基点
1991年10月31日	5.25%	5.00%	调降25个基点
1991年11月6日	5.00%	4.75%	调降25个基点
1991年12月6日	4.75%	4.50%	调降25个基点
1991年12月20日	4.50%	4.00%	调降50个基点

续表

1992 年			
时间	调整前	调整后	调整幅度
1992 年 4 月 9 日	4.00%	3.75%	调降 25 个基点
1992 年 7 月 2 日	3.75%	3.25%	调降 50 个基点
1992 年 9 月 4 日	3.25%	3.00%	调降 25 个基点
1993 年美国联邦基金利率没有进行调整			
1994 年			
时间	调整前	调整后	调整幅度
1994 年 2 月 4 日	3.00%	3.25%	调升 25 个基点
1994 年 3 月 22 日	3.25%	3.50%	调升 25 个基点
1994 年 4 月 18 日	3.50%	3.75%	调升 25 个基点
1994 年 5 月 17 日	3.75%	4.25%	调升 50 个基点
1994 年 8 月 16 日	4.25%	4.75%	调升 50 个基点
1994 年 11 月 15 日	4.75%	5.50%	调升 75 个基点
1995 年			
时间	调整前	调整后	调整幅度
1995 年 2 月 1 日	5.50%	6.00%	调升 50 个基点
1995 年 7 月 6 日	6.00%	5.75%	调降 25 个基点
1995 年 12 月 19 日	5.75%	5.50%	调降 25 个基点

资料来源：根据美联储公开数据整理。

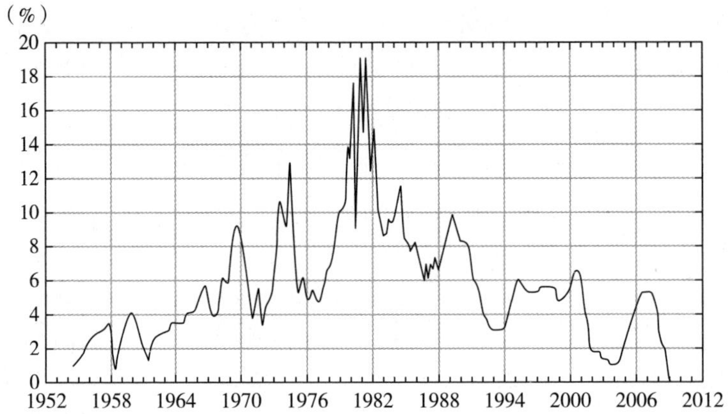

图 5-1　1954.7~2008.12 美国联邦基金利率走势图

小结

墨西哥比索危机是一场比较典型的国际收支危机。墨西哥政府为抑制通货膨胀，采用钉住美元的汇率制度，并以高利率吸引国际资本的流入。这种做法虽然抑制了通胀，但比索高估也削弱了墨西哥产品的国际竞争力，加入北美自由贸易区后墨西哥贸易赤字更是大幅上升。不断恶化的经常项目逆差、政局动荡和货币政策操作失误，恶化了金融环境，资本大规模外逃，比索大幅贬值，从而引发了比索危机。墨西哥政府当时应对金融危机的药方，即“削减政府预算、提高利率和本币贬值”，对当时的墨西哥来说是适用的，再加上美国和 IMF 等国际组织的救助力度大，也比较及时，恢复了市场信心，墨西哥金融形势逐渐稳定，走出了金融危机。

第二节　几点认识

一、钉住汇率制的功与过

布雷顿森林体系崩溃后，美联储的货币供给增加，美元对黄金不断贬值。各国货币当局找不到货币政策的“锚”，汇率机制很混乱，既找不到合理的汇率水平，也无法有效控制通胀。20 世纪 70 年代，通胀成为困扰许多国家的共同问题。1973 年秋，第四次中东战争后，原油价格涨了 1/5，1980 年 9 月两伊战争爆发后，原油价格又涨了 1/3。两次石油危机的爆发对通胀更起到推波助澜的作用。为遏制通胀，很多国家和地区（比如波兰、智利、以色列、墨西哥、巴西、阿根廷、泰国、韩国和我国台湾地区等）选择钉住汇率制[①]，使本国（或地区）货币与美元或一篮子货币保持固定比价关系，并允许很小的波动幅度。从各国实施钉住汇率制的过程看，这一制度在稳定本国货币汇率、抑制恶性通胀方面确实取得了一定成效。

二十世纪七八十年代，墨西哥曾遭遇严重的通货膨胀，通胀率高达三位数，引发了 1982 年的墨西哥债务危机。有了这次切肤之痛，低通胀就成了历任墨西哥政府追求的目标。从 1982 年起，德拉马德里政府与企业和工会签订三方契约，确定了反通胀计划和比索钉住美元的汇率制度。在德拉马德里政府时期，比索汇率基本是固定的。1992 年萨利纳斯政府实行“钉住美元加浮动区间”，即比索对美元的汇率可以在政府规定的区间内小幅波动。在比索长期高估的情况下，汇率浮动即表现为比索贬值。后来比索浮动逐渐扩大，从最高不超过 20 个基点扩大到最高不超过 40 个基点。从当时的情况看，墨西哥在反通胀方面取得了明显效果。1987 年墨西哥的通胀率是 159.2%，到 1994 年 12 月降至 7.1%。

阿根廷也是一个成功的例子。在 20 世纪 80 年代，阿根廷的通胀率曾达到 4 位数，其中 1985 年高达 6000%。1991 年，卡瓦略就任阿根廷经济部长，同年 3 月政府推行货币局汇率制度，施行“1 万奥斯特 = 1 阿根廷比索 = 1 美元”的钉住汇率制。到 1994 年，阿根廷的通胀率为 3.4%，是 40 年的新低。

实行钉住汇率制有利于提高弱势货币的信誉和地位，还可以降低国际贸易和投资的汇率风险，有利于外向型经济的发展。泰国实行钉住汇率制后，吸引了大量外资，出口强劲，经济快速增长，被誉为“亚洲四小虎”。

当然，任何事物都有两面性，钉住汇率制的缺陷也很明显：①在这一

① 钉住汇率制 (Pegged Exchange Rate)，是指一国使本币同某外国货币或一篮子货币保持固定比价的汇率制度。在钉住汇率制下，一国货币与其他某一种或某一篮子货币之间保持比较稳定的比价，也就是钉住所选择的货币。本国货币随所选货币的波动而波动，但相互之间的比价相对固定，或者只在小范围内浮动，这个幅度一般不超过 1%。被钉住的对象一般是主要工业国家的货币，比如美元、欧元等，或者是 IMF 的特别提款权（SDR）。

制度下，中央银行需要放弃部分货币权，只能使用利率一个政策工具，不可能同时达到物价稳定与汇率稳定两个目标，也就是说无法同时实现内部均衡和外部均衡。比如，为了保证汇率稳定，中央银行要经常入市买卖外汇，这必然影响本国的货币供应量，从而削弱了货币政策的独立性和主动性。另外，选择钉住汇率制就意味着政府承诺保持名义汇率稳定。如果外汇市场发生波动，政府就要动用外汇储备干预外汇市场。而一旦经济金融形势恶化，资本大量外逃，就会让外汇储备快速缩水。墨西哥比索危机就是在外汇储备大幅减少时发生的。②钉住汇率是人为定价，长期维持一个固定比率，很容易造成本币价值高估或低估。比如第二次世界大战后日元钉住美元，长期维持 1 美元兑 360 日元的汇价，在日本经济实力逐渐走强后，造成日元对美元低估。比索则相反，到 1994 年上半年，比索对美元的汇率高估了 30% 左右。③钉住汇率制会激励国际资本无风险投机。而一旦钉住汇率制无法维持时，这一体制又会成为国际资本的攻击对象。泰铢的教训就很深刻（后文分析）。④如果被钉住国发生通胀，那么钉住国的通胀形势也会跟着恶化。

正因为钉住汇率制存在内在缺陷，还能自我强化，所以不宜长期维持。当钉住汇率制不能维持时，就需要退出。这样，退出方式和时机的选择就很重要了。比如，是主动退出还是被动退出？什么时间退出？一般说来，主动退出的国家，比如波兰、智利和以色列等，退出成本较低，保持了经济平稳增长和金融市场稳定；那些伴随着各种危机被迫退出的国家，比如墨西哥、巴西、阿根廷、泰国等，退出成本较高，加剧了经济衰退。

从各国的实践看，退出钉住汇率的最佳时机是外汇市场比较平稳的时候。在这种情况下，市场不会认为是货币当局被迫做出的选择，因而不会损害政府的公信力，可以避免过多的投机冲击。对于发展中国家而言，外汇市场平衡的时间很短，退出的时机最好选择本币升值的时候，特别是大量资金流入的时候。在这个时候退出钉住汇率，本币还会惯性地小幅升值，有助于减缓通胀预期，扩大货币政策的操作空间，退出的成功率高。

在退出时机选择上，墨西哥也有教训。1993 年初，墨西哥就已经发现比索高估和钉住汇率制的风险，但为了尽快加入北美自由贸易区，墨西哥政府决定推迟汇率制度改革，延误了退出时机[①]，应了那句老话："晴天不肯去，直待雨淋头。"在这方面，波兰的渐进式汇率制度改革就值得借鉴。波兰从 1989 年 9 月实施"休克疗法"后不久，海湾战争爆发，国际石油价格大涨，造成波兰国内通胀率大幅攀升，最高时达到 586%。为遏制通胀，波兰实行了单一钉住美元的汇率制度，并建立了汇率稳定基金，实施紧缩的财政货币政策，反通胀工作很快取得成效。之后波兰就主动选择了渐进式的汇率改革，用 10 年时间，从单一钉住美元到钉住一篮子货币，到爬行钉住一篮子货币，再到爬行钉住加区间浮动，最后实现自由浮动，没有出现大的汇率波动。另外，在波兰汇率转轨中，兹罗提名义汇率虽然不断贬值，但由于中心汇率定值较低，汇率的实际波动基本呈现兹罗提升值的态势，也增强了市场对兹罗提的信心[②]。汇率问题很敏感且难以掌控，敢于推进激进经济改革的波兰，在汇率制度改革方面也很谨慎。

二、关于国际最后贷款人的设想

墨西哥爆发金融危机后，美国、加拿大和国际组织等实施了国际救援，对稳定墨西哥的金融形势发挥了重要作用。1995 年 1 月，美国组织了 500 亿美元的援救基金，其中 200 亿美元来自美国外汇稳定基金，180 亿美元来自 IMF，国际清算银行牵头从欧洲各中央银行筹集了 100 亿美元，另外的 20 亿美元来自加拿大。这一救助措施发挥了作用。资本外逃趋势得到缓解，很多资本又返回了墨西哥市场。美国实际上只动用了 125

① 王宇："钉住汇率制、国际收支失衡与墨西哥金融危机"，《第一财经日报》2015 年 1 月 26 日。

② 胡鸣：《从退出钉住汇率制的国际经验看中国退出的实践》，西南财经大学国际经济与贸易专业 2007 年硕士论文。

亿美元。到1995年秋，墨西哥开始用私募的钱偿还贷款。这一案例告诉我们，金融危机救助计划可以做得大一些。计划大有利于稳定市场信心，至于使用多少可根据实际情况选择。在随后的东亚金融危机期间，IMF等国际组织也发挥了救援作用。后来，俄罗斯（1998年）和阿根廷（2000年）爆发金融危机时，也接受了IMF提供的援助，在这两次危机中，美国及其他成员国没有亲自参与，都是通过IMF向危机国提供信贷援助。

表5-2　　在墨西哥和亚洲金融危机中国际组织的援助数额[①]

单位：10亿美元

国家	IMF	世界银行	亚开行	双边货币互换协议	合计
墨西哥	17.8	1.5	1.3（b）	21.0	41.6
泰国	3.9	1.9	2.2	12.1	20.1
印尼	10.1	4.5	3.5	22.0（a）	40.0
韩国	21.0	10.0	4.0	22.0	57.0

注：a另动用50亿美元国内紧急储备。b来自泛美开发银行。

这些案例再次引发了对国际最后贷款人的思考。为防范和救助金融危机，在一国之内需要设立最后贷款人[②]。在这个问题上已基本达成共识，争议很小。我们知道，最后贷款人的首要目标是在个别金融机构或市场缺乏流动性时向它们注入资金，以避免大范围金融崩溃，它必须有足够的金融资源以满足市场无限的资金需求。在一国范围内，央行是某一政体之下的金融管理机关，拥有货币发行权，能够创造货币，在理论上它可提供无限货币以满足市场需求，央行能够承担最后贷款人的职责。但随着金融危机跨越国界，在国际范围内传导和蔓延，损害各国的经济基础，迫使各国加强金融合作、统一监管标准，并寻求在发生货币危机时能提

① 金德尔伯格等：《疯狂、惊恐和崩溃：金融危机史（第七版）》，中国金融出版社2017年6月第一版，第315页。

② 最后贷款人，又称最终贷款人（Lender of Last Resort），即在出现危机或者流动资金短缺的情况时，负责应付资金需求的机构（通常是中央银行）。该机构一般在公开市场向银行体系购买质量理想的资产，或透过贴现窗口向有偿债能力但暂时周转不灵的银行提供贷款。该机构通常会向有关银行收取高于市场水平的利息，并会要求银行提供良好抵押品。

供强大金融支持。那么，是否可以借鉴国内最后贷款人的做法，设立国际最后贷款人[①]呢？在这个问题上存在很大争议，针锋相对。

支持国际最后贷款人的经济、金融专家很多，比如 Krugman（1998）、Fischer（1999）、Mishkin（2000）等，最主要的理由是国际金融市场的一体化背景下，金融危机频繁发生并在国际传染，危害巨大，单个国家（尤其是广大发展中国家）抵抗国际金融危机冲击的能力有限，从学术角度看，需要有国际最后贷款人这样的公共产品，构筑一道"金融防火墙"，来维护国际金融秩序。

反对国际最后贷款人的呼声也很高，其中一个重要理由是道德风险问题。本来国内最后贷款人的道德风险就很高，在国际层面道德风险会更加严重。金融危机爆发后，如果有一个国际最后贷款人出来援助，只会鼓励困难国家借款人以及外国债权人更加冒险。

虽然有争议，但在争议过程中，还是形成了一些关于国际最后贷款人的设想。

大家首先想到的是 IMF。设想很好，但 IMF 不能发行储备货币，发行 SDR 的能力有限，也没有收税的权利，不具备充当国际最后贷款人的实力。力所不逮，空有抱负。东南亚爆发金融危机后，IMF 因救援行动迟缓、条件苛刻而受到批评。在次贷危机中，IMF 的救助作用很有限。另外，IMF 救援的公平性也受到质疑。除非对 IMF 进行大幅改革，否则 IMF 难以承担最后贷款人的职能。

第二个设想是世界性的中央银行。如果能有一个世界性的中央银行，让它来当国际最后贷款人，应该比 IMF 更有效。笔者估计这个设想不会得到广泛赞同。因为除了欧盟之外，大多数国家将货币发行与控制视为一项很重要的国家主权，有的还把它写入宪法。那可是点纸成金的权利。

---

① 国际最后贷款人和国内最后贷款人的主要区别是：一是国际最后贷款人所处理的危机一般与汇率变化有关；二是国际最后贷款人的处理方式更加灵活。国际最后贷款人的政策目标是：一是帮助成员国解决其流动性危机问题，防止汇率变化导致经济基本面恶化；二是促使货币汇率恢复长期均衡水平。

对一个国家而言，铸币税是一项很丰厚的收入，轻易不会让别人动他的“奶酪”。

第三个设想是美联储。Keleher（1999）等人提出，美联储拥有国际最后贷款人所需要的优势，比如它能无限提供高能货币，拥有高度的透明度，同时又有美国强大的经济和政府支持，救援能力没问题。笔者认为这种观点有些道理。美元是最主要的世界货币，其他国家持有美元的主要目的，并不是从美国获得商品和服务，而是用于国际支付、保值和避险。美联储既然能发挥一些世界央行的职能，那就应该能发挥部分国际最后贷款人的作用。金融危机爆发后，美国能救助近邻墨西哥，那么也应该能救助亚洲、非洲的发展中国家。当然，这个设想能否实现，主要取决于美联储的意愿。

第四个设想是货币互换协议。20世纪60年代，美国同多国中央银行达成货币互换协议，承诺按相应汇率水平提供一定数额的货币，便于危机国及时将本国货币转换为储备资产，以应对货币危机。1962年3月，法兰西银行与美联储签署了总额为5000万美元的货币互换协议，这是最早实施的货币互换协议。1962年5月，纽约联邦储备银行与荷兰和比利时央行签署了额度为5000万美元的货币互换协议，还与加拿大中央银行签订了2.5亿美元的货币互换协议。7月，纽约联邦储备银行与瑞士国民银行签订了2.5亿美元的货币互换协议。到1963年10月，各国央行间的货币互换协议总规模已达20亿美元。到1968年3月，进一步增长至45亿美元，到1973年7月，更增加至180亿美元。此后，美联储又签订过一些货币互换协议，相当于美联储在一定范围内对外提供美元流动性，但是美联储很注意注入流动性的规模和范围。

2007年次贷危机爆发后，美联储与欧央行、瑞士央行签订了互换协议，之后不断扩大互换规模，延长互换期限。2010年，美联储宣布与加拿大央行、欧洲央行、英格兰银行、瑞士央行签订了新的货币互换协议。2013年10月31日，美国、欧洲、瑞士、英国、加拿大和日本等六家央行宣布将原有的临时双边货币互换协议转换成长期、无限额、多边的互换协议，如果市场需要，有流动性需求的央行可按协议规定获得来自其他五家央行的五种货币流动性。这就形成了一个最后贷款人的网络，初步解决了国际最后贷款人缺乏的问题。在这个网络中，最终链接点是美联储，彼此之间就形成一个整体网络，美联储实际上成为其他五家央行的最后贷款人。在 2008 年的国际金融危机中，IMF 没有进行大规模援助，主要是因为央行之间的货币互换发挥了作用。当然，这一网络也弱化了 IMF 的国际最后贷款人作用。有了货币互换协议，它就成为一国抗击国际资本冲击的第一道防线，IMF 贷款成为第二道防线。

笔者认为，这个网络也有待改善，因为它主要覆盖发达国家，基本没有覆盖广大的发展中国家[①]，范围很小。而真正需要保护的是那些发展中国家，因为它们抵抗外部冲击的能力相对较弱。当货币互换网络覆盖所有国家之时，才是国际最后贷款人初步形成之日，需要国际社会共同努力。

三、难以估算的国际游资

40 多年来，国际游资与金融危机如影随形，结下了不解之缘。1992 年的欧洲货币体系危机、1994 年底的墨西哥比索危机以及 1997 年夏席卷东南亚的货币危机等，都出现了大规模国际游资的跨境流动，并且这些事件不是孤立的，而是相互联系的。国际游资开始引起广泛关注。

至于什么是国际游资，没有一个普遍公认的定义，因此对其严格界定和精确计量相当困难。一般认为，国际游资是指那些为了追求高额投机利润，在短期内把资金从一个国家金融市场流动到另一个国家金融市场，用来积累和炒作的短期资金。国际游资是没有特定用途的流动资金，其主要特点是：①高流动性。国际游资总是迅速从一个市场转移至另一个

---

① 美联储很少和新兴市场国家签订货币互换协议。在国际金融危机期间，仅仅和韩国、巴西、新加坡和墨西哥等四个新兴市场国家签订过货币互换协议。

市场，频繁突破国界限制，以寻求稍纵即逝的获利机会。国际游资大都是国际短期资本，投资期限通常在一年以内。②专业化的投机性。随着科学技术的进步和金融创新的发展，金融投机日益成为一门艺术，在投机力度把握、时机选择和技巧运用上越来越专业化，已经成为专业化的投机资本。③活跃领域的非固定性。一方面，国际游资并无固定的投资领域，它可以在各金融市场上快速周转，甚至可以在黄金市场、房地产市场及其他投机性强的市场上频繁转移。当然，国际游资最常见的运作空间还是有价证券市场，而资本流动的证券化潮流为国际游资的活动创造了便利条件，衍生产品市场更是典型的金融投机场所，投机空间很大。另一方面，国际游资的流向具有很强的不确定性。也许人们正看到大量游资在发达市场上徜徉，但转眼间它们已出现在新兴市场。相对而言，新兴市场对国际游资更有吸引力，尤其是亚洲和拉美地区。这两个地区经济增长率高，投资回报也高，许多国家推行贸易和金融自由化，法律制度不健全，管理能力和经验有限，因此投机机会和空间比成熟市场多。④运作的不透明性。分析历次国际金融危机，我们都可以感觉到国际游资的巨大影响，但其规模多大、结构如何，却很难说清楚，至于投资决策形成机制以及操作程序的细节，则更让人捉摸不定。加上国际游资常常以离岸市场为掩护，逃避法律的约束和监督，使得它们总体缺乏透明度。这种非透明的国际游资暗箱操作屡次造成突发性、灾难性的金融危机。

国际游资的来源主要有私人资本、投资基金、金融机构的短期资金和国际黑钱等。对一个经济体而言，估算国际游资规模可供参考的方法有两个。

一是直接法（错误与遗漏法），其公式是：

国际游资规模=私人非银行部门短期资本流动净额+国际收支净误差与遗漏

二是间接法（残差法），其公式是：

国际游资规模=外汇储备的增加额−贸易顺差额−外商直接投资实际使用额

计算结果为正，表示国际游资处于流入状态；计算结果为负，表示国际游资处于流出状态。由于计算方法不同，估算出的国际游资规模有差异。从全球看，根据 IMF 估计，到 2006 年，以银行短期存款和其他短期存放形式，在全球货币市场间流动的短期资本大约有 7 万亿美元。按照全球各地外汇交易日平均规模来测算，每天有相当于 1 万亿美元的国际游资在全球市场上寻找投机机会。

有人会说，短期资本不一定是国际游资。说的没错。国际游资的能量不仅取决于自身规模，更取决于其聚集资金的能力。比如，一家对冲基金 A 的资本金是 100 亿美元，杠杆率为 30 倍，那 A 能够聚集动用的资金可以达到 3000 亿美元。如果有 3 家对冲基金联手，就能动用近万亿美元。再加上从众效应，那么短期内汇集的国际游资可达数万亿美元。面对如此海量的国际游资，没有几个经济体可以承受得起它们的自由流入和流出。

一般认为，国际游资形成的基本条件是：①一定程度的市场分割。目前国际金融市场形成了以国界为界线的分割局面。这种分割正是国际游资形成的前提条件。因为分割必然存在利差，而利差是驱动资本流动的基本推动力。②经济全球化。全球经济一体化可提高生产效率，加速社会财富和资本积聚，为国际游资形成奠定了来源和财力基础。③金融市场深化。金融工具的不断创新和技术的不断进步，促进了金融市场的深度发展，市场层次逐步多样化，市场结构逐渐复杂化。金融市场深化促进了国际游资的发展。比如衍生品市场的发展，为国际游资的投机行为提供了更广阔的空间、更丰富的投机手段，对经济的冲击作用更大。在亚洲金融危机中，很多金融衍生工具就被国际游资利用了。

这些都是国际游资形成的必要条件，但并不能解释国际游资为什么会膨胀得如此之快。笔者认为还有两点需要特别关注：一是流动性泛滥。货币失去实物约束后， 一些央行追求低通胀，弱化了维护币值稳定的职责，向市场释放了巨量基础货币，而金融创新使银行的货币乘数大幅提升，这两者共同作用使国际金融体系充斥着丰富多样的流动性，为国际游资滋生创造了宽松的货币条件。二是金融自由度大幅提升，使国际游资得以自由流动。牙买加体系下，受汇率变动的驱使，国际资本开始频繁地从一个国家流向另一个国家；欧洲货币市场的形成，使一些国家的金融管制效果大大降低；迅速发展的资产证券化和衍生工具为国际游资配备了高端武器；等等。这些都为国际游资的膨胀和跨境流动创造了条件。

另外，国际游资也推动了金融自由化。国际游资早在 20 世纪初就已存在，但规模很小。“大萧条”后，各国金融管制的加强使国际游资处于抑制状态。所以，国际游资为了生存，会利用一切机会去打破各种枷锁。例如，国际游资曾对固定汇率进行频繁冲击，在一定程度上加速了布雷顿森林体系的瓦解，国际汇率体系最终由固定汇率向浮动汇率转变，这种变革促进了金融自由化的发展和国际金融市场的动荡，也开拓了国际游资的生存空间，成为国际游资快速膨胀的重要环节。

第六章

亚洲金融危机

第一节　来龙去脉

亚洲金融危机于 1997 年 7 月首先在泰国爆发，随后蔓延到菲律宾、马来西亚、印度尼西亚、中国的台湾和香港地区、新加坡、韩国和日本等，并波及俄罗斯、拉美和美国等地。亚洲金融危机影响范围广，持续时间长，极其复杂。由于经历者和观察者的视角不同，对亚洲金融危机的认识差异较大。笔者选取几个关键点解析，力争以点带面，对亚洲金融危机做一个比较全面的阐述。

一、以泰铢为中心的东盟货币危机

泰铢危机是亚洲金融危机的导火索，与钉住汇率制关系密切。从 1984 年，泰国实行钉住“一篮子货币”的汇率制度，主要是钉住美元，泰铢对美元的汇率长期维持在 25∶1 左右[①]。当时美元走软，泰铢跟着走软，有利于泰国出口。20 世纪 80 年代至 90 年代中期，泰国出口和经济增长迅速，成为亚洲“四小虎”之一。“时来风送滕王阁，运去雷轰荐福碑。”1994 年之后，泰铢跟随美元走强，对泰国出口和经济增长就不利了。到 1996 年，泰国经常项目逆差为 163 亿美元，占当年 GDP 的 9.1%，超过了 3% 的警戒线。

① 一篮子主要货币及权重是：美元（80%~82%）、日元（11%~13%）、西德马克（6%~8%）。

泰国当时已经开放资本市场，资本出入自由。泰铢走强并采取钉住汇率，致使短期资本大量流入，但很多资金没有进入制造业等实体经济，而是进入股票、房地产市场，国际资本和国内资本共同吹大了资产泡沫。这种现象在当时的东南亚很普遍。20 世纪 90 年代前半期，泰国、马来西亚和印度尼西亚国内的股价增长了 3~5 倍，房价也涨幅惊人。国际资本不仅能赚取泰铢等东南亚货币升值的收益，还能赚取资产价格上涨的收益，可谓一箭双雕。

90 年代中期，泰国出口受阻、经济疲弱，本应采取宽松的货币政策。但泰国货币当局为稳定泰铢汇率，防止资本外流，反而提高利率，此举不仅抑制了投资和消费，还刺穿了资产泡沫，股市和房地产价格大幅下跌。泰国这时依赖外国借款为其贸易逆差融资，以维护国际收支平衡和汇率稳定。而企业更愿意借入美元，因为当时美元利率远远低于泰铢利率。泰铢的突然贬值，使外国借款人意识到，如果他们不继续提供外币借款，泰国将无法维持泰铢的汇率水平。于是，不仅流入泰国的资金不断减少，国际资本也开始外流，这给国际炒家攻击泰国的汇率制度营造了机会。

1997 年初，国际投机资本向泰铢发起攻击，泰国央行在新加坡外汇市场干预，引起市场反弹，泰铢对美元汇率快速贬值 5%，国际投机者对泰铢的攻击从隐蔽转向公开。二三月间，国际投资者向泰国本地银行借入高达 150 亿美元的数月期限的远期泰铢合约，同时在现汇市场大量抛售泰铢，泰铢的贬值压力空前加大，泰国央行动用 20 亿美元的外汇储备进行干预，才平息了风波，但也消耗了大量外储。4 月，泰国央行曾考虑放弃固定汇率，但未实施。5 月，国际投机者通过经营离岸业务的外国银行，悄悄建立了即期和远期外汇交易的头寸，然后从泰国本地银行借入泰铢，以在即期和远期市场同时大量卖出泰铢的形式，沽空泰铢，造成泰铢即期汇价急剧下跌，多次冲破浮动区间，引起市场恐慌。商业银行和企业纷纷抛售泰铢、抢购美元，泰铢对美元汇率一度贬至 27∶1。面对冲击，泰国中央银行再次动用 50 亿美元外汇储备进行干预，将离岸拆借利率提高到 1000% 甚至是 1500%，并且禁止国内金融机构向外借出泰铢。6 月初泰国央行外储剩下六七十亿美元，6 月下旬泰铢对美元汇率跌至 28∶1，6 月底泰国外储仅剩下 28 亿美元。1997 年 7 月 2 日，泰国政府被迫宣布，放弃泰铢钉住一篮子货币的汇率制度，实行有管理的浮动汇率制，当天泰铢对美元的汇率跌至 33∶1。[①] 泰国金融危机爆发了。

泰铢大幅贬值迅速波及整个东南亚地区，东南亚各国的股市、汇率和利率出现了大幅波动，各国金融机构的信用等级被调低。菲律宾和印尼分别于 7 月 11 日和 7 月 14 日宣布本国货币（比索和盾）自由浮动。

现在看来，当时泰国保卫泰铢是被迫选择，到了实在不能维持时，才退出钉住汇率制，严重损害了政府公信力并造成市场恐慌。其实泰国货币当局当时还有两个选择，一是贬值[②]，二是资本管制。放任泰铢贬值也可能无法避免危机，但至少可以避免外汇储备损失。因为国际炒家攻击一国的汇率制度，其目的是卷走这个国家的外汇储备。在那时，菲律宾是东南亚经济表现最差的国家，却没有遭到国际炒家攻击，原因何在？主要是因为菲律宾没有多少外汇储备，不值得攻击。当然，这是“事后诸葛亮”，不值得细究，但有两点值得我们注意：一是当经济政策面临外部均衡和内部均衡严重矛盾时，最好先保内部均衡；二是外汇储备就是让人眼热的“唐僧肉”，时刻被人觊觎着，外汇储备管理需谨慎。

泰铢危机爆发不久，马来西亚也受到冲击，但马来西亚拒绝了 IMF 的援助，尝试资本管制，限制资本外逃。马来西亚总理马哈蒂尔还把问题归咎于外国的投机者，特别是乔治·索罗斯（George Soros），声称与他“不共戴天”。这有利于转移视线，凝聚士气，代价小，取得了比较理想的效果。索罗斯后来说，他当时并没有卖空林吉特。

---

① 王宇：“是钉住汇率制度酿成了泰铢危机吗？”，《南方金融》2013 年第 8 期。

② 东南亚国家的货币贬值，确实促进了出口，由贸易逆差转为贸易顺差。

二、以中国香港为中心的金融危机

城门失火，殃及池鱼。受泰国等金融危机影响，外资也开始撤离中国香港股市。1997 年 9 月 1 日，恒生指数下跌 5%。9 月 4 日，中国香港金管局为坚持联系汇率制，采取了提高利率的措施，将隔夜拆借利率从 5% 提高至 300%，惩罚投机者，击退了国际炒家对港币的冲击。这是一条很好的经验。国际炒家要想攻击某种货币，首先要掌握这种货币。紧急情况下，货币当局大幅提高利率，增加国际炒家融资的成本，让它手里没有多少“弹药”，它就很难攻击这种货币。但这种操作也有问题，那就是高利率将大量资金从股市吸引到货币市场，股市大跌，恒生指数从 8 月 7 日的 16800 点跌至 10 月 28 日的 9000 点左右，港股损失惨重，经济也陷入衰退。

中国香港 10 月金融风暴后，国际炒家又多次小规模阻击港元，利用汇率、股市和期市之间的互动规律大肆投机，赚了个盆满钵满，还狂妄地称中国香港是一个“超级提款机”。这些事件暴露了联系汇率制的问题：现钞发行是以相应的美元作保证，但存款没有保证，而存款规模远大于外储。如果民众失去信心，争相用本币兑换外币，再多的外储也会很快耗尽。

三、以韩国为中心的金融危机

从 1997 年 10 月底开始，韩国成为亚洲金融危机的焦点。韩国的主要问题是外债规模高，1992 年至 1996 年，韩国外债规模以年均 27% 的速度增长，到 1996 年就已经达到 1600 多亿美元，其中 60% 一年内到期，而韩国当时的外汇储备仅 300 多亿美元，可以动用的不足 300 亿美元，短期外债是外汇储备的 3 倍。东南亚金融危机沉重打击了韩国经济，经常项目大幅恶化，企业贷款不良率上升，30 大财阀中的韩宝、起亚等 8 家财阀破产。

10 月 28 日，韩国股市下跌 6.63%，韩圆创下 984 韩圆兑 1 美元的新低。

11 月 17 日，韩国央行放弃了维持韩圆对美元不低于 986∶1 的努力，韩圆对美元汇率跌破千元大关至 1008∶1。汉城（2005 年改称首尔）股市综合指数下跌 4.3%。

11 月 21 日，韩国政府向 IMF 求救，获得总额 550 亿美元的援助。12 月 6 日，IMF 的首批援助到位，但韩国的金融形势未见好转，投资者仍然怀疑韩国政府的偿债能力。从 12 月中旬开始，韩圆对美元的比价快速下跌，13 日跌至 1737∶1，23 日跌至 2067∶1，股指也随之大跌。12 月 25 日，IMF 提前向韩国输送 100 亿美元援助，汉城金融市场才得以稳定。到 1999 年初，韩国经济才走出颓势。

在韩国爆发金融危机的同时，日本的金融危机引起关注。1997 年 11 月 3 日三洋证券申请破产保护，24 日山一证券公司破产，都引起股市大跌，银行资产质量下降，日元对美元跌至 128∶1 的新低。其他东南亚金融市场再起波澜。

四、以印尼为中心的金融危机

印尼的情况与韩国相似，即短期外债负担重，外汇储备不足。1998 年元旦刚过，印尼盾对美元汇率暴跌至 7310∶1，1 月 8 日跌至 9900∶1。[①] 印尼股市也暴跌 12%，带动东亚股市下跌，并波及美、英、德、法和拉美等国家的股市。1 月中旬，印尼政府与 IMF 达成援助协议，但印尼金融形势未好转，1 月 22 日，印尼盾对美元汇率跌破 15000∶1 大关。

期间，印尼出现了粮食抢购潮，印尼政府不得不用外汇去购买粮食，并发布限购令，防止囤积。

在救助印尼的过程中，IMF 要求印尼政府将其国内大的私人银行国有化，并对其提供资金支持。事实上，这相当于给大银行提供了存款保险。但这一措施不公平，导致其他中小私人银行处于不利地位，随着存款人

① 1997 年 5 月 4 日，印尼盾对美元汇率是 2613.5∶1，这已经是 11 年来的新低。8 月 22 日，印尼盾对美元汇率跌至 3045∶1。

在银行破产之前争相挤提存款，这些中小银行很快便倒闭了。银行倒闭引发了社会骚乱，印尼盾贬值达 70% 以上。IMF 的救助措施值得商榷。

1 月下旬，东南亚国家采取各种措施整顿经济和金融市场，亚洲股市和汇市有所好转。

五、以中国香港为中心的金融保卫战

1998 年 4 月起，国际炒家再次围攻香港金融市场。香港恒生指数从 1998 年 4 月的 12000 点一路下跌至 8 月的 6600 点。炒家并未罢手。这一次，香港特区政府没有袖手旁观，从 1998 年 5 月至 8 月短短的三个月内四次采取行动，积极干预楼市、汇市、股市、期货市场及利率市场。尤其是从 8 月 14 日至 9 月初，金融管理局动用外汇基金，直接介入股票及期货市场，大量收购蓝筹股和期票，同时提高银行间隔夜拆借利率，夹击国际炒家。

1998 年 8 月 28 日是香港恒生指数期货 8 月合约结算日，炒家手里有大量期货单子到期必须出手。炒家孤注一掷，要在这一天把香港恒生指数打到 6500 点心理防线以下。在此之前，国际炒家采取的战略是，一方面大量沽空香港恒生指数期货 8 月合约，另一方面从外国基金借调大量的汇丰银行和香港电讯的股票，大笔在香港抛售，企图压低恒生指数，因为汇丰和电讯两支股票是大盘股，在恒生指数中所占的比重大。特区政府随即出手干预。8 月 28 日股市刚一开盘，炒家就大举抛出汇丰、中国电信、香港电讯、和记黄埔、长江实业等蓝筹股。特区政府的经纪人随即大量吃进，一抛一接，紧张激烈，仅开盘后的 15 分钟之内就成交 90 亿港元，极为罕见。国际炒家疯狂抛售，特区政府稳稳接手。到股市收盘时，成交额达创记录的 790 亿元。港府全力顶住了国际投机者空前的抛售压力，最后闭市时恒生指数为 7829 点，比金管局入市前的 8 月 13 日上扬了 1169 点，增幅达 17.55%。在港币保卫战中，最终以国际炒家输钱离场而告终。[①] 港府从股市底部干预，其投入的边际效用大，值得借鉴。这一案例表明，求助时机的选择很重要，需深入研究。

据分析，自 8 月 14 日起两周之内，特区政府共动用 1000 多亿港元入市干预股市和期货市场，获利 16 亿港元。通过这次入市行动，港府持有香港股市总市值 4% 的股票，成为多家蓝筹股的大股东，掌握汇丰银行的股权多达 13%；将汇市稳定在 7.75 港元兑换 1 美元的水平上。在香港抵御金融风暴的整个过程中，中央政府给予了大力支持。

国际炒家在香港失利的同时，俄罗斯中央银行 8 月 17 日宣布年内将卢布兑换美元汇率的浮动幅度扩大到 6.0~9.5∶1，并推迟偿还外债，暂停国债券交易。9 月 2 日，卢布贬值 70%，股市、汇市急剧下跌，引发金融和经济危机，并波及全世界，道 · 琼斯指数 3 天之内就下跌了 11.5%。

六、小结

从泰国爆发的金融危机蔓延到东南亚、东亚乃至俄罗斯，传播速度快，溢出效应强，造成这些国家和地区的银行倒闭，金融业崩溃，经济衰退，人民的资产大幅缩水，社会和政治矛盾激化，多国政权更迭。直到 1999 年，亚洲金融危机才逐渐平息。亚洲金融危机期间，在周边各种货币纷纷大幅贬值的情况下，中国政府做出人民币不贬值的决定，承受了巨大压力，出口困难，付出了很大代价。

亚洲金融危机后，各国采取了很多补救措施，弥补经济和金融制度缺陷。金融部门冲销坏账，优化资本结构。企业重新改善资产负债表，清理过度投机。各国政府采取了更为谨慎的财政和货币政策，强化审慎监管，不断积累外汇储备，经济运行逐渐走上正轨。

亚洲金融危机期间，多数危机国接受了 IMF 等国际组织的援助，同时也接受了 IMF 的附加条件，比如紧缩财政、减少投资、提高税率、减少赤字、

① 姚怡昕等："试论香港抵御金融危机的新举措"，《社会科学辑刊》1999 年第 2 期。

降低预期增长率、改革金融体制、开放金融市场、放宽金融机构外资进入条款等。一些专家认为 IMF 的救助出手有点晚，错过了最佳救援时机。

亚洲金融危机的特点很明显，它发生在创造了“东亚奇迹”的经济赶超型国家，货币危机是爆发点，国际炒家的攻击是“导火索”等。危机爆发后，“东亚奇迹”也没有人提了，相反出现了其他一些流行词，比如权贵资本主义、主动私有化和不稳定的投机行为等。真是“破鼓众人捶”，让人情何以堪。

反思亚洲金融危机，危机爆发的直接原因与汇率制度、资本市场开放相关。在金融全球一体化的背景下，国际炒家可通过杠杆运作，在全球范围内筹集资金进行跨国投机操作，加剧了金融市场的不稳定性和监管的难度。当然“苍蝇不叮无缝的蛋”，内因是根本，主要有：各国的经济结构失衡，过度投资；经济过热导致进口过多、贸易赤字；过多地依赖国际资本，短期债务过多；金融自由化的同时没有建立比较完善的金融监管；汇率制度僵化等。从亚洲金融危机可吸取的经验很多，比如：健康的金融体系是金融可持续发展的基础；汇率制度应具有一定弹性；资本项目开放应稳定有序；国际救援机制有待改善等。这方面的分析很多，本书不再赘述。

第二节　几点认识

一、巨额外储，何以解忧

亚洲金融危机期间，IMF 牵头向遭受重创的危机国提供了 1000 多亿美元的贷款援助。不过为了保证能及时收回贷款，IMF 提出了很多苛刻的条件，比如从紧的财政政策、削减公共部门开支和征税，用规范发达国家的巴塞尔协议对受援国的金融进行监管和重组等，这些条件让受援国很难受。因为那套紧缩的办法将抑制受援国经济增长，导致更高的失业率，受冲击严重的是人口众多的老百姓，影响社会和政治稳定。

痛定思痛，东亚各国推行了一系列经济和金融改革，其中之一就是想方设法积累外汇，把本国的经常项目和资本项目盈余转换成外汇储备[①]，强化“自我保险”能力。到 2002 年底，东亚国家外汇储备比危机前增长了一倍，达到 8450 亿美元，占全球外汇储备的 38%。东南亚各国的外汇储备与 GDP 的比率也大幅提升。

表 6-1　东南亚主要发展中国家外汇储备与 GDP 的比率（1997~2007 年）

时间	印尼	马来西亚	菲律宾	柬埔寨	老挝	越南	泰国
1997	0.07	0.20	0.09	0.08	0.06	0.07	0.17
1998	0.23	0.34	0.13	0.10	0.08	0.07	0.25
1999	0.19	0.37	0.16	0.11	0.07	0.12	0.28
2000	0.17	0.29	0.16	0.14	0.08	0.10	0.26
2001	0.17	0.31	0.18	0.15	0.07	0.10	0.28
2002	0.16	0.32	0.16	0.18	0.11	0.11	0.30
2003	0.15	0.39	0.16	0.18	0.09	0.15	0.29
2004	0.14	0.52	0.14	0.18	0.09	0.14	0.30
2005	0.12	0.48	0.15	0.15	0.08	0.16	0.29
2006	0.11	0.50	0.16	0.16	0.09	0.20	0.31
2007	0.13	0.52	0.20	0.21	0.12	0.30	0.34

数据来源：IMF，世界银行。

当然，不仅仅是东南亚国家，全球外汇储备都在增加。1990 年，全球外汇储备大约是 1 万亿美元，而到 2006 年末，全球外汇储备达到 5 万亿美元，2016 年为 11 万亿美元[②]。用外汇储备与 GDP 的比值来衡量，发达国家的总体比值基本保持在 4% 左右，而发展中国家的总体比值则从 5% 上

① 外汇储备是指一国由货币当局持有的可以随时兑换的非本国货币及资产，广义讲包括现钞、国外银行存款、国外有价证券等。外汇储备是衡量一国经济实力和金融实力的重要指标之一。外汇储备在国家金融制度中起到“缓冲器”的作用，能够调节国际收支、保护汇率稳定、维护本币国际信誉、增强抗风险波动能力。

② 其中人民币外汇储备约占 1% 左右。

升到 27%。亚洲国家的比值从 1980 年的 5% 上升到 2006 年的 37%。1997 年亚洲金融风暴后，在全世界外汇储备的增量中，有 2/3 是由亚洲贡献的。而外储增加又反过来促进基础货币的投放，这是普遍现象。

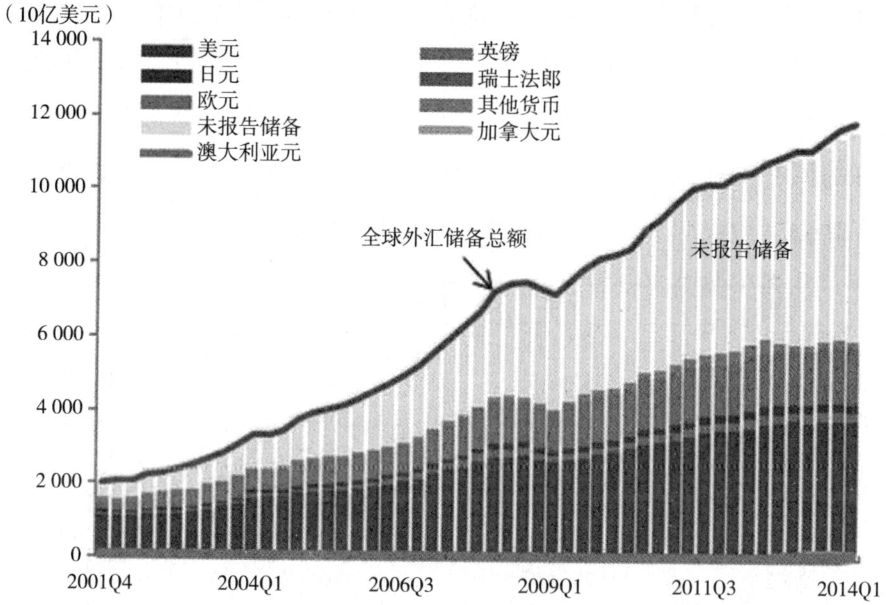

图 6-1　2001 年四季度 ~ 2014 年一季度全球外汇储备走势图

数据来源：2014年6月30日IMF公布的数据。

在所有的国家里面，中国外汇储备的增长最强劲。从新中国建立到改革开放前，中国外汇储备规模大多数年份保持在 2 亿美元以下。改革开放后，中国外汇储备不断增长，1990 年突破百亿美元，1996 年突破 1000 亿美元。1997 年亚洲金融危机爆发后，中国外汇储备规模节节攀升，2003 年达到 6100 亿美元，同比增长 2000 多亿美元；2006 年 2 月达到 8500 亿美元，首次超过日本，位居世界第一；2014 年 6 月末，中国外汇储备余额为 3.99 万亿美元，占全球外汇储备的近 1/3。现在中国外汇储备保持在 3 万亿美元左右，仍居世界第一。

2015 年人民币全年贬值约 5%，中国外汇储备开始下降，结束了 23 年连续增长的趋势。中国的资本外流引起了广泛关注，初步判断是：中国国际收支从以前的“双顺差”，开始向“经常项目顺差、资本项目波动”的格局转变。这种资本外流表明中国也很难避免“三元悖论”：即在保证资本项目自由化的同时执行宽松的货币政策，还需要引导人民币利率基本稳定，在可控制范围内适度贬值以维持市场对人民币的信心。这三个目标在中国都没有完全实现，但又接近实现，是一种非均衡的稳定。而一旦市场预期人民币贬值，资本外流加剧，很可能会快速打破这种非均衡的稳定。所以在异常情况下，短期内实行适度的资本管制是很必要的。

表 6-2　　　　1996 ~ 2015 年中国外汇储备规模

单位：亿美元

年度	金额	年度	金额
1996	1050.29	2006	10663.44
1997	1398.9	2007	15282.49
1998	1449.59	2008	19460.3
1999	1546.75	2009	23991.52
2000	1655.74	2010	28473.38
2001	2121.65	2011	31811.48
2002	2864.07	2012	33115.89
2003	4032.51	2013	38213.15
2004	6099.32	2014	38430.18
2005	8188.72	2015	33303.62

数据来源：根据国家外汇管理局数据统计。

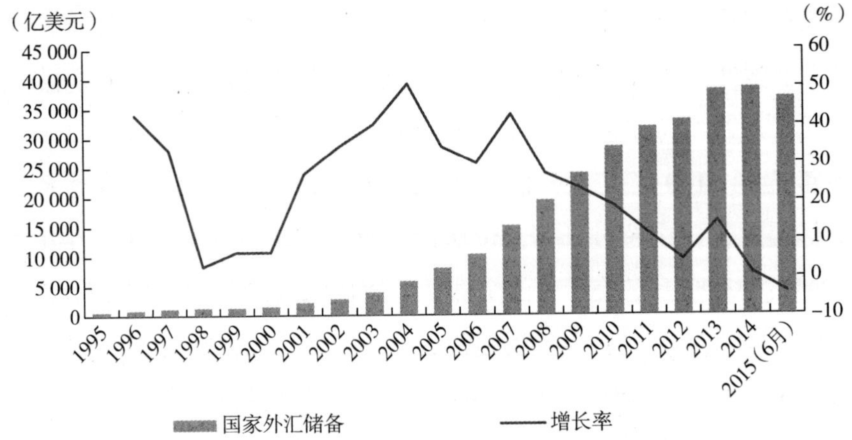

图 6-2　1995 ~ 2015 年中国外汇储备规模及增长率

中国持有的巨额外汇储备确实保障了国际清偿力，维护了外汇市场稳定，但无论怎样衡量，都超出了实际需求量，存在一些问题。首先，央行收汇需要投放人民币基础货币，会增加国内通货膨胀的压力。其次，增大人民币对外升值压力，因为中国外汇储备规模十分巨大，使得外汇市场上的外汇供应量非常充足，导致人民币对外面临进一步升值压力。三是收益低。中国外汇储备主要投资发达国家国债，有人估计整体外汇储备的投资回报率在 1%~5% 之间，甚至更低。

当然，最让人担忧的还是外汇储备投资的风险过于集中。截至 2016 年 11 月 30 日，中国外汇储备规模为 3.05 万亿美元，市场估计，美元资产占 70% 左右，日元约为 10%，欧元和英镑约为 20%，其中美国国债约为 1.1 万亿美元，投资市场过于集中。几千年的人类债务史表明，在国际债权债务关系中，受损的总是债权国。在国际交往中，像中国这样负责任、守信用甚至不求回报的大国毕竟是少数，不能以君子之心度小人之腹。由于信息严重不对称，债务国要想“赖账”，可以做到既主动又隐蔽，还不受道德约束。须知道，维护国家利益，那可是冠冕堂皇、天经地义的事。近年来，一些重债国债务违约、重组和减记的案例此起彼伏，让人胆战心惊。为应对国际金融危机，发达国家实施的所谓“量化宽松”货币政策，其实就是印钞票，通过释放巨量流动性，既能让本币贬值，促进出口，还能稀释债务，真是“一箭三雕”。更普遍的是，在“布雷顿森林体系”崩溃后，货币由金属货币演变为信用货币，各国货币政策追求低通胀。通胀成为理所当然的事，货币币值随着岁月流逝，正在悄无声息地缩水，防不胜防。

总之，中国持有巨额外汇储备压缩了货币政策实施空间，不仅机会成本大，还承受着贬值、汇率波动、购买力缩水和铸币税流失等风险，令人担忧。老话说得好：不怕贼偷，就怕贼惦记。何以解忧？唯有改革。笔者认为，改革可以从以下几方面推进。

一是大力推进经济体制改革，抑制外汇储备过快增长。要加快转变经济发展方式，从出口导向战略转变为扩大内需战略，推进供给侧结构性改革。重点健全社会保障体系，完善社会保险制度，加强社会救助体系建设，积极发展社会福利和慈善事业，尽快建立并完善“广覆盖、保基本、多层次、可持续”的社会安全网，逐步提高保障水平。

二是推进汇率制度和外汇管理体制改革。增强人民币汇率双向弹性，保持人民币汇率在合理均衡水平上的基本稳定，逐步实现汇率市场化。进一步完善大规模外汇储备经营管理体制，加强外汇宏观总量分析和区域分析。逐步推进人民币资本项目可兑换，建立个人投资者境外投资制度，支持藏汇于民、藏汇于企。重视日常金融账户管理，提高跨境资本流动分析监测能力，守住风险底线。

三是推进外汇储备投资的多元化。在保证合理的外汇储备规模基础上，逐步用多余的外汇储备进口制约中国可持续发展的稀缺资源、重大技术和设备，引进高端技术人才，并购需要的资产，进一步完善中国产业链。研究成立“黄金收储基金”的可行性。

四是积极推动国际货币体系改革。促进国际金融交流与合作，加强区域货币合作，构建多元化的国际货币体系。利用 G20 等平台参与经济金融政策协调和国际金融规则制定，推动 IMF 份额公式改革和治理结构改革。推动金砖国家开发银行和储备库建设，密切金砖国家金融合作。探讨各主权国家共同参照的货币发行原则，推动主要储备货币之间形成相对稳定的汇率机制和更广泛的货币互换机制。

五是推进人民币国际化，力争为国际社会提供新的、稳定的货币锚。继续向海外提供人民币，促进人民币跨境贸易和投资的便利化，为持有人民币资产的境外居民与企业提供更多的投资选择，培养人民币使用习惯。丰富人民币金融产品，发展人民币远期汇率市场等，帮助人民币持有者更好地管理汇率风险。支持有关国家将人民币纳入国际储备，投资中国债券市场。

六是敦促债务国尊重和保护我经济利益。利用各种场合，反复表达对中国外汇储备安全问题的关切，推动债务国在放松对华科技出口管制等方面迈出实质性步伐。

二、慎重推进资本项目开放，维护金融安全

1996年前后，IMF曾大力推动资本账户开放[①]，并试图修改IMF章程，将资本账户自由化纳入其管辖范围。但亚洲金融危机后，IMF搁置了这一努力。正是因为一些东南亚国家资本账户开放过快，为国际炒家跨境投机提供了便利。国际炒家获利后大规模的资本外逃，压垮了东南亚国家的经济。这个教训太深刻。

在亚洲金融危机期间，东南亚国家抵御金融危机冲击的方法主要有二：资本管制和动用外汇储备。泰国动用外汇储备，结果是羊入虎口；马来西亚启动资本管制，取得了比较理想的效果。还有一个更典型的案例，当时中国的金融体系的脆弱程度与东南亚国家不分伯仲，中国之所以能抵御冲击，一个重要原因是中国没有开放资本账户，隔离并缓冲了国际金融危机对国内金融市场的冲击。在应对危机时，资本管制和动用外汇储备这两种方式孰优孰劣，一目了然。另外，即便能积累足够多的外汇储备，一般经济体只能将大量资金以低息借给美国等发达国家，收益很低，依然是巨大的财富损失，还要随时面对货币贬值、通货膨胀、印钞稀释和违约侵蚀的危险。而投资次贷债券等收益稍高的证券，风险又太大。

有人会说，推进资本项目开放好处多多，否则有损整体市场效益，比如不利于推进人民币国际化等。笔者认为这种说法经不起推敲。首先，

---

① 资本项目是国际收支平衡表的重要组成部分，又称为资本账户，反映国际资本的流动情况，与之相对应的是经常账户。但与经常账户不同，迄今为止国内外学界尚未对资本项目有统一的权威定义。

资本账户开放，又称资本账户自由化或资本账户可兑换。与资本项目一样，对其界定也没有统一的标准。

一国货币能否国际化取决于其发行国的经济实力和综合实力，是市场长期选择的结果，是一个自然而然的过程，与资本项目开放没有必然的联系。从美元国际化的过程看，它是和资本账户管制并存的，正是因为有管制，才有了欧洲美元。彼得森国际经济研究所的研究报告显示，资本账户开放与经济增长之间并没有确定联系。退一步讲，即便有联系，人民币已经加入 SDR 一篮子货币，这说明中国推进人民币资本项目可兑换得到了国际认可。其实，人民币之所以能国际化，主要是因为中国经济实力日益强大，中国产品物美价廉，竞争力强，境外需要中国的商品和服务，才持有人民币。说到底，人民币首先是个贸易货币，人家需要你的商品，才持有你的货币。

暂时搁置争论，回到主题。中国的资本项目开放到底是个什么情况？咱们仔细梳理一番。IMF 把资本项目分类为 40 个子项目[①]，在这 40 个子项目中，中国实现可兑换的有 4 个，基本可兑换的有 9 个，部分可兑换的有 18 个，不可兑换的有 6 个，无明确法律规定的有 3 个。[②]中国的资本项目中 85% 已经达到了部分可兑换，即 34 项已经达到了部分可兑换以上水平。不可兑换项目集中在境内资本市场的一级发行环节、以非居民参与国内货币市场、股票市场和衍生品交易等。总体看来，人民币资本项目开放相对滞后的领域主要有二，个人资本账户开放和金融市场开放。

总体看来，中国资本账户开放取得了很大进展，属于名紧实松。从 2011 年末至 2012 年初、2015 至 2016 年这两次资本外流看，中国资本管制的漏洞较多，管制的有效性正在下降。

---

① IMF 未对是否实现资本项目可兑换做出明确的规定，并非 40 个项目都已达到可兑换水平才是实现在资本项目可兑换。

② 巴曙松等："人民币资本项目开放的现状评估及趋势展望"，《第一财经日报》2016 年 4 月 4 日。

表 6-3　　截至 2016 年 2 月人民币资本项目开放情况

项目	子项目			现状评估	备注
一、资本和货币市场工具	1. 资本市场证券	股票或有参股性质的其他证券	非居民境内买卖	部分可兑换	合格机构投资者
			非居民境内发行	不可兑换	无法律明确允许
			居民境外买卖	部分可兑换	合格机构投资者
			居民境外发行	可兑换	
		债券和其他债务证券	非居民境内买卖	基本可兑换	银行间债券市场对境外机构投资者全面开放
			非居民境内发行	部分可兑换	准入条件与主体限制
			居民境外买卖	部分可兑换	合格机构投资者
			居民境外发行	基本可兑换	登记管理
	2. 货币市场工具		非居民境内买卖	部分可兑换	合格机构投资者
			非居民境内发行	不可兑换	无法律明确允许
			居民境外买卖	部分可兑换	合格机构投资者
			居民境外发行	可兑换	
	3. 集体投资类证券		非居民境内买卖	部分可兑换	合格机构投资者
			非居民境内发行	部分可兑换	内地与香港基金互认
			居民境外买卖	部分可兑换	合格机构投资者
			居民境外发行	部分可兑换	内地与香港基金互认
二、衍生工具和其他工具	4. 衍生工具和其他工具		非居民境内买卖	部分可兑换	可投资产品包括股指期货、特定品质商品期货、外汇衍生品等。
			非居民境内发行	不可兑换	无明确法律规定
			居民境外买卖	部分可兑换	合格机构投资者与其他符合监管要求的企业
			居民境外发行	不可兑换	无明确法律规定
三、信贷业务	5. 商业信贷		居民向非居民提供	基本可兑换	余额管理与登记管理
			非居民向居民提供	部分可兑换	中资企业借用外债面临严格的审批条件与约束
	6. 金融信贷		居民向非居民提供	基本可兑换	余额管理与登记管理
			非居民向居民提供	部分可兑换	中资企业借用外债面临严格的审批条件与约束
	7. 担保、保证和备用融资便利		居民向非居民提供	基本可兑换	事后登记管理
			非居民向居民提供	基本可兑换	额度管理

续表

项目	子项目			现状评估	备注
四、直接投资	8. 直接投资		对外直接投资	基本可兑换	行业与部门仍有限制
			对内直接投资	基本可兑换	需经商务部门审批
五、直接投资清盘	9. 直接投资清盘		直接投资清盘	可兑换	
六、不动产交易	10. 不动产交易		居民在境外购买	基本可兑换	与直接投资的要求一致
			非居民在境外购买	部分可兑换	商业存在和自住原则
			非居民在境外出售	可兑换	
七、个人资本交易	11. 个人资本交易	个人贷款	居民向非居民提供	不可兑换	无明确法律规定
			非居民向居民提供	不可兑换	无明确法律规定
		个人礼物、捐赠、遗赠和遗产	居民向非居民提供	部分可兑换	汇兑额度限制
			非居民向居民提供	部分可兑换	汇兑额度限制
		外国移民在境外的债务结算	外国移民在境外的债务结算	–	无明确法律规定
		个人资产的转移	移民向国外的转移	部分可兑换	大额财产转移需经审批
			移民向国内的转移	–	无明确法律规定
		博彩和中奖收入的转移	博彩和中奖收入的转移	–	无明确法律规定

资料来源：中国人民银行，国家外汇管理局。

人民币资本项目开放是中国扩大金融开放、加强国际合作的重要内容，也是金融领域的深层次改革，在开放过程中有可能增加中国金融体系的系统性金融风险。为维护货币安全，笔者认为需增强风险忧患意识，加强风险管理。

人民币资本项目可兑换改革触及货币安全，这是国家安全的重要内容，而国家安全是不能尝试的，这可是常识。亚洲金融危机爆发后，泰国的政府被推翻了，印尼的苏哈托政府被推翻了，日本的桥本龙太郎下台了，俄罗斯一年之内换了六届总理，金融危机演变为政治危机。殷鉴不远，来者可追。

为了维护国家安全，有时看似多设了几层"紧箍咒"，成本收益不匹配，好像不经济，实际上是合理的。比如说石油。目前美国在海外驻军有30万人，军事基地有374个，控制着主要石油产地和海上运输通道。能源安全绝对有保障。即便如此，美国还是大力推动能源独立和页岩气革命，不断降低石油对外依存度。从经济学角度看，美元是国际货币，经过国际金融危机，美元的国际地位并未被动摇，美国大可通过多印美钞去换取石油，这是最经济的。但美国没那样做，反而大力维护石油安全。货币也一样，安全第一。一国的粮食、能源、货币安全有保障，就可以在国际上收缩自如，不会受制于人，这是大国崛起的必要前提条件，是基石，需高度重视。

在国际金融危机期间，很多新兴市场经济体在面临大规模短期资本流动冲击时，就毫不犹豫地重新启用了各种资本管理工具。2010年6月，韩国货币当局规定，外国银行在韩国境内分行持有的外汇衍生产品合同的名义价值最高不能超过银行资本的2.5倍；2010年12月又宣布对本国银行和外国银行分行的外币负债课征"宏观审慎稳定税"。秘鲁2008年对国内银行的外币存款实行边际存款准备金规定。巴西曾对投资本国的流入资本征收金融交易税。有的央行（如智利）还对非居民的资本流入征收强制性的无息存款准备金（Unremunerated Reserve Requirement，URR）。这些都值得研究和参考。

为防范资本项目开放带来大规模热钱跨境套利活动，开放要同人民币利率、汇率市场化改革结合起来，同金融市场对国内民间资本开放结合起来，还要清理规范资本项目管理方面的法规，努力降低外部传导风险和制度冲突风险。

人民币资本项目开放还要坚持服务实体经济，分散风险。只要人民币资本项目可兑换紧紧依托实体经济，服务实体经济，与实实在在的财富创造结合起来，就能避免过度虚拟化和脱实向虚，降低改革风险。这就需要立足于促进人民币跨境贸易和投资的便利化，逐步提高当前不可兑换或可兑换程度较低的可兑换性，进一步便利部分可兑换项目和基本可兑换项目资金跨境流动。

我们知道，当一国储蓄率超出国内投资需求，超出部分就需要投出去，或是国家集中起来按外汇储备的方式投出去，或是分散到私人部门投出去。实践证明，国家集中起来投出去，并不见得比私人部门高明、高效，还使风险过于集中。从分散风险、藏汇于民的角度看，建立个人投资者境外投资制度是合理的，也是必要的，笔者认为这方面的开放可适度加快。

从维护金融安全的角度看，适度的资本项目管制也是必要的。国际经验表明，一国在实现经常项目可兑换后，各类进出口商、投资商、居民、侨民等会采取很多办法逃避外汇管制，外汇管制的有效性开始下降。凭借经常项目，国际资本就能轻松穿越国界，更不要说是资本项目了。人民币也面临类似情况。中国资本管制的有效性虽然开始下降，但依然有效，有胜于无，不能放弃，否则就是“自废武功”。经历亚洲金融危机和国际金融危机后，人们认识到，资本项目管制是维护国家货币和金融安全的重要“防火墙”，比外汇储备更有效、更主动、更直接，这一点要牢记。

中国是 IMF 成员国，可以对国际资本转移采取必要管制（参见《国际货币基金协定》第六条第 3 款）。2011 年 IMF 发布的报告认为，资本流动管理措施在一些情况下可以使用，特别是在宏观经济状况高度不确定、宏观经济政策调整的空间有限或调整的生效时间很长时。这就是说，中国即使实现了人民币资本项目可兑换，出于反洗钱、反恐、打击避税天堂、维护国家安全、进行宏观审慎管理等考虑，仍然可以保留不同程度的资本管制，尤其是在发生严重的国际收支失衡时，可采取宏观审慎措施和必要的临时性管制措施。这些都是国际惯例。要研究金融交易税、无息存款准备金等管制措施的具体实施方案，以备不时之需，同时重视日常金融账户管理，提高跨境资本流动分析监测能力。

最后再强调一句，从发展中国家的国情出发，资本项目开放最好渐进、有序地进行，不能把资本项目的完全开放作为目标，跨境资本的流出入管理应该与资本账户开放相伴而行，不离不弃。

三、长期资产管理公司的“致命组合”

在亚洲金融危机期间，声名鹊起的长期资本管理公司（Long-Term Capital Management，简称 LTCM）因为对俄罗斯金融危机预测失误，导致惨重损失，还差点把整个华尔街拉下水。LTCM 也因此“名垂金融史”。这里面有什么故事呢?

LTCM 是一家对冲基金公司，与量子基金、老虎基金和欧米茄基金并称国际四大对冲基金。LTCM 成立于 1994 年，这家基金是天才的“梦之队”，创始人是华尔街“债券套利之父”约翰·麦利威瑟，核心人物包括戴维·马林斯（前美联储副主席）、马尔隆·斯科尔斯和罗伯特·默顿等，初始资本为 12.5 亿美元。

1994~1996 年，LTCM 的投资回报率高达 28.5%、42.8%、40.8%，在华尔街声誉很高。1997 年，东南亚金融危机爆发，多数金融机构经营困难，但是 LTCM 仍然获得了 17.1%的投资回报率，到 1997 年的年末净资产达到 48 亿美元。同年，斯科尔斯和默顿获得诺贝尔经济学奖，更让 LICM 声名远扬。LTCM 赢利的奥妙到底是什么？简而言之，就是“套利 + 杠杆”。

LTCM 深信“不同市场证券间不合理价差生灭自然法”，积极倡导投资数学化，运用电脑建立数量模型分析金融工具价格。在金融市场上，不同证券之间的价格存在着一种相关关系，LTCM 运用金融学的基本理论和历史数据，能够发现这种相关关系及其变动规律。当不同证券之间的价差不合理时，LTCM 就买入定价偏低的、卖出定价偏高的，等到价差回复到合理水平时，就出货获利。LTCM 的投资是短线操作，不太注重交易品种的后市方向。

举个例子说，20 世纪 90 年代，德国国债收益率低，希腊、丹麦、意大利的国债收益率高，它们之间有个利差。欧元区启动后，德国与希腊等国的国债之间的利差会逐渐收敛。LTCM 就抛售德国国债，大量增持希腊、丹麦、意大利等国的国债。LTCM 用这一投资组合在 1996 年获利颇丰。

再举个例子，美国 1993 年 2 月发行的 30 年期国债收益率为 7.36%，与此同时，1992 年 8 月发行的 30 年期国债的收益率只有 7.24%，差了 12 个基本点。这个价差不合理，因为 30 年期国债发行半年后，美国政府违约的概率不会提高。

LTCM 发现了这一收益率差异，投入数亿美元同时做多 29 年期美国国债，卖空 30 年期美国国债，以此博取套利收益。这两种债券之间的收益率差异的确不大，但通过财务杠杆，进行巨额投入后的绝对收益是相当可观的。LTCM 买到了债券，就把这些债券借给华尔街的机构，同时从华尔街拿到现金。拿这些现金，LTCM 再找别的机构借入债券。如此往复，LTCM 通过向别人借钱，把自己的赌局做大。到 1998 年初，LTCM 的杠杆率达到 28∶1，LTCM 管理的基金不到 50 亿美元①，却向银行借了 1200 多亿美元，而其衍生品的合约价值超过 12500 亿美元。到 1998 年 8 月底，调查发现 LTCM 的杠杆率超过 50∶1②。

"成也萧何，败也萧何"。LTCM 投资失败也是因为套利组合，大体过程是这样的。

1998 年 8 月，由于亚洲金融危机仍在持续，新兴市场国家债券收益率很高，与美国国债的收益率差距很大。LTCM 认为这个利差不合理，于是就用极大的杠杆比率，做空美国国债，并持有大量新兴市场债券，进行利率互换套利交易，赌这两者的利差会缩小。不料俄罗斯发生经济危机，政府宣布停止偿还外债，并放任卢布贬值，投资者对于新兴市场的信心彻底崩溃，新兴市场债券收益率走高。"屋漏偏逢连夜雨"，受新兴市场债券价格暴跌的影响，道·琼斯指数大跌，大量避险资金流向国债市场，

① 1997 年底，LTCM 派发红利，1994 年投资的每 1 美元都将会派发 2.82 美元的现金红利，将 27 亿美元派发给投资者，使得自身资本规模减少了 36%，缩减到 48 亿美元。

② 胡博：《美国长期资产管理公司危机救助案例分析》，辽宁大学国际金融专业 2016 年硕士论文。

美国30年期国债收益率创下了30年的新低。与此同时，美联储推行宽松政策，进一步压低了美国长期国债收益率。

也许有人会问，为什么LTCM不止损？其实很难做到，因为如果LTCM清空新兴市场债券，必然导致这些债券价格更快下跌，其资产组合价值必定进一步下降。正所谓："都云作者痴，谁解其中味。"不是操盘者，哪能体味到那种左右为难的窘境！

在这正反两方面因素作用下，新兴市场债券与美国国债之间的利差不仅没有像LTCM预测的那样收窄，反而持续扩大了。这就是说，LTCM的投资操作搞反了，悲剧发生了。在多空两端都遭受了巨额损失，LTCM的自有资本很快便被冲蚀殆尽。而流动性不足更把LTCM推向了破产的边缘，因为在1998年那个夏末，LTCM手中的大量新兴市场债券根本找不到买家，无法变现。

LTCM投资失败的重要原因是预测有问题，仅靠历史不能完全预测未来。LTCM使用Var模型进行风险管理，这个模型假设前提和参数是根据历史数据推导出来的，是否适用于未来的市场情况，永远是个未知数。1997年，LTCM按照过去的经验，认为"核国家绝对不会违背誓言"，卢布不会贬值，俄罗斯的央行行长不久前也是这样信誓旦旦地保证的。结果时间不久，1998年8月俄罗斯就违约了。因为1998年石油价格暴跌33%，俄罗斯MICEX指数8个月内跌了75%，短期利率飙升至200%。就在人心惶惶时，俄罗斯杜马拒绝了IMF提出的改革方案，然后，杜马放假了，包括叶利钦总统在内所有高官也去度假了。8月17日，俄罗斯突然发表声明，他们不会考虑偿还外债了，还有一部分内债也不还了。LTCM的那群书生根据以往的数据，能预测到俄罗斯的官员会这样干吗？太幼稚了！

短短五个月，LTCM的净值就剩下5亿美元，损失了43亿美元。由于LTCM在金融市场上关联度高，美联储担心LTCM的破产会给美国资本市场带来严重的系统性金融风险，并会出现相当长时期的财务困境，甚至影响美国国债价格。1998 年 9 月 23 日，美联储牵头四家 LTCM 最大的交易对手[①]，为 LTCM 提供流动性支持。最终 15 家金融机构加入财团，达成一致协议，为 LTCM 提供了 37.25 亿美元资金。作为代价，LTCM 将 90% 的股权以及经营管理权交给了救助财团。LTCM 被从破产的泥潭中解救出来了。这次救市行动再次验证了“大而不倒”（too big to fail）神话，也进一步滋长了道德风险。

2000 年 LTCM 被清盘，参与注资的银行回了本，但没赚钱，所有的合伙人损失了 90% 以上的个人财富，曲终人散。LTCM 的生灭展示了数量金融交易的优势和缺陷，都很极端。有人戏谑地说：天才们不是不会犯错，而是只会犯致命的错误。

LTCM 出事后，公司的一些人认为是他们的运气不好，遇到了百年不遇的小概率事件。真的是这样吗？半个世纪前，经济学家们设想用钟形曲线（即正态分布）代表风险分布状态。但在“布雷顿森林体系”崩溃后出现了很多的肥尾事件，远远超出了正态分布预示的结果。例如，1987 年 10 月 19 日早上，在纽约股市开始交易前，预测股价在当天下滑超过 20% 的概率即便不是百万分之一，最多也就是万分之一。但这样的小概率事件发生了。随着亚洲金融危机、美国次贷危机的爆发，市场开始认识到，那种所谓的极端小概率的尾端其实是非常肥大的，“极不可能”发生的灾难式市场崩溃开始频繁爆发。这些事件的发生，也改变了人们对金融风险的理解。残酷的现实告诉我们：在开放背景下，金融市场的系统性金融风险其实很高，它不仅包括内部风险的积累，还包括外部风险的传导，而外部传导风险更加难以预测和防范。

四、对冲基金：国际金融市场的幽灵

20 世纪 90 年代，有一个幽灵在国际金融市场游荡，攻击英镑、光顾

① 当时向 LTCM 提供融资的银行有 55 家，总资产 1000 亿美元，交易额高达 1 万亿美元。

泰铢、阻击港币，来无影、去无踪，它就是对冲基金。

对冲基金（Hedge Fund），又称避险基金或套利基金，意为“风险对冲过的基金”，是一种类似于共同基金的私人投资基金；其操作手法多样，可以是现货、期货，也可以是买空、卖空；其投资组合包括证券、货币、基金、汇率、债券和各类衍生品等。国际金融市场的任何角落，只要存在投资机会，有利可图，对冲基金就会蜂拥而至。因此有人这样概况对冲基金：

对冲基金=最先进的投资理论+最灵活的投资策略+最大胆的投资杠杆+最优秀的经理人

对冲基金起源于美国。1949 年世界上诞生了第一个有限合作制的琼斯对冲基金。对冲基金与强劲的股市同步成长，早期的基金经理人发现通过卖空来对冲投资组合很困难，那时的对冲也就是个名号，而 1969~1970 年的股市大跌则沉重打击了对冲基金。直到 20 世纪 90 年代，随着金融管制放松，金融衍生工具日趋成熟和多样化，对冲基金进入了蓬勃发展的阶段。据英国《经济学人》的统计，从 1990 年到 2000 年，3000 多个新的对冲基金在美国和英国出现。2002 年后，对冲基金的收益率有所下降，但对冲基金的规模依然不小，到 2005 年约为 1 万亿美元。

对冲基金的理论基础是：市场上的两种金融工具的价格之间，存在着某种“正常”的关系，而某种原因会导致“正常”关系的偏离，称为市场失灵（Market Failure），而这种市场失灵必然将通过某种方式回归“正常”；因此，在市场失灵时，就可以在相应的两种金融工具之间进行对冲交易来获利。然而，由于市场失灵的价格偏离很小，获利空间也很小，对冲基金一般会采用杠杆来放大利润。经过几十年的演变，对冲基金已失去其初始的风险对冲的内涵，成为一种新的投资模式的代名词，即基于最新的投资理论和极其复杂的金融市场操作技巧，充分利用各种金融衍生产品的杠杆效用，承担高风险、追求高收益的投资模式。

现在的对冲基金有以下几个特点：①复杂性。近年来结构日趋复杂、花样不断翻新的各类金融衍生产品，如期货、期权、掉期等，逐渐成为对冲基金的主要操作工具。这些衍生产品本为对冲风险而设计，但因其低成本、高风险、高回报的特性，成为许多现代对冲基金进行投机行为的得力工具。②高杠杆性。对冲基金往往利用银行信用，以极高的杠杆借贷（Leverage）在其原始基金量的基础上几倍甚至几十倍地扩大投资资金，从而达到最大程度地获取回报的目的。③私募性。对冲基金的组织结构一般是合伙人制。基金投资者以资金入伙，提供大部分资金但不参与投资活动；基金管理者以资金和技能入伙，负责基金的投资决策。由于对冲基金的高风险性和复杂的投资机理，许多西方国家都禁止其向公众公开招募资金。为了避开美国的高税收和监管，在美国市场上进行操作的对冲基金一般在巴哈马和百慕大等地区进行离岸注册，并仅限于向美国境外的投资者募集资金。④隐蔽性和灵活性。对冲基金可利用一切可操作的金融工具和组合，最大限度地使用信贷资金，以牟取高于市场平均利润的超额回报。

最初的对冲操作中，基金管理者在购入一种股票后，同时购入这种股票的一定价位和时效的看跌期权。看跌期权的效用在于当股票价位跌破期权限定的价格时，卖方期权的持有者可将手中持有的股票以期权限定的价格卖出，从而使股票跌价的风险得到对冲。在另一类对冲操作中，基金管理人首先选定某类行情看涨的行业，买进该行业几只优质股，同时以一定比率卖出该行业中几只劣质股。如此组合的结果是，如该行业预期表现良好，优质股涨幅必定超过其他同行业的股票，买入优质股的收益将大于卖空劣质股的损失；如果预期错误，此行业股票不涨反跌，那么较差公司的股票跌幅必大于优质股，则卖空盘口所获利润必高于买入优质股下跌造成的损失。正因为如此的操作手段，早期的对冲基金才被用于避险保值的、投资策略保守的基金管理形式。可是，随着时间的推移，人们对金融衍生工具的作用的理解逐渐深入，近年来对冲基金倍受青睐是由于对冲基金有能力在熊市赚钱。从 1999 年到 2002

年，普通公共基金平均每年损失 11.7%，而对冲基金在同一期间每年赢利 11.2%。

对冲基金投资案例：① 1992 年狙击英镑。索罗斯旗下的量子基金以 5%的保证金方式大笔借贷英镑，购买马克。他的策略是：当英镑汇率未跌之前用英镑买马克，当英镑汇率暴跌后卖出一部分马克即可还掉当初借贷的英镑，剩下的就是净赚。在此次行动中，索罗斯的量子基金卖空了相当于 70 亿美元的英镑，买进了相当于 60 亿美元的马克，在一个多月时间内净赚 15 亿美元，而欧洲各国中央银行共计损伤了 60 亿美元，这个事件以英镑在 1 个月内汇率下挫 20%而告终。②卖空泰铢。1997 年 7 月，量子基金大量卖空泰铢，迫使泰国放弃维持已久的泰铢与美元（一篮子货币）挂钩的固定汇率而实行自由浮动，从而引发了一场泰国金融市场前所未有的危机。③阻击港币。1998 年 8 月索罗斯联手多家巨型国际金融机构冲击香港汇市、股市和期市，后因香港金融当局直接入市干预而以惨败告终。

著名的对冲基金有：①量子基金。由乔治·索罗斯创立，注册资本为 400 万美元。总部设立在纽约，但其出资人皆为非美国国籍的境外投资者，其目的是为了避开美国证券交易委员会的监管。量子基金投资于商品、外汇、股票和债券，并大量运用金融衍生产品和杠杆融资，从事全方位的国际性金融操作。至 1997 年末，量子基金的资产总值近 60 亿美元。②老虎基金。1980 年由朱利安·罗伯逊集资 800 万美元创立。1993 年老虎基金攻击英镑、里拉成功，从此声名鹊起。至 1998 年夏，老虎基金总资产曾达到 230 亿美元。1998 年的下半年，老虎基金在一系列的投资中失误，从此走下坡路。2000 年 3 月 31 日，老虎基金清盘，其中 80% 归还投资者，朱利安·罗伯逊留下 15 亿美元继续投资。

当然，对冲基金能够存在，肯定有其合理性。比如，对冲基金具有价格发现的功能，可以提高金融市场的效率，并且能够预示未来市场的走势；可以增加金融市场的流动性，转移和分散市场风险；对冲基金的运作能够反映出金融市场和系统的缺陷，有助于金融体系的完善等。另外，如何深入研究借鉴对冲基金的做法并为我所用，也是一个很现实的选择，可大幅提高我风险管理水平。

五、清迈倡议：东亚区域金融合作的新起点

亚洲金融危机后，东亚各国意识到加强区域金融合作、联合抵御金融风暴的重要性和必要性。日本 1997 年提出建立亚洲货币基金（Asian Monetary Fund，AFM），但遭到 IMF 和美国反对，理由是：与 IMF 重复、道德风险和为了解救日本自己的银行等。后经过不断努力，2000 年 5 月，在泰国北部城市清迈，东盟 10 国和中国、日本、韩国签订了清迈倡议（Chiang Mai Initiative，CMI），东亚地区“10+3”框架正式形成。在清迈倡议下，13 个国家建立了紧急救援计划，利用区域内伙伴国的部分外汇储备，各国出资额按照外汇储备额比例分摊，当某一国或某几国出现外部冲击或异常资本波动时，可用作应急之需。

表 6-4　　东盟国家货币互换安排

单位：万美元

阶梯分类	国家名称	出资金额	借款额度	借款期限（可展期一次，不超6个月）
第一梯队	印尼	15000	30000	6个月
	马来西亚	15000	30000	6个月
	菲律宾	15000	30000	6个月
	新加坡	15000	30000	6个月
	泰国	15000	30000	6个月
	文莱	15000	30000	6个月
第二梯队	越南	6000	12000	6个月
	缅甸	2000	4000	6个月
	柬埔寨	1500	3000	6个月
	老挝	500	1000	6个月
合计	10个	100000	200000	

2001 年清迈倡议取得了实质性进展，主要包括：

一是扩大了东盟货币互换安排(ASEAN Swap Arrangement, ASA)的扩展。

ASA[1] 覆盖东盟所有国家，分为第一梯队国家和第二梯队国家，总金额 10 亿美元，互换货币为美元、日元和欧元，使用的基准利率是 Libor（伦敦同业拆借利率），最长期限是 6 个月，可申请延期一次，最大借款额度是出资额的两倍。

二是建立“10+3”范围内的双边互换协议和回购协议便利设施（Bilateral Swaps and Repurchase Agreements Facilities，BSA）。

BSA 是以美元和参与国货币互换的形式，为参与国提供短期流动性援助。BSA 规定参与国在双边互换期限结束后，可申请动用 90 天期限的双边互换协议。首次提款可展期 7 次，其适用利率为“Libor+150 个基点”，其后每两次展期附加利率均增加 50 个基点，但累计不超过 300 个基点。在提款金额方面，BSA 规定，各参与国可提用最高金额原则上以参与国双边谈判为准，并规定金额的 10% 可立即执行，其余部分需要接受 IMF 的监督和调整。

东亚“10+3”货币互换发展不快，主要是因为它是紧急情况下的融资，用途受严格限制，还要接受 IMF 的贷款条件等。

2005 年之后，清迈倡议不断完善并取得了新进展，承诺的资金额度扩大了一倍，与 IMF 挂钩的条件性贷款比例从 90% 下调至 80%，即便如此，大部分的货币互换仍然停留在纸面上，实际使用率不高。2007 年次贷危机爆发后，东亚的国家选择与美国、日本、中国等直接签订货币互换协议。中国与危机国签订的都是无附加条件的双边本币互换协议，为东亚国家提供了流动性支持。

严峻的外部经济环境推动了东亚国家实施清迈倡议多边化。2010 年 3 月，“10+3”各国决定将清迈倡议进一步升级为清迈倡议多边化协议

---

① ASA 在 1977 年就已成立，但只有 5 个东盟国家参加，规模仅 1 亿美元，后扩大到 2 亿美元。亚洲金融危机期间，东盟国家没有选择这项安排。

（Chiang Mai Initiative Multilateralization，CMIM），建立一个资源巨大、多边与统一管理于一体的区域性外汇储备库，通过多边互换协议的统一决策机制，解决区域内国际收支不平衡和短期流动性短缺等问题。CMIM 的内容是：

清迈倡议多边化协议成员国包括东盟 10 国全部成员，以及中国大陆、日本、韩国和中国香港特区，共 14 个经济体。最初多边化互换协议总额订为 1200 亿美元，2012 年各国决定将总额度扩大到 2400 亿美元，并于 2014 年 7 月 17 日正式实施，将双边货币互换扩展到多边。

原互换协议总额 1200 亿美元，各成员国出资比例分配为：中国大陆、日本、韩国及中国香港特区占 80%，东盟 10 国占 20%。其中中国（包括中国香港特区）与日本各占 32%，韩国占 16%。

各国申请贷款的额度按其出资额乘以不同倍数。越南、柬埔寨、缅甸、老挝和文莱可申请其出资额 5 倍的贷款，新加坡、马来西亚、泰国、印尼和菲律宾则是 2.5 倍，韩国 1 倍，中国（不包括中国香港特区）和日本为 0.5 倍，中国香港特区为 2.5 倍，但不超过 63 亿美元。

原先各成员国只有在发生经济危机之后才可申请贷款，新版清迈倡议多边化协议修改了这条规定，改为建立风险防范机制（Crisis Prevention Facility），在危机发生前予以成员国援助；把在无 IMF 融资项目启动情况下进行双边货币互换的比例，从原来的 20% 提高到 30%；成立了宏观经济研究办公室（AMRO），使货币互换额度的使用不再与 IMF 挂钩。

成员国最初希望清迈倡议发展成为“区域性的最后贷款人”，但 2008 年全球金融危机期间，尽管一些东亚国家出现流动性短缺，清迈倡议却没有发挥多少作用。与之对比，近年来人民币的国际化更受重视。当然，外汇储备库的建立是东亚货币金融合作的一个阶段性成果，应该给予肯定。同时也应看到，受欧元区主权债务危机爆发、成员国之间矛盾等诸多因素的影响，近年来东亚货币一体化的进程基本停滞了。

表 6-5 CMIM 机制下东盟“10+3”各国原定出资额

国别	出资额				申请贷款占出资额倍数
	亿美元		所占比例		
中国	384	中国大陆：342	32%	28.5%	0.5
		香港：42		3.5%	2.5
日本	384		32%		0.5
韩国	192		16%		1.0
印尼	47.7		3.97%		2.5
泰国	47.7		3.97%		2.5
马来西亚	47.7		3.97%		2.5
新加坡	47.7		3.97%		2.5
菲律宾	36.8		3.07%		2.5
越南	10		0.83%		5.0
柬埔寨	1.2		0.10%		5.0
缅甸	0.6		0.05%		5.0
文莱	0.3		0.02%		5.0
老挝	0.3		0.02%		5.0
总计	1200		100%		—

来源：新加坡金融管理局。

第七章

互联网泡沫危机

20 世纪 90 年代美国经济稳步增长，尤其是克林顿总统执政的 8 年（1993~2000 年），美国 GDP 年平均增速为 4%，平均失业率为 5%，平均通胀率为 2.6%，还实现了财政盈余，表现十分惊艳。然而，刚刚步入 21 世纪，美国就爆发了一场互联网泡沫危机。纳斯达克指数在 2000 年 3 月触顶后（5100 点）回调，2001 年 9 月跌至 1400 点，跌幅达 70%，亏损、退市、甚至破产的上市公司不胜枚举。这场危机又称科网泡沫或 dot-com 泡沫危机。

第一节　来龙去脉

一、互联网泡沫的膨胀

1994 年，随着 Mosaic 浏览器[①] 及 World Wide Web 的出现，互联网开始引起公众注意。最初，人们只看见互联网具有免费出版及即时世界性资讯等特性，慢慢地人们开始适应网上的双向通讯，并开启了以

① Mosaic 是互联网历史上第一个获得普遍使用和能够显示图片的网页浏览器，由伊利诺伊大学厄巴纳 - 香槟分校的 NCSA 组织在 1993 年发表，并于 1997 年 1 月 7 日正式终止开发和支持。Mosaic 点燃了互联网热潮。

互联网为媒介的电子商务和全球性的即时群组通讯。互联网技术价格低廉，降低了交易费用，可在短时间内接触世界各地数以百万计的人，可以低成本地即时把买家与卖家、宣传商与顾客联系起来。互联网技术改变着广告业、邮购销售、顾客关系管理等行业，并引来风险基金的投资。

20 世纪 90 年代的后半段，美国股市就已经出现格林斯潘所说的“非理性繁荣”[①]，许多学者、专家都注意到美国股市严重的泡沫现象。英国《经济学人》杂志甚至多次预言美国的投资泡沫将破灭，可是每当美国股市出现衰竭的征兆时，就会有另一股投机热钱注入，让股市泡沫得以维持。比如亚洲金融危机爆发后，大量避险资金从东亚流向美国，再次支撑了美国股市上涨。投资者将大量财富投入到价值被高估的高科技公司中。

风险资本家的出手更大方，他们提供了启动资金，创业者能得到足够的资金去实现自己的理想。随着股票价格的不断上涨，风险资本会获得很高的收益率，又吸引更多的资金转为风险投资资本。赚钱效应带来了一系列冲击：越来越多的投资者热衷于申购新股；对于股票的需求使越来越多的人希望通过拍卖获得股权。如此一来，创业者仅仅通过一个创意就能迅速实现原始积累。很多新股的上市首日，换手率就能达到 300%~400%。美国经济仿佛也当年的日本一样，找到了一部“永动机”：股票上涨提高了美国家庭的财富水平，刺激了消费；股票价格高涨，公司发行较少的股票就能买到较多的投资品，有利于增加投资。托宾的 Q 值理论好像应验了。

据统计，1999 年投资于计算机软硬件、网络设备、半导体等互联网相关行业的资金高达 287 亿美元，约占当年风险投资总额的 52%。另有研究显示，从 1999 年 10 月至 2000 年 3 月的半年内，有近 75% 的风险资

① 非理性繁荣 (Irrational Exuberance)，是指资产价格脱离决定其价值的基本面因素，而主要由市场参与主体的主观判断决定的持续上涨现象。

本投向互联网公司。在美国，当时几乎所有的城市都在建造网络化的办公场所去吸引互联网企业家，谋求成为“下一个硅谷”。通信供应商相信未来经济将需要无处不在的宽带连接，花重金购进高速设备、建设光纤线路以优化网络，结果债台高筑。德国、意大利及英国等国的移动运营商花费大量现金来购买 3G 牌照，各国对互联网的投资远远超过了其当前和预测的现金流，导致负债累累。

在二级市场，1999 年 5 月前上市的部分个股中，Healtheon、eBay 的年化回报率达到了 30 多倍。亚马逊公司于 1997 年 5 月 15 日上市，首日收盘价为 1.96 美元，到 1999 年 12 月 10 日收盘价为 111.94 美元，涨幅近 58 倍。Ivillage 是一家经营着几家妇女与家庭生活服务的网站公司，1999 年 3 月上市，第一天股价就暴涨 233%，到 1999 年 6 月底公司市值 16 亿美元，当季该公司收入为 600 万美元，而支出高达 2400 万美元，入不敷出。

许多新上市的公司想方设法与网络挂钩。他们有的索性在公司名字后面加上 .com，有的在公司名字前面加上 i 或者 e，以表示公司与网络有关。在那个时期，一个公司只要同网络挂钩，不管这家公司是否盈利，不管经营什么，股票都会被爆炒，发行新股就会被抢购一空。雅虎 1998 年总收入 2.03 亿美元，利润总额 2500 万美元，进入 1999 年，雅虎的股票市值已经接近 380 亿美元，超过了波音公司。纳斯达克指数从 1999 年 10 月的 2700 点上升到 2000 年 3 月 10 日的 5100 点，总市值相当于纽约证券交易所的 80%。

1999 年底，当时美国市值最大的 10 家公司中，有 6 家属于科技类公司。成立于 1975 年的微软（MSFT），1999 年的市值就超过 6000 亿美元，创上市公司纪录。

一些互联网公司因赚钱容易，盲目乐观，开销大手大脚，比如精心订制商业设施，为员工提供豪华假期等等。一些互联网公司为扩大影响，不惜重金做广告。2000 年 1 月 17 日举行的第三十四届超级碗冠军赛，吸引了 17 家网络公司赞助，每家公司为 30 秒钟广告支付了 200 多万美元。互联网公司高管和员工的薪酬是股票期权而非现金，在公司 IPO 时他们马上就变成了百万富翁。

二、互联网泡沫的消退

纳斯达克指数从 1500 点一路上扬，到 2000 年 3 月 10 日，纳斯达克指数突破 5000 点大关，达到鼎盛。古希腊作家欧里庇得斯说过：上帝要谁灭亡，必先让他疯狂。当市场疯狂达到高潮之后，互联网泡沫的破裂也就不可避免了。在随后的几个月里，受美联储调高利率及微软遭地方法院拆分这两大事件的影响，纳斯达克指数迅速从 5000 多点的高位，一路下降。纳斯达克指数开始小幅下跌时，很多市场分析师认为不过是股市的修正，然而出乎市场预料，那竟是一场大崩盘。2000 年 5 月，欧洲流行时尚网 Boo.com 破产；2000 年 8 月，零售商美国价值网站关闭；等等。自 2000 年互联网泡沫破灭后，全球至少有 4854 家互联网公司被并购或者关门。

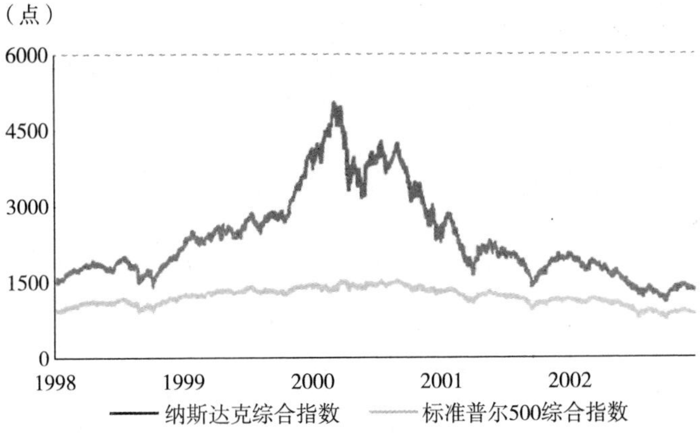

数据来源：汤森路透，中证金融研究院整理

互联网泡沫大起大落，考验着一批精英的心理承受能力。纳斯达克指数的连续下挫，严重打击了投资者的信心，使得靠风险投资为生的新兴互联网业遭受灭顶之灾，但灾难并没有停止，产生了多米诺骨牌效应。从 2001 年到 2002 年，互联网业泡沫危机很快波及整个产业链上下游的电信制造业和运营业。许多通信企业股票下跌，盈利状况恶化，纷纷宣布裁员，成为重灾区。雅虎市值从 937 亿美元跌至 97 亿美元，股价从 2000 年 3 月的最高 97 美元跌至 2001 年 3 月的 10 美元。整个 IT 上市公司市值缩水达 5 万亿美元。

表 7-1　　1990 ~ 2002 年纳斯达克市场主要板块指数

年份＼版块	工业	交通	电信	银行	保险	其他金融	生物技术	计算机
1990	–9.4	–16.3	–34.5	–34.8	–17.2	–29.0		
1991	64.7	37.0	30.3	37.5	33.0	56.2		
1992	8.4	11.0	16.6	52.0	33.7	40.7		
1993	11.2	17.7	44.9	29.4	14.5	13.2		
1994	–5.7	–10.7	–15.5	1.6	1.5	–2.3	–18.2	16.5
1995	28.0	23.7	34.2	44.8	39.6	43.7	88.5	56.5
1996	15.0	11.2	3.6	26.2	13.4	28.5	–0.3	41.7
1997	10.0	17.3	42.0	63.6	22.7	57.0	–0.1	19.3
1998	6.8	–7.8	63.4	–11.8	–0.1	3.9	44.3	83.3
1999	71.7	1.8	102.7	–8.0	5.5	29.9	101.6	105.0
2000	–35.1	15.9	–54.7	19.0	18.1	–28.7	20.4	–45.3
2001	–6.3	10.7	–48.9	10.1	7.1	–2.1	–16.2	–24.3
2002	–25.9	1.0	–54.0	4.5	–1.8	–18.8	–45.3	–36.5

数据来源：汤森路透，中证金融研究院整理。

2000 年 3 月 10 日至 2002 年 10 月 9 日，电信指数和计算机指数的跌幅分别达 97% 和 81%，位居行业指数跌幅榜第一、第三位。由于互联网产业在此次股市泡沫中扮演了领涨领跌的角色，所以市场称之为“互联网泡沫”。

第二节　几点认识

一、对互联网泡沫危机的反思

从技术层面讲，导致纳斯达克指数崩盘的直接导火索，是对高科技股的集中卖单。在 2000 年 3 月 10 号（星期五）之后的第一个交易日，即 3 月 13 日（星期一）的早晨，大量对高科技股领头羊（比如思科、微软、戴尔等）的卖单同时出现，价值数十亿美元，导致纳斯达克指数一开盘就从 5038 点跌到 4879 点，并引发了抛售的连锁反应。仅仅 6 天，纳斯达克指数就跌至 3 月 15 日的 4580 点。之后便一发不可收拾，快速下跌。

当然，互联网泡沫破裂的主要原因还在于互联网企业自身。一是大部分互联网公司只重视融资，轻视公司的产品和服务的盈利能力，持续亏损，一旦没有资金注入，互联网泡沫就破灭了。二是互联网推行的免费服务模式确实推广了互联网，而长期的免费使用又培养起用户“免费有理”的消费心理。对一个需要长期生存发展的产业而言，永远免费的结果肯定是企业不能盈利，最后必然倒闭。三是跟风投机盛行，“一哄而上”，互联网泡沫危机很大程度上是企业跟风炒作的结果。四是在互联网产业发展的进程中，网络、内容、软件等环节各自为政、竞相为王、胜者通吃。很多人把网站抬得很高，而提供信息服务所必需的运营业、制造业、集成商、内容提供商和用户间的纵向合作等被忽略，造成产业链的严重断裂。

另外，媒体也对泡沫起到推波助澜的作用，网络概念被反复炒作，产生“风险投资的全民化”“风险投资对象的虚拟化”。

反思互联网泡沫危机，表面上看是一场风险资本的“烧钱”运动，很疯狂，更深层次的原因是流动性泛滥。当时来自美国国内国外的大量资金流入互联网，吹大了互联网泡沫。从外部看，20 世纪 90 年代，美国经济繁荣，而世界范围内爆发了墨西哥、亚洲等金融危机，金融市场极度混乱，大量资金流入美国，流入股市，流入互联网。美元开始升值，美国贸易赤字上升，资产价格也上涨，刺激了美国投资，抑制了美国储蓄。很多美国人将原本持有的证券出售给外国投资者。数据显示，从其他国家涌入美国的资金有 95%~97% 用于投资美国证券，只有 3%~5% 用于购买消费品。但出售证券的美国人将所得资金，多数用于消费领域，导致美国国内储蓄率的进一步下降[①]。过低的储蓄率使美国经济更加依赖国际资金的流入。

需要特别注意的是，墨西哥、亚洲金融危机后，美国出现大规模的国际资金流入，推动美股上涨。互联网泡沫破灭后，流入美国的资金锐减，资金价格顺势下跌。这再次表明，跨境资本流动（包括流入和流出）推动着国际上各轮资产泡沫的产生和破灭，像美国那样的经济体都难以幸免，其他国家更难以回避，也承受不起，需警惕。

到 1999 年，全美 70% 以上的风险投资涌入互联网。到 2000 年，外资共持有 9080 亿美元的美国公司债券，每年对美国的外商直接投资达 2000 亿美元。到 2000 年，美国成为世界上最大的债务国，其债务总额超过了世界上其他债务国的债务总和。从内部看，1999 年后期，由于过度

① 查尔斯 .P. 金德尔伯格等：《疯狂、惊恐和崩溃——金融危机时》，中国金融出版社 2017 年版。

担心“千年虫”[①]等问题，美联储一直保持宽松货币基调，流动性推动美国经济过度繁荣。在此背景下，泛滥的流动性“窖藏”在金融体系内循环，它总要找到一个突破口，而能吸纳巨额流动性的或是房地产或是股市，而这一次是股市中的互联网板块。进入新千年后，美联储担忧“非理性繁荣”，开始回收流动性，结果股市就顺势大跌了。

总体看来，互联网泡沫危机触发的是一场相对温和的衰退，对美国经济的危害并不大，持续时间较短，但是大多数金融专家还是很重视互联网泡沫危机，原因何在？主要是因为互联网泡沫危机发生在美国的金融中心，且后续影响大。

为了应对互联网泡沫危机，美联储继续实施宽松的货币政策，连续下调联邦基金利率，释放了更巨量的流动性。其初衷是好的，想引导资金流入实体经济，谋求实实在在的经济增长，但互联网泡沫破灭后，高科技、网络、创新等概念破灭，严重挫伤了投资者信心，短期内很难寻求新的经济增长点。“窖藏”在金融体系的流动性没有进入实体经济，而是在金融体系内寻找了另外一个突破口，那就是房地产，房地产就成为股市释放的投机热潮的主要出口，从而吹起了一个更大的泡沫——房地产泡沫。进入21世纪，尤其是2002年之后，房地产泡沫成为国际经济的一个显著特点，不仅美国，包括英国、爱尔兰、西班牙、冰岛、南非、澳大利亚、新西兰等国房地产市场也出现急速增长，其根源是流动性泛滥，这在当时是比较普遍的问题。房地产泡沫虽然暂时缓解了互联网泡沫破裂后对美国经济的压力，但它的危害更大，波及面更广，为后面次贷危机甚至欧债危机的爆发埋下了隐患。客观地讲，

① 计算机2000年问题，又叫作“千年虫”，是指在某些使用了计算机程序的智能系统（包括计算机系统、自动控制芯片等）中，由于其中的年份只使用两位十进制数来表示，因此当系统进行（或涉及）跨世纪的日期处理运算时（如多个日期之间的计算或比较等），就会出现错误的结果，进而引发各种各样的系统功能紊乱甚至崩溃。因此从根本上说千年虫是一种程序处理日期上的问题，而不是病毒。

引发金融危机的领域应该很宽泛，但近年来逐渐向房地产和股市收敛，这一趋势值得跟踪。

二、富有洞见的金融窖藏假说

在分析互联网泡沫危机时，我用到了“金融窖藏”的概念，好像很有意思。那么，什么是金融窖藏？

1. 金融窖藏及产生背景

1999年，M. 宾斯维杰在其著作《股票市场、投机泡沫和经济增长》一文中提出了著名的金融窖藏假说（Financial Hoarding Hypothesis）。该学说的产生背景是在20世纪90年代之后，美国、日本、加拿大、德国、英国由于金融管制放松，金融创新、金融深化的不断发展，流动性泛滥，金融市场投机盛行，金融发展和经济增长背离的趋势越来越明显。

宾斯维杰（1999）用股票回报率对美国1953~1995年间的实物经济活动度量指标进行回归分析发现：股票回报的很大部分可以由实物经济活动度量指标的将来值解释。但是对20世纪80年代以来数据进行回归分析，却得出了相反的结论：无论是使用月度、季度和年度真实股票回报率，也无论实物经济活动由生产率还是GDP增长率来代表，都发现股票回报率和实物经济活动之间不存在相关性，甚至出现负相关。这是与传统经济理论相悖的。宾斯维杰对此深入分析，提出了“金融窖藏”来解释这种反常现象。

金融窖藏就是“暂时或永久地游离于实体经济货币循环之外，驻留在金融领域内的货币”[①]，这些资金“用于金融资产投资而没有对实物经济活动起到融资作用”。将原本被窖藏的资金重新注入货币循环流中称为

---

① M. 宾斯维杰著，张建森译：《股票市场、投机泡沫与经济增长》，上海三联书店2003年8月第一版。

反金融窖藏（Financial Dishoarding），即金融窖藏减少。

2. 金融窖藏与货币窖藏的区别

货币窖藏的概念大家比较熟悉，凯恩斯在《通论》中曾指出，造成20世纪30年代的大萧条的原因之一是“流动性”偏好导致的经济主体货币窖藏增加，即流动性偏好增大，进而导致货币流量减少，有效需求不足。在当时，由于金融体系不发达，虚拟资本不丰富，有大量资金游离于金融体系之外，凯恩斯用“货币窖藏”这一概念来解释大萧条。货币窖藏是指货币被实实在在地放在某处，处于一种不流通状态，也被称为“闲置货币”。

而金融窖藏假说与传统经济学不同的是，它打破了储蓄等于投资的传统，认为货币在满足储蓄和投资用途之外，还有新用途。金融窖藏停留在金融市场中的资金仍然处于活动状态，仍然积极参与各种金融资产的交易，根据代理人对风险的偏好来寻求最优的风险收益组合。当金融资产的收益率高于实物投资的收益率时，则游离于货币循环外的资金流量可能上升，即金融窖藏增加。在这种情况下，即使没有实物经济的增长，货币创造也不会带来通货膨胀，因为新创造的货币直接流入金融领域，而不会影响货币的循环流量。

表 7-2　金融窖藏与货币窖藏的不同

形式	对企业的影响	对金融部门的影响
金融窖藏	不一定有负面影响，会以资本利得、利息支付、手续费、佣金等方式创造收入	创新金融新产品，赚得收入
货币窖藏	有降低收入的负面影响	不能外借和收取利息，降低收入

总体而言，金融窖藏在货币循环流中的作用越来越大，而货币窖藏在货币循环流中的作用越来越小。因为金融窖藏的主体是金融机构，比如银行、保险公司、共同基金等，它们都存在金融窖藏行为。这些机构在吸收居民和企业的储蓄后，一般不会进行直接的放贷，而是把资金投向

资本市场。如果购买的是已经流通的有价证券，那么这些资金不会回到货币循环体系中，从而形成金融窖藏。

3. 金融窖藏的根源

金融窖藏的形成根源主要是货币的独立性及独立增值运动。在市场经济条件下的货币制度，货币作为商品交易的媒介，具有一般等价物的特征，即货币可以和任何其他商品进行交易。商品资本运动，W—G—W，在这里货币只是交易的媒介，商品资本运动是有限的。同时，货币又以独立的价值形式存在，并由此成为财富的现实代表。这种价值形式使货币具有了独立运动的本能，货币资本循环G—W—G，其运动是没有止境的。企业、银行、公众与政府的投资与融资活动推动着货币的独立运动，也就是企业在从事实物生产、消费和流通之外，需要介入货币市场和资本市场等金融市场。银行在传统的信用基础上，又以新的形式，不断地创造和扩大已脱离实物经济现实需要的货币基础，进一步扩大了货币独立运动的能量。

所以，金融窖藏实际上是建立一种流量货币理论和流量分析的概念，并不是存量分析。另外，宾斯维杰的金融窖藏实际上指的是以股票等高级金融资产或者收益率较高的金融资产形式存在的金融窖藏，而不包括现金窖藏。

4. 金融窖藏假说模型

“金融窖藏假说”建立了一个三部门的货币循环模型。整个经济系统包含实体经济和虚拟经济两个子系统，实体经济系统由家庭和企业两个部门构成，虚拟经济系统由金融部门构成，主要包括股票市场、债券市场、期货市场等子市场。家庭、企业、金融三部门经济系统的各组成部分以货币资金等各种资源的流动为纽带，通过生产、投资、储蓄、消费、资金融通等活动，把实体经济系统和虚拟经济系统联系起来，成为一个相互依存、相互作用的统一体。在金融成为现代经济核心的条件下，货币资金在实体经济和虚拟经济的循环一旦受阻，就会影响金融在引导资源优化配置方面的功能发挥。金融窖藏是货币资金在实体经济和虚拟经济之间循环受阻的一种表现。金融窖藏的增加，会抑制实物资本投资，造成金融发展和经济增长背离，加剧经济脱实向虚。金融窖藏不仅会阻碍资金的循环流动，还会削弱货币供给对实体经济的影响。那些游离于货币循环流外而在金融领域内的资金，其构成的货币流量没有相应的实物交易，这些货币流量可能导致泡沫。

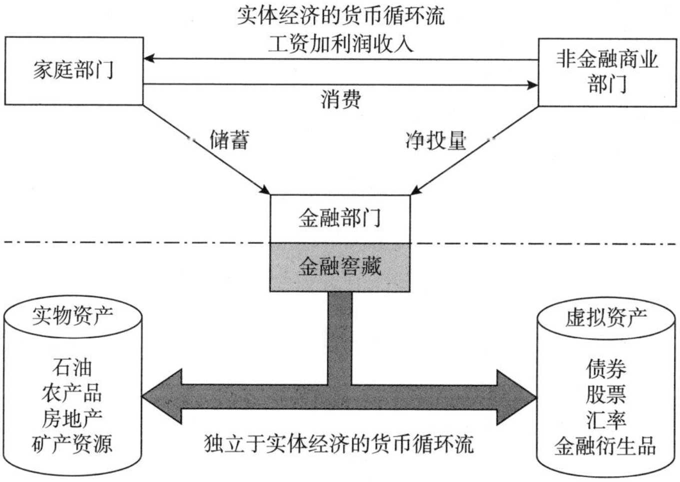

图 7-1　货币循环流和金融循环流

通过分析三部门货币循环模型，我们可以看出，宾斯维杰提出“金融窖藏假说”是想说明：大量脱离实体经济而滞留在虚拟经济领域的“金融窖藏”，才是加速资产价格上涨、促使资产泡沫形成的原动力。

那些滞留在金融部门内部的金融窖藏并非简单沉淀在金融体系内，而是选择流向容易滋生泡沫的地方获取超额收益。因此，具有稀缺性的实物资产和虚拟资产便成为金融资本兴风作浪的主战场。前者主要涵盖附着于土地之上的石油、农产品、房地产以及其他稀缺性矿产资源；后者则指的是债券、股票、汇率以及金融衍生品市场。总体而言，越是具备稀缺性（供给可控）和流动性（交易成本低）的资产，就越会得到金融资本的青睐。

5. 金融窖藏引发泡沫的机制

金融窖藏形成的主要原因是金融资产提供的回报率比实物资产投资的回报率更高；一旦金融资产投资回报率持续高于实物资产投资回报率，就会被不断强化，形成金融窖藏的正向强化机制，即：**金融资产投资回报率高→货币资金流入虚拟经济→金融窖藏增加→金融资产价格被推高→金融资产投资回报率更高→更多的货币资金流入虚拟经济→金融窖藏进一步增加。**

这种循环反复的过程将引发金融泡沫。因此，要打破金融窖藏的自我强化机制，引导更多金融窖藏流向实物经济，服务实物经济，最根本的办法是平衡金融资产投资回报率和实物资产投资回报率，使其不至于相差过大。实体经济和虚拟经济的回报率差异，从根本来看是实体经济环境的恶化和虚拟经济体系的缺陷引起的。因此，要治理金融窖藏问题，提高资金循环效率，必须从改善实体经济环境和完善虚拟经济体系两个方面入手。

三、托宾 Q 值：联系资本市场与实体经济

托宾 Q 值是著名经济学家詹姆斯·托宾（James Tobin）于 1969 年提出了一个著名的系数，也称托宾 Q 比率，该系数是企业股票市值对股票所代表的资产重置成本的比值。

托宾 Q 值反映的是一个企业两种不同价值估计的比值。分子上的价值是金融市场上所说的公司值多少钱，分母中的价值是企业的“基本价

值”——重置成本。公司的金融市场价值包括公司股票的市值和债务资本的市场价值。重置成本是指今天要用多少钱才能买下所有上市公司的资产，也就是指，如果我们不得不从零开始再来一遍，创建该公司需要花费多少钱。托宾 Q 值的计算公式是：

Q 值 = 公司的市场价值 / 资产重置成本；

Q 值 = 1 时，企业投资和资本成本达到动态（边际）均衡；

Q 值 > 1 时，购买新生产的资本产品更有利，这会增加投资的需求；

Q 值 < 1 时，购买现成的资本产品比新生成的资本产品更便宜，这样就会减少资本需求。

托宾 Q 值阐述了产业资本与金融资本相互转换的机制，当股票价值被高估，就会出现出售金融资产、投资相应实体产业的套利空间，股东倾向于赚取市场溢价抛售股票；当股票价格被低估，则意味着市场估价低于其重置成本，股东将继续持有股票甚至增持股票，产业资本也将更倾向于向资本市场上的并购重组。

托宾 Q 值反映在货币政策的影响，可以通过以下两条传导途径：

①当货币供应量增加，货币流动性进一步增强，人们手中货币量增加，可以有更多闲散资金用于购买股票，推动股票价格上升，使得企业的市场价值提高，进而引起托宾 Q 值增大，从而企业投资增加，国民收入也随之扩张。传导机制如下：货币供应量增加→人们手中货币量增加→股票交易量增多→股票价格上升→企业市场价值提高→托宾 Q 值增大→投资支出增加→总产出扩张。

②当利率降低时，企业经营成本减少，利润提高，于是，可供分配的股息、红利也会随之增加，这时股票的投资吸引力上升，股价上升，托宾 Q 值提高，企业投资增加，国民收入也随之扩张。传导机制如下：利率下降→企业经营成本降低→企业利润增加→股票价格上升→托宾 Q 值升高→投资、消费支出增加→总产出扩张。

Q 值比较容易测量，关于厂商的股票价格的数据通常可以从证券交易所查到，资本品的价格指数可以在国民收入和国民生产核算账的表格中查到。由于托宾 Q 值具有这两个优势，因而受到很多学者的偏爱，在货币政策研究、公司价值研究以及投资研究等方面得到广泛应用。

托宾 Q 值理论是著名的投资理论，经济学价值很高，在虚拟经济与实体经济之间架起了一座联系的桥梁，可以同时观测两个市场，阐述了产业资本与金融资本相互转换的机制，阐释了货币如何从资本市场转向实体经济中的有效投资，对股市发展、货币政策走向以及如何维护二者之间的关系，都有重要指导意义。当然，托宾 Q 值在具体应用时也有一些局限。与很多经济学说一样，托宾 Q 值理论能够使用和检验需要满足一些前提条件，比如资本市场发达成熟；相关信息在投资者之间充分披露和均匀分布；投资者理性决策、投资和交易；股价能根据信息流动而自由流动，不会受到非竞争性因素影响；一级市场和二级市场的价格偏离小；企业发行股票所筹资金能够用于实业投资等。这些要求还是比较高的。如果一国的股票一级与二级市场价格偏离太大，大量资金在金融系统空转，股票市场的进入和退出机制不均衡，就会影响托宾 Q 值的检验效果。

专栏三　阿根廷金融危机

阿根廷金融危机是金融危机史上的一件大事，本书之所以没有单独成章进行分析，主要是因为它与墨西哥金融危机有诸多相似之处，所以简要介绍。

受东南亚金融危机、俄罗斯金融危机及巴西金融动荡的影响，加上以德拉鲁阿为首的阿根廷新政府按照 IMF 的要求，采取了财税增收计划，加大了生产成本，削弱了投资者的信心，造成了阿根廷经济紧缩，外债规模不断增加，从 1992 年的 686 亿美元攀升到 2001

年的 1500 亿美元，后者相当于阿根廷当年出口收入的 5.42 倍和 GDP 的 55.72%，当年还本付息占出口收入的 38%。由于经济恶化、税收减少和债务缠身，2001 年 7 月 17 日，阿根廷政府与全国 23 个省的省长签署协议，计划实施由经济部长卡瓦略提出的“零财政赤字”政策，即从当年第三季度起，中央政府和地方省市政府的开支都要量入为出，坚决消除财政赤字。为此，政府将大幅度削减开支；并将大力打击偷税漏税，对漏税 100 万比索（与美元同值）以上的企业将予以严惩；同时，还将向银行和企业界提前预收下一年的税款，以弥补财政缺口。计划一公布就遭到反对党、工会及企业家组织的强烈反对，金融市场随之动荡，仅 7 月份阿根廷主要股指跌幅高达 20% 以上。早在 2000 年底，为防止阿根廷爆发金融危机，IMF 牵头向阿根廷提供 397 亿美元应急货款，其中 IMF 提供 140 亿美元。

8 月中旬，阿根廷金融形势进一步恶化。8 月 21 日，经过 12 天艰苦的谈判，阿根廷终于获得 IMF 的 80 亿美元应急追加贷款。作为交换条件，阿根廷承诺严格执行“零财政赤字”计划。新贷款的到位使阿根廷金融市场暂时趋于稳定。10 月底，阿根廷政府计划与债权银行谈判，重新安排高达 1280 亿美元的巨额债务。此消息传出后，金融市场再次出现大幅动荡。7 月 ~11 月底，阿根廷从 Merval 指数从 406 点跌至 207 点，创 10 年新底。政府公共债券价格持续下跌，外国资本纷纷抽逃。在股市下跌的同时， 银行间隔夜拆借利率飙升至 250%~300%。为应付严重危机局面，阿根廷政府 12 月 3 日颁布法令，宣布实施限制取款和外汇出境的措施。12 月 5 日，IMF 拒绝向阿根廷提供 12.64 亿美元贷款。随后，国际市场开始恐慌性抛售阿根廷国债，阿根廷出现全国罢工、游行示威、哄抢超市，造成社会危机。

从 12 月 12 日起，阿根廷街头开始爆发抗议活动，而 12 月

18 日反对经济紧缩措施的游行转变为一场暴乱，导致 28 人丧生。12 月 20 日总统德拉鲁阿和经济部长卡瓦诺引咎辞职。此后 11 天里，阿根廷更换了 5 位总统。

2002 年 1 月 6 日，大规模的骚乱和激烈的政局动荡，迫使政府放弃了比索盯住美元的货币局制度[①]，将比索兑美元汇价由 1:1 贬至 1.4:1，并于 1 月 30 日实行浮动汇率。比索贬值加剧了阿根廷政府面临的信心危机。杜阿尔德总统 2 月 22 日宣布，由于国家出现经济危机，政府不得不削减政府部门公务员的工资。就在杜阿尔德宣布这一决定几个小时后，阿根廷首都布宜诺斯艾利斯爆发了大规模群众抗议游行。进入 3 月份，阿根廷金融市场再度出现混乱，比索大幅贬值，一度跌至 1 美元兑 4 比索，并引发物价飞涨，生活必需品价格一周内上涨 30%。3 月 27 日，部分地区再度发生居民哄抢商场事件。阿根廷经济萧条，大批企业倒闭，失业率高达 25%，2002 年 GDP 下滑 10.9%。

阿根廷政府因无力偿还外债，决定实施债务重组，违约债务高达 950 亿美元。在过去 200 年，阿根廷曾有过七次外债违约[②]，但这一次规模最大，使阿根廷成为世界上最大的倒账国，这也是有史以来规模最大的一次主权违约。随后，阿政府公布了以仅相当于欠债 25%~35% 的面值发行新债来偿还旧债的债务重组方案，每 1 美元面值赔偿投资者约 30 美分，债务违约最终通过债务减免和延长利息支付来解决。

① 货币局制度是指政府以立法形式明确规定，承诺本币与某一确定的外国货币之间可以按固定比率进行无限制兑换，并要求货币当局确保这一兑换义务实现的汇率制度。货币局制度有两条原则，一是本国货币钉住一种强势货币，与之建立货币联系，此强势货币成为锚货币；二是本国通货发行以外汇储备特别是锚货币的外汇储备为发行保证，并保证本国货币与外币随时可按固定汇率兑汇。

② 自阿根廷独立以来，外债共出现 7 次违约，内债违约为 5 次，在全球连续违约的“惯犯”国家中排名第七位。在全球前十位债务违约次数最多的国家中，有九位是拉丁美洲国家。

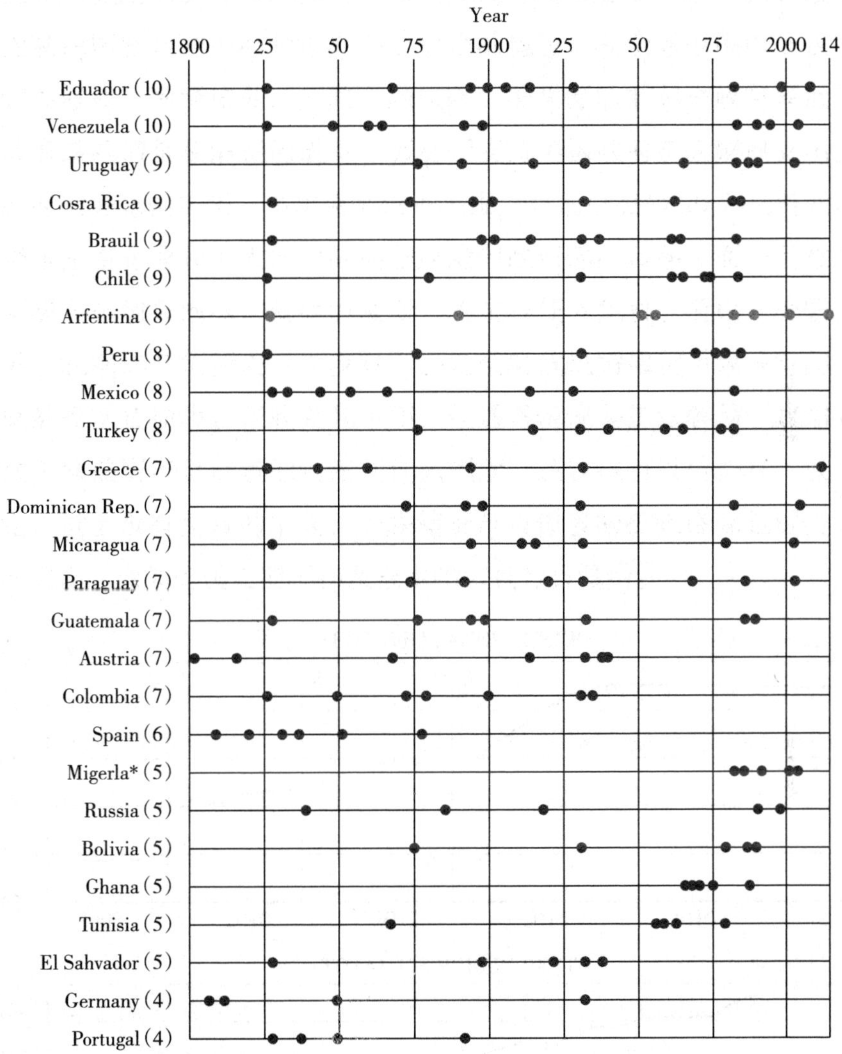

主权债务违约事件统计，源自《经济学人》2015 年 9 月 19 日

尽管最终参与债务互换的总比例超过 93%，但鉴于赔偿比例过低，仍有一些“钉子户”拒绝参与债务互换，NML Capital、Aurelius Capital 等被称为“秃鹫基金”[①] 的美国对冲基金正是这些“钉子户”。

① 秃鹫基金 (Vulture hedge fund) 是指那些通过收购违约债券，通过恶意诉讼，谋求高额利润的基金。

这也开始了债权人与阿根廷政府之间长达十余年的争斗，使阿根廷政府多年不能重返国际金融市场融资。一直到 2016 年 2 月，阿根廷才与主要秃鹫基金达成协议，承诺向上述基金支付 46.53 亿美元，约占参加诉讼金额的 85%。2017 年 6 月，阿根廷政府发行了期限为 100 年、收益率为 7.9%、总额达 27.5 亿美元的超长期国债。作为对比，比利时 2016 年发行的 100 年超长债的利率是 2.3%；墨西哥发行的 100 年超长债的利率是 5.75%。在全球低利率背景下，阿根廷为“世纪债券”支付的利率高达 7.9%，是其为多次债务违约付出的代价。

阿根廷爆发金融危机的原因不复杂，主要是由其内部制度缺陷造成的。

一是长期奉行新自由主义经济[①]。1989 年执政的梅内姆总统奉行“新自由主义经济”，后来任命的经济部长是自由主义经济学家，这届政府对国内经济进行了大胆的改革，包括将阿货币比索与美元挂钩，推行大规模的私有化，大举借债，几乎无条件开放本国市场以及实行高财政赤字的经济政策等。新自由主义经济模式多年积淀下来的负面效应最终显露，比索与美元挂钩，币值高估，削弱了阿出口产品的竞争力，投资利润下降，整体经济实力不断下降。为了减少财政赤字，阿政府公布 2002 年度财政预算，开支骤减 20%，造成社会恐慌。

二是长时间实行货币局汇率制度的恶果。1991 年，为了抑制恶性通货膨胀，阿根廷实施了经济部长卡瓦略的“兑换计划”，具体内容是：使汇率固定在 1 万奥斯特（1992 年奥斯特被比索取代，1

① 学术界关于什么是新自由主义分歧很大，一般认为该理论体系强调以市场为导向，是一个包含一系列有关全球秩序的理论和思想体系，它继承了古典自由主义经济理论，提倡自由化、私有化、市场化和全球化，基本特征是：私有化的所有制改革观，应把公有资产出售给私人，私有制是人们能够以个人的身份来决定我们要做的事情；多要素创造价值的分配观，贫富两极分化是高效率的前提和正常现象；反对过多的国家干预，国家的作用限于守夜人，反对凯恩斯主义的国家干预政策；主张一切产业都无须保护，应实行外向型的出口导向战略等。

比索 =1 万奥斯特）兑换 1 美元；中央银行不得弥补财政赤字，货币发行完全以中央银行储备作保证，意味着央行只有在外汇储备增加的情况下，才被允许发行更多的货币，否则必须执行货币紧缩政策；允许美元成为合法支付工具，经常项目和资本项目所需比索可以自由兑换；禁止任何契约采用指数化[①]。这一计划的本质就是“货币局制度”，政府放弃了通过货币政策调节经济的权力。这一制度在解决通胀问题上立竿见影，但也意味着，在经济停止增长时期可能加速资本外流。阿根廷在比索稳定后没有及时退出货币局制度，是很大的失误。

三是金融体系过度开放，资本跨境流动自由。阿根廷经济美元化，全国银行 2/3 的存款、2/3 的债务是以美元结算。经济过分依赖外国资本，国民经济体系不仅缺乏独立性，还丧失了防范金融危机的能力。一旦国内经济出现风吹草动，外国资本撤离，就使本国经济陷于瘫痪状态。

四是债务负担过重，国际信誉一落千丈。从 2000 年 8 月份开始，阿根廷已无法在国际金融市场上筹资。投资者和消费者对维持比索与美元等价的兑换计划失去信心，大量挤兑银行存款，抽逃资金，外汇储备急剧下降。政府实行限制居民银行提款和限制资金外流等金融管制措施后，进一步加剧了人们对货币贬值的恐慌。自 2001 年初银行存款悄然流失 150 亿美元，终于爆发了 11 月 30 日的银行挤兑潮，当日银行存款流失 13 亿美元。从 11 月 26 日至 12 月 3 日，阿根廷外汇储备由 175 亿美元下降到 145 亿美元，由此引发了金融危机。

另外，2001 年全球经济下滑，尤其是美国经济有所衰退，对阿根廷来说是雪上加霜。

① 指数化政策是指按通货膨胀指数来调整有关变量的名义价格，以便使其实际值保持不变。

阿根廷金融危机的启示主要有三点。一是全面实施经济金融自由化，特别是非对称地开放本国市场，对新兴经济体来说是一场“玩不起的游戏”，将严重削弱抵御金融危机的能力。在开放中，新兴经济体需学会使用市场竞争规则来保护国内市场，通过强化自身的国际竞争力和提升产业结构来扩大出口。自身硬，才能去玩那些高大上的“自由化游戏”。二是新兴国家应选择适合本国国情、有利于提高本国竞争力的汇率制度，并根据经济运行情况及时做出调整。三是控制外债的结构和规模。

对债券投资者而言，不仅要关心发债国的还债能力，还要考察发债国的还款意愿。从某种意义上讲，还债意愿比还债能力更重要。20世纪五六十年代，中国很贫穷，但为了偿还外债不惜勒紧裤腰带、砸锅卖铁，表现出强烈的民族自尊和勇气，可歌可泣。在国际上像中国这样讲信用、爱脸面的国家较少。一些国家连主权债务违约这种事件都频频发生，更不要说其企业债和机构债了，各类投资者都需要警惕。

第八章

美国次贷危机

2007 年美国爆发次级抵押贷款危机（简称次贷危机），随后蔓延至整个金融市场，冲击实体经济并席卷全球，演变为国际金融危机，对国际经济乃至政治格局都产生了深远影响，被很多专家看作是“大萧条”以来最严重的金融危机。

第一节 来龙去脉

一、缘起

21 世纪初，美国互联网泡沫破灭，随后又爆发“9.11”、安然公司丑闻[①]等事件，美国经济受到打击，财政赤字不断增加，美元贬值。为了避免经济衰退，美联储从 2001 年初到 2003 年 6 月，连续 13 次降息，将联邦基金利率从 6.5% 降至 1%，这是 1958 年以来的新低。宽松货币政策释放的巨量廉价资金流入房地产市场，刺激了美国房地产市场的繁荣。

① 安然公司曾是一家位于美国德克萨斯州休斯敦市的能源类公司。在 2001 年破产前，安然拥有约 21000 名雇员，是世界上最大的电力、天然气以及电讯公司之一，2000 年披露的营业额达 1010 亿美元之巨。公司连续六年被《财富》杂志评选为“美国最具创新精神公司”，然而真正使安然公司在全世界声名大噪的，却是财务造假丑闻。安然欧洲分公司于 2001 年 11 月 30 日申请破产。

从 20 世纪 90 年代末到 2006 年，全美房价上涨了约 130%，年均增长约 20%[①]。持续走高的房价使市场预期房价还会继续上涨，市场弥漫着盲目乐观的情绪。

于此同时，投资银行纷纷介入，通过金融衍生工具满足人们对证券的投资需求。银行发放贷款的积极性日益高涨，表现之一就是浮动利率贷款和只支付利息贷款充斥市场，占总按揭贷款的发放比例迅速上升。与固定利率相比，这些创新形式的贷款使购房者在初期每月还款负担较轻，还款额度也比较灵活，表面上看是减轻了购房者的近期还款压力，但后期的还款负担越来越重，违约风险越来越高。

次级房贷衍生产品客观上有投资回报空间。在一个低利率的环境下，它能使投资者获得较高的回报率，这吸引着越来越多的投资者。那些证券化投资品种，先购买原始贷款人的按揭贷款，再打包转手给投资者。美国金融市场的开放性，不仅吸引来自美国的投资者，而且还有来自欧洲、东亚等其他地区的投资者。不仅是美国，包括欧亚乃至中国的全球主要商业银行和投资银行，均参与了美国次级房贷衍生品的投资，而且金额巨大。

面对巨大的投资需求，许多房贷机构降低了贷款条件，以提供更多的次级房贷产品，弱化了房贷机构的整体风险控制能力，埋下了金融危机的隐患。

从 2004 年 6 月起，美联储开始执行从紧的货币政策，在近两年的时间里 17 次提高联邦基金利率，从 1% 升至 2006 年 6 月的 5.25%。连续加息提高了房屋借贷成本，开始给房市降温，房价下跌，按揭贷款违约的风险不断积聚。

二、初步震动

从 2006 年底开始，随着美国房价增速趋缓和房贷违约率的小幅升

① 作为对比，从 1900 到 2000 年这 100 年的时间里，美国的房价平均每年上涨 3.4%（摘自罗伯特·席勒《非理性繁荣》）。

高，关于美国房地产是否存在泡沫的问题，引起美国社会关注。首先是美国最大的次级贷款公司——国家金融服务公司（Countrywide Financial Corp）宣布减少贷款。紧接着，2007 年 2 月 13 日，美国第二大次级抵押贷款公司——新世纪金融公司（New Century Finance Corp.）发出 2006 年第四季度盈利预警。汇丰银行宣布北美住房贷款按揭业务遭受巨额损失，减记 108 亿美元相关资产。

2007 年 4 月，面对巨额逼债，新世纪金融公司因无力偿还债务而申请破产保护，裁减员工比例超过 50%。这标志着次贷危机出现了。随后 30 余家美国次级抵押贷款公司陆续停业。从此，美国房屋销售急剧下降，股票高位回调，标准普尔降低次级抵押贷款评级，全球金融市场震荡。

2007 年 6 月至 9 月，次贷危机开始在美国金融体系扩散。7 月，穆迪降低对总价值约 52 亿美元的 399 种次级抵押贷款债券的信用评级。同日，标准普尔公司也下调了此类债券的信用评级。紧随其后，全球股市强烈反应。8 月，美国第五大投行贝尔斯登宣布旗下两只对冲基金倒闭，随后贝尔斯登、花旗、美林证券、摩根大通、瑞银等相继爆出巨额亏损。

8 月初，法国、德国、日本等国金融机构开始披露次贷相关损失，次贷危机开始向全球金融体系扩散。巴黎银行是第一家公开宣布被卷入次贷危机中的银行，随后德、英等国的银行也噩耗频传，纷纷爆出巨额损失。欧洲金融市场流动性短缺，英国北岩银行（Northern Rock）遭遇挤兑，欧洲央行被迫大规模向市场注入流动性。但欧洲股市急转直下，经济增速放缓，多国制造业萎缩，失业率走高。

2007 年，美国房屋止赎约为 150 万户，较 2006 年上升 50% 以上。房屋止赎导致业主丧失房屋的现象更加严重。

三、深化阶段

2008 年 1~5 月，次贷危机进入深化阶段。更多知名金融机构卷入到危机当中，并且公告的损失常常让人始料不及，超出市场预期。例如，2008 年 1 月，美国花旗集团和美林证券分别公告，因次贷净亏损 98.3 亿美元和 98 亿美元；摩根大通公告，2007 年财报显示第四季度亏损 35.88 亿美元；瑞士银行 2007 年第四季度预计出现约 125 亿瑞士法郎（约合 114 亿美元）亏损。2008 年 3 月 16，贝尔斯登因流动性不足和资产损失面临破产危机，摩根大通同意以总价约 2.36 亿美元（每股 2 美元）收购贝尔斯登[①]，这一价格不及贝尔斯登上一周市值的 1/10。4 月份英国央行宣布，将动用 500 亿英镑的政府债券，调换商业银行持有的抵押资产，以帮助银行业复苏。7 月份，美国众议院批准总值 3000 亿美元的房屋市场救援计划，允许美国财政部救援“两房”，并设立新的监管机构监督“两房”。

在这一阶段，投资者的恐慌情绪开始蔓延，股票市场的波动扩大，对经济前景预期越来越悲观。美联储主席本·伯南克预计美国房市将进一步恶化并危害整体经济。

四、高潮

从 2008 年 7 月开始，次贷危机愈演愈烈，股票市场反应强烈，投资者陷入极度恐慌中，华尔街整体陷入流动性危机。标志性事件是，7 月中旬美国房地产抵押贷款巨头“两房”遭受 700 亿美元巨额亏损，陷入财务困境，股价双双大跌 50% 以上。“两房”危机把次贷危机拖向了深渊，最终被美国政府接管，美国财长保尔森于 9 月初宣布对“两房”实施大规模的救助并进行国有化。

作为美国最大的汽车厂商，通用公司的股价跌至 4 美元左右，为 50

① 贝尔斯登股价在被收购前几日大幅下跌：由 3 月 12 日的收市价 61.58 美元急跌至 3 月 17 日的收市价 4.81 美元（当日最低曾跌至 2.84 美元，接近摩根大通最初提出的收购价 2 美元。收购消息落实后，贝尔斯登股价回稳，3 月 18 日收报 5.91 美元；3 月 24 日，摩根大通提高收购价至约 10 美元后，贝尔斯登稳定在 10 美元以上。贝尔斯登总值在 2007 年最高达到 159 亿美元。

余年来的最低水平，破产危机隐现。到 2009 年，通用股价一度跌至不足 1 美元。

2008 年 9 月 15 日，美国第四大投资银行雷曼兄弟陷入严重财务危机并申请破产保护。很多人认为这是次贷危机的高潮，还有人质疑美国政府放弃救助雷曼兄弟的做法。

第二天，美国保险巨头 AIG（美国国际集团）陷入困境，美联储迅速采取行动，向 AIG 提供 850 亿美元紧急贷款。美国银行同意以大约 440 亿美元的总交易额（每股 29 美元）收购美国第三大投资银行——美林证券。至此，华尔街的五大投行，在次贷危机中消失了三家，另外两家高盛和摩根斯坦利转变成银行控股公司。

2008 年 9 月下旬，华盛顿互惠银行[①]被美国联邦存款保险公司（FDIC）接管，成为美国有史以来倒闭的规模最大的银行，被摩根大通以 19 亿美元的超低价收购。

雷曼兄弟的破产，彻底击垮了全球投资者的信心，全球股市持续暴跌，欧洲的情况尤为严重，很多知名金融机构频频告急，欧元兑美元汇率大幅下挫。次贷危机演变成国际金融危机。

五、后续影响

次贷危机爆发后，不仅金融市场遭受全面打击，流动性出现严重不足，美国经济也受到严重冲击，金融危机开始演变为经济危机。2008 年第四季度，美国 GDP 下降 6.1%，失业率节节攀升，并于 2009 年 10 月份升至 10.2%，这是 26 年来的最高水平。2009 年 1 月，全美最大电讯设备制造商——北电网络公司向美国特拉华州地方法院申请审批破产保护。2009 年 3 月 2 日，美国道・琼斯指数收于 6763.29 点，创下了 1997 年 4

① 华盛顿互惠银行总部位于西雅图，是美国最大的储蓄银行，拥有 3070 亿美元资产和 1880 亿美元存款。

月以来的最低收盘水平，道·琼斯工业指数市值在短短一年半内缩水过半。在此刺激下，亚洲股市普遍暴跌。次贷危机已蔓延到欧洲，欧洲央行再度降息至历史低点；2 月，英格兰银行再次宣布降息。

美国政府在 2009 年出台了全面的经济刺激计划；美联储多次降息后，将基准利率降至接近于零的水平，并维持了很长时间。除此之外，美联储先后出台了四轮量化宽松政策，通过购买大量的资产支持证券和国债等，为市场注入流动性。之后，一连串危机拯救措施的效果开始显现，美国经济逐渐复苏。

次贷危机的影响深远并不断蔓延，逐渐从私人部门扩散到其他国家的公共部门。2009 年 12 月，全球三大评级机构相继下调希腊主权信用评级。从 2010 年起，欧洲其他国家也开始陷入危机，西班牙、爱尔兰、葡萄牙和意大利等国同时遭遇信用危机，整个欧盟都受到债务危机的困扰。欧元汇率大幅下跌，欧洲股市暴跌，失业率高企，整个欧元区面临自成立以来最严峻的考验。日本也陷入衰退，2008 年日本经济实际增长率为 –1%。新兴经济体的增速明显放缓，俄罗斯甚至负增长，全球经济增长速度下降。

表 8-1 次贷危机大事记

时间	事件
2007 年 4 月 2 日	美国第二大次级抵押贷款机构新世纪金融公司向法院申请破产保护
2007 年 6 月	美国第五大投行贝尔斯登公司旗下两只基金因次级抵押债券出现严重亏损
2007 年 8 月	美联储、欧洲央行、日本银行和澳大利亚央行向市场注入资金
2007 年 8 月 6 日	美国第十大抵押贷款机构美国住房抵押贷款投资公司正式向法院申请破产保护
2007 年 8 月 9 日	法国巴黎银行宣布冻结旗下三支基金，因其投资了美国次贷债券而蒙受巨大损失； 欧洲央行向相关银行提供 948 亿欧元资金
2007 年 8 月 13 日	日本瑞穗集团宣布与美国次贷相关损失为 6 亿日元
2007 年 9 月 14 日	北岩银行获得英格兰银行 44 亿英镑贷款，随即遭挤提，股价急挫 32%
2007 年 9 月 18 日	美联储决定降息 0.5 个百分点，进入减息周期

续表

时间	事件
2007 年 11 月	阿布扎比投资管理局投资 75 亿美元购入花旗集团 4.9% 的股份
2007 年 12 月	美、欧、英、加、瑞士央行宣布，将联手向短期拆借市场注资
2008 年 2 月 13 日	布什总统正式签署一揽子经济刺激法案，大幅退税，刺激消费
2008 年 3 月中旬	美联储为摩根大通提供了 300 亿美元的紧急贷款，帮助其救助贝尔斯登公司
2008 年 7 月 13 日	美财政部和美联储宣布救助“两房”
2008 年 7 月 26 日	美国参议院批准总额 3000 亿美元的住房援助议案，授权财政部无限度提高“两房”贷款信用额度
2008 年 9 月 7 日	“两房”以有限破产形式被美财政部接管
2008 年 9 月 15 日	雷曼兄弟正式破产； 美林证券被美国银行收购； 美联储联合美国十大银行成立 700 亿美元平准基金，用来为存在破产风险的金融机构提供资金保障
2008 年 9 月 16 日	美国政府向美国国际集团（AIG）提供 850 亿美元紧急贷款，以控股 79.9% 方式接管 AIG
2008 年 9 月 18 日	美联储、加拿大银行、欧洲央行、苏格兰银行、瑞士国民银行和日本银行联手救市，全球五大央行新增 1800 亿美元货币互换额度
2008 年 9 月 19 日	日本银行向短期金融市场注资 3 万亿日元； 欧洲央行以及英国、瑞士的央行再向金融系统注资 900 亿美元
2008 年 9 月 20 日	美国政府公布救市方案，拟动用 7000 亿美元购入“不流动”按揭证券，并将国债法定上限提升至 11.3 万亿美元
2008 年 9 月 21 日	美联储批准高盛和摩根斯坦利转为银行控股公司
2008 年 9 月 25 日	华盛顿互惠银行被美国 FDIC 接管，经过拆分后被摩根大通收购
2008 年 10 月 3 日	富国银行以总价 151 亿美元收购美联银行； 美国众议院投票表决通过《2008 年紧急经济稳定法案》，7000 亿美元救市方案获批准
2008 年 10 月 8 日	美、欧、英、加拿大、瑞士和瑞典等国的央行联合大幅降息 0.5 个百分点
2008 年 10 月 30 日	日本政府宣布 26.9 万亿日元（约 2730 亿美元）的一揽子经济刺激方案
2008 年 11 月 9 日	中国政府宣布约 4 万亿人民币经济刺激计划
2008 年 11 月 25 日	美联储宣布投入 8000 亿美元，用于解冻消费信贷市场、住房抵押贷款以及小企业信贷市场
2008 年 11 月 26 日	欧盟出台总额 2000 亿欧元的经济刺激计划
2009 年 2 月 17 日	美国总统奥巴马签署了总额 7870 亿美元的经济刺激计划
2009 年 3 月 3 日	美国财政部和美联储公布了总额 2000 亿美元的刺激消费信贷计划

续表

时间	事件
2009 年 3 月 26 日	美国政府公布了金融体系全面改革方案
2009 年 6 月 1 日	美国通用汽车公司申请破产保护
2009 年 7 月 2 日	欧洲央行宣布将启动 600 亿欧元担保债券购买计划

第二节　美国政府的救助行动

一、美联储的救助措施

从 2007 年 9 月开始，美联储开始实施连续性、全方位、大幅度的降息，向市场注入大量流动性。

1. 连续降低基准利率

从 2007 年 9 月 18 日开始，美联储连续 10 次下调基准利率，到 2008 年 12 月 16 日，将联邦基金利率降至 0~0.25%，启动了零利率政策。

表 8-2　　2007.9 ~ 2008.12 美联储基准利率调整情况

时间	联邦基金利率	时间	联邦基金利率
2007 年 9 月 18 日	4.75%	2008 年 3 月 18 日	2.25%
2007 年 10 月 13 日	4.50%	2008 年 4 月 30 日	2.00%
2007 年 12 月 11 日	4.25%	2008 年 10 月 8 日	1.50%
2008 年 1 月 22 日	3.50%	2008 年 10 月 29 日	1.00%
2008 年 1 月 30 日	3.00%	2008 年 12 月 16 日	0–0.25%

资料来源：美联储。

2. 连续下调再贴现率

从 2007 年 8 月 17 日开始，连续下调再贴现率 11 次，将再贴现率从

6.25% 降至 0.25%。一般情况下，美联储的再贴现率与联邦基金利率之间的利差为 1%（算是惩罚利率）。在次贷危机期间，这个利差缩小到 50 个基点甚至 25 个基点，鼓励金融机构向美联储借款，以增加流动性供给，增强救助效果。

表 8-3　　2007.8 ~ 2008.12 美联储再贴现率情况

时间	再贴现率	与联邦基金利率差额
2007 年 8 月 17 日	5.75%	50 个基点
2007 年 10 月 31 日	5.00%	50 个基点
2007 年 12 月 11 日	4.75%	50 个基点
2008 年 1 月 22 日	4.00%	50 个基点
2008 年 1 月 30 日	3.50%	50 个基点
2008 年 3 月 16 日	3.25%	25 个基点
2008 年 3 月 18 日	2.50%	25 个基点
2008 年 4 月 30 日	2.25%	25 个基点
2008 年 10 月 8 日	1.75%	25 个基点
2008 年 10 月 29 日	1.25%	25 个基点
2008 年 12 月 6 日	0.50%	25 个基点

资料来源：美联储。

3. 提前调整存款准备金政策

美联储对商业银行的存款准备金一直实行零利率。次贷危机爆发后，银行惜贷，导致利率政策失效。2008 年 10 月 3 日，美国众议院以 263 票赞成、171 票反对通过了《2008 年紧急经济稳定法案》（Emergency Economic Stabilization Act of 2008），将美联储向存款准备金支付利率的时间提前，10 月 15 日美联储执行。此时，法定存款准备金利率与同期联邦基金利率的利差维持在 10 个基点，超额存款准备金利率与同期联邦基金利率的利差为 75 个基点。

4. 创新流动性支持工具

从 2007 年 12 月至 2008 年 11 月，美联储先后创新了多种流动性支持工具，包括短期贷款拍卖（TAF）、短期证券借贷工具（TSLF）、一级交易商融资便利（PDCF）、货币市场共同基金流动性工具（AMLF）、商业票据融资工具（CPFF）、货币市场投资者融资工具（MMIFF）、资产抵押证券贷款工具（TALF）等。通过这些工具，美联储累计向市场注入了上万亿美元的流动性。

笔者认为，这些工具看似复杂，其实就是各种形式的再贷款。金融危机越严峻，美联储创造的金融工具就越复杂，让人看不懂，制造了救助技巧高超的假象。

5. 定量宽松货币政策

从 2009 年 3 月 18 日，美联储宣布两项措施：一是在未来 6 个月，收购 3000 亿美元长期国债；二是将购买“两房”等机构债的规模从 1000 亿美元扩大至 2000 亿美元，将购买联邦机构住房抵押贷款支持证券的规模由 5000 亿美元扩大至 12500 亿美元。美联储以此为金融市场和金融机构提供流动性。

二、美国财政部的救助措施

为应对次贷危机，以美国财政部为主的政府机构也实施了一系列经济刺激计划，包括减税，加大政府支出，促进投资、消费和就业等。主要有：

1. 问题资产救助计划（TARP）

2008 年 10 月，美国国会通过了 TARP，该计划在两年内分步使用 7000 亿美元，购买金融机构问题资产。第一阶段是 3500 亿美元，用于购买金融机构的优先股等。由于第一阶段的救助效果不明显，美国政府调整了第二阶段的救助方案，转向鼓励个人重返汽车贷款、学生贷款及信用卡发放等领域，以促进消费。

2．“2009 美国复苏与再投资法案”（ARRA）

2009 年 2 月 17 日，美国总统奥巴马签署了 ARRA，目的是短期内刺激经济，促进投资。经济刺激方案总额为 7870 亿美元，其中减税总计 2880 亿美元，政府支出总额 4990 亿美元。

三、美国其他部门的救助措施

除了美联储和财政部外，其他部门，包括联邦存款保险公司、国家税务局、联邦住宅金融管理局（FHFA）、联邦住宅管理局（FHA）、美国住房与城市发展部、证监会等，也安排了一系列政策和救助措施。比如，联邦存款保险公司对银行存款的承保限额临时从 10 万美元提高至 25 万美元；国家税务局执行退税计划；证监会发布“裸卖空”（Naked Short Selling）[①] 禁令，还暂停市价重估会计准则；FHFA 接管“两房”，宣布“简化贷款修正方案”；FHA 宣布 3000 亿美元的救助计划，向 40 万无力偿还房贷的美国购房者提供较低利率房贷；美国住房与城市发展部为州和地方政府提供 39.2 亿美元，供其修复取消赎回权的房屋；等等。这些措施对稳定房地产和股市、恢复市场信心等发挥了重要作用。

四、美国与其他国家的联合救助

次贷危机爆发后，美联储加大与其他央行的货币政策协作力度，以提升危机救助能力，增强市场信心。2008 年 10 月 8 日，美联储联合欧洲央行、英格兰银行及加拿大、瑞士、瑞典的央行同步降息 50 个基点。

---

① 裸卖空是指投资者没有借入股票而直接在市场上卖出根本不存在的股票，在股价进一步下跌时再买回股票获得利润的投资手法。进行裸卖空的交易者只要在交割日期前买入股票，交易即获成功。由于裸卖空卖出的是不存在的股票，量可能非常大，因此会对股价造成剧烈冲击。有分析认为，雷曼兄弟就是裸卖空行为的受害者之一。

为增强离岸市场美元流动性，美联储先后与欧元区、瑞士、日本、英国、加拿大、澳大利亚、瑞典、丹麦和挪威等国央行签订货币互换协议，根据协议，美联储向这些央行提供美元资金。到 2008 年 10 月 23 日，美联储与欧洲央行、英格兰银行、瑞士央行的货币互换额度被无限扩大，上不封顶。此外，美联储还与新西兰、巴西、墨西哥、韩国和新加坡等国央行签订了货币互换协议。

次贷危机爆发后，G20 由财长和央行行长会议机制升级为领导人峰会，成为全球经济合作的首要平台，并在应对金融危机和推动全球治理机制改革等方面取得丰硕成果。

第三节　几点认识

一、次级贷款：危机的源头

2007 年上半年，一位财经记者问我：美国次贷能否引发金融危机？我当时不假思索地答道：次贷就是比优质贷款差的抵押贷款，一般情况下优质贷款规模大，次级贷款规模小。次级贷款即便能引发危机，也就是小规模的，不会太严重。当时像我那样判断的不少，后来证明是错误的，主要是因为忽视了次级贷款的传染效应。

1. 什么是次级贷款？

在美国，金融机构根据贷款质量，将抵押贷款分为优质贷款（Prime）、次优质贷款（Alter-A）和次级贷款（Subprime）三类。美国次贷危机中所说的次贷，就是住房抵押贷款中的次级贷款。2002 年第一季度，次级贷款只占抵押贷款总额的 8%，而到 2005~2006 年，该比例便升至约 20%。次级贷款规模之所以膨胀，主要因为次级贷款需要很少甚至不需要首付和财产证明，而次级贷款申请人的资质大多有问题，只能退而求其次，申请利率负担较重的次级贷款[①]。

传统的抵押贷款主要分为固定利率和浮动利率。优质贷款一般使用固定利率。次级贷款大多是浮动利率，比如含权浮动利率住房抵押贷款，这类贷款一般初期利率低，后期利率高，借款人的还款负担越来越重，在他们的月收入中，将有一大笔钱花费在偿还贷款上。当借款人无法还款时就会发生违约。

金融机构之所以愿意发放次级贷款，主要原因是：一是次级贷款的收益率高，比一般贷款高出 2 至 3 个百分点；二是次级贷款有房地产作抵押，一旦借款人违约，放款人可以通过出售抵押房产来清偿贷款本息，有些贷款甚至是放款人有意为之，被称为掠夺性贷款；三是优质贷款和次优质贷款规模有限，并已开发殆尽，一些房贷机构便把业务扩展到新的潜在购房者，他们既无力负担优质贷款所需要的首付款，也还不起固定利率次级抵押贷款所需要的月供，房贷机构就提供了可变利率抵押贷款（ARMs）[②]，使他们在贷款初期只需偿付很少的月供。在 20 世纪 90 年代，次级贷款在整个住房贷款中约占 2%，但到 2006 年末，次级贷款的规模达到 1.3 万亿美元，共计 775 万笔，约占美国住房抵押贷款市场的 13%。

很多房屋购买人之所以选择使用次级贷款，其实是期待房价上涨。因为只要房价上涨，他们便可以依靠房屋净值信贷额度的增长，去申请更多贷款，用来支付房屋贷款本息。而一旦房价下跌，问题就严重了，次

① 到 2007 年，美国 60% 的非优质抵押贷款（包括次级、次优级或其他低质量的抵押贷款）关于借款人信誉的文件证明没有或不全。

② ARMs 是支付利率需要不断调整的一种抵押借贷方式。ARMs 的具体形式在数百种以上，名称也多种多样，但基本特征是贷款利率可变，只是变的基础、幅度、条件方面不一致。ARMs 也为美国住房抵押贷款的主要产品之一。ARMs 的定价问题相当复杂。

级贷款可能变成“倒挂”贷款——未偿还的抵押贷款远高于房屋的重置价值，也就是说，新买一套房子的花费比偿还剩余的抵押贷款还要低。这样贷款人就会把房屋钥匙寄给放款人，表示违约并放弃抵押物了。到2009年，美国住房抵押贷款拖欠量超过500万笔，几乎是住房抵押贷款总数的10%。

次级贷款违约，对发放次级贷款的金融机构而言是损失。然而，更严重的问题不是金融机构的那点损失，因为次级贷款的总体规模并不大。有人计算过，即使美国所有的次级贷款都违约，都变得一文不值，那么它对金融体系的冲击，顶多相当于一次互联网泡沫危机。在美国次贷危机中，最要命的是那些次级贷款被证券化了，被打包、分割、重新组合，衍生出各种奇异金融工具，比如MBS、CDO等。这些奇异金融工具分布于不同的金融市场，并在各个金融市场流窜，没有人真正知道这些证券在哪儿，也没有人知道谁将会遭受损失，给整个金融市场带来严重的不确定性，并制造严重的金融恐慌，加重了系统性金融风险。

2. 次级贷款的证券化、衍生化的过程

资产证券化是指将缺乏流动性但能够产生现金流的资产，通过结构性重组，转变为可以在金融市场上发行和交易的证券，并据此融资的过程。在这一过程中，原始权益人将被证券化的基础资产转移给特殊目的载体（SPV），SPV以该基础资产所产生的现金流为支持，向投资者发行资产支持证券，并用发行收入购买基础资产，最终以基础资产所产生的现金流偿还投资者。资产证券化先将各个贷款及其他债务工具打包，再进行证券发行，对其进行信用增级后卖给投资者。这样，那些缺乏流动性的资产就转变成了具有流动性的可交易的证券，从而易于被市场投资者所接受。次级贷款的证券化的过程大体如下。

一是房贷机构发放次级贷款后，并不大量长期持有，而是在收取一定手续费后（比如2%），尽量将这些贷款转卖出去。房贷机构这样做可以

回笼资金，去发放更多的住房抵押贷款。

二是“两房”等金融机构收购次级贷款后，除了持有一部分，还把一部分次级贷款转入SPV，让SPV制作发行MBS（Mortgage Backed Securities，房地产抵押贷款支持证券），自己充当MBS的担保人，然后将这些MBS投放到证券市场进行销售。“两房”等金融机构也可以购买并持有MBS。

在“两房”生产MBS的同时，还有一些金融机构生产ABS（Asset Backed Securities，资产支持证券），并把ABS投放到证券市场销售。

三是MBS和ABS被拿到市场上销售后，被雷曼兄弟、贝尔斯登等投资银行购买，然后再次证券化。雷曼兄弟等通过设立SPV，将MBS和ABS打包组成一个资产池，并以此为基础发行CDO（Collateralized Debt Obligation，担保债务凭证），并把CDO进行分级，分别卖给银行、保险公司、养老基金、投资银行和对冲基金等。

上述的资产证券化过程是比较普遍的一种，实际情况更复杂多样。比如：房贷机构自己设立SPV，直接发行MBS销售给投资者；投资银行直接收购次级贷款，自己发行MBS或ABS；投资银行将MBS、ABS和CDO再进行证券化，发行更复杂的CDO。

在上述资产证券化过程中，增信和评级机构发挥了重要作用。

增信有两种：一种是外部增信，即通过第三方机构担保或保险，如“两房”对它们发行的MBS提供担保；另一种是内部增信，就是将证券化资产划分为不同等级，以基础资产所产生的现金流从高到低顺次偿还，比如CDO的结构设计。

由于资产证券化产品的结构复杂，投资者很难明白，为了吸引投资者，所有产品都要经过评级机构的信用评级。问题是，很多证券化产品的信用等级被评级机构高估了，误导了众多投资者。

在次级贷款证券化浪潮中，做得最大的是国家金融服务公司和雷曼兄弟公司，这两家公司在2004年发行了超过1/5的证券化次级贷款产品。

在美国房地产牛市时，这些证券化产品的回报率高，吸引了许多国际投资者，比如欧洲金融机构就对 CDO 等产品有巨大需求。

对投资者而言，CDO 是一种结构性产品。结构性产品与普通固定收益产品（比如债券）有很大不同，它不再依赖票面利息和本金来获得回报，而是依赖衍生资产的收益和价格变化来获取回报，因此它的价格随着标的证券池的价值变化而变化。在房地产繁荣时，这些结构性产品的收益率相对较高，对冲基金以及一些机构设立的结构性投资机构（SIV），通过融资套利的方式投资这些产品，以获取巨额收益，但由于杠杆率高（10~15 倍），也放大了风险。

最热闹的时候，那些证券化产品发行商居然向房贷发行机构（包括新世纪金融公司和国家金融服务公司等）施压，要求它们发行更多的抵押贷款，并将其销售给自己，极度不理性。这样做实际上颠倒了抵押贷款发行机构的传统流程，正常情况应该是房贷机构先发放抵押贷款，然后根据自己的资金状况再决定是否销售给证券化产品发行者。

3. 次级贷款泡沫的破灭

房地产市场疯狂了，危机也就不远了。因为当大多数投资者认为资产价格还会上涨，并对此深信不疑时，资产价格上涨有可能突然停止。在价格最高点上，一旦买家得到满足，竞价消失，市场上就只剩下卖家了，价格随即狂跌。

美联储连续快速加息刺穿了房地产泡沫，住房抵押贷款出现问题，次级贷款大量违约，与次级贷款有关的大量衍生品价格下跌，SIV 由于高杠杆投资很快遭受重大损失，其他金融机构也难逃厄运。

首先，是那些提供次级贷款的房贷机构（银行、储蓄贷款协会），虽然它们把部分贷款打包、增信卖出去了，但还保留一部分，比较有代表性的是新世纪金融公司。

接着，危机扩散到以次级贷款为基础资产的信用衍生品市场，大量对冲基金清盘，许多投资这类产品的机构出现巨额亏损，比如美国银行、花旗银行等。

再次，危机进一步深化，CDO 价格下跌，那些购买 CDO 的投资机构（如养老基金）和国外金融机构也遭遇了巨大损失。

之后，危机再蔓延，那些为对冲 CDO 风险而出售 CDS 的保险机构，也遭遇巨大损失，比如 AIG（美国国际集团）。

再然后，雷曼兄弟破产后，它发行的商业票据不值一钱，引发货币市场恐慌，货币市场基金遭到赎回挤兑，货币市场流动性短缺。很多金融机构通过货币市场融资，现在它们的资金链断了，从而引发了更严重的金融恐慌。

……

次级贷款及其衍生品被看作是有毒资产，它们就像李莫愁的冰魂银针，凡是粘上这些“银针”的金融机构都很难幸免，随着毒性扩散和恐慌蔓延，系统性风险不断积聚，由次贷引发的金融危机最终爆发了。

二、眼花缭乱的金融衍生工具

在前面分析次级贷款证券化时，用了很多专业术语，从 SPV 到 MBS、ABS，再到 CDO、CDS 等，让人眼花缭乱。而要弄懂美国次贷危机的演变机理，又确实需要搞清楚这些东西。下面，就对这些专业术语进行简要解析。

1.SPV（Special Purpose Vehicle）

SPV 又称特殊目的载体（或特殊目的机构 / 公司），是以实现某一特殊使命而专门设立的工具性实体组织，以实现证券化交易为其唯一目的。从资产证券化的运作过程看，SPV 在资产证券化中具有特殊的地位，它是整个资产证券化过程的核心，各个参与者都将围绕着它来展开工作。

SPV 通过“真实销售”的方式获得发起人的资产，使发起人的资产与发行人的资产相分离，根据破产法规定，这能够使证券发行人与发起人的破产风险相互隔离。

在美国次级贷款的证券化中，SPV 的主要作用是：一是风险隔离。SPV 只履行对资产证券化交易中所规定的债务和担保业务，除此之外不再产生其他债务，也不提供其他担保。投资者只承担基础资产的风险，不用连带承担发起人的其他风险，从而保障了投资者的利益。二是真实出售。资产从发起人的资产负债表中剔除，SPV 获得资产的所有权，切断了基础资产与发起人的关系，这样才能保证投资者不受破产风险的影响。

SPV 没有注册资本的要求，一般也没有固定的员工或者办公场所。SPV 设立一般采用信托形式、公司形式和有限合伙形式，不同的形式有不同的税收结构、风险责任机制和信息披露要求。SPV 通常由慈善机构或无关联的机构拥有，这样 SPV 会按照既定的法律条文来操作，不至于发生利益冲突后会偏袒一方。SPV 的资产和负债基本相等，剩余价值可忽略不计。SPV 可以是一个法人实体，也可以是一个空壳公司。

2.MBS 和 ABS

MBS（Mortgage-Backed Security）是最早的资产证券化品种，产生于 20 世纪 60 年代的美国，主要由美国住房专业银行及储蓄机构等利用它们贷出的住房抵押贷款，发行的一种初级资产证券化产品。MBS 的基本流程是，商业银行作为发行人，先将流动性不足、但具有未来收入现金流的住房抵押贷款作为可证券化的基础资产，出售给 SPV，由 SPV 将这些住房抵押贷款收益权作为基础资产，汇集成一个资产池（Pool），并对这个资产池进行信用增级、信用评级和担保，再公开发行以这些基础资产为支持的证券，即抵押支持证券（MBS），发行募集资金用于支付购买抵押贷款的价款，投资者则获得由住房抵押贷款利息构成的收益权。贷款所产生的现金流，包括本息偿还款、提前还款等，由负责收取现金的服务机构在扣除相关费用后，每个月按比例分配给投资者。因此，借款人定期缴纳的月供是偿付 MBS 本息的基础。“两房”等金融机构可以是投资人，可以购买抵押贷款后作为资产持有，也可以购买并持有 MBS。

MBS 共有表外、表内和准表外三种模式，美国属于表外模式，就是银行等金融机构把资产“真实出售”给 SPV，SPV 购得资产后重新组建资产池，以资产池支撑发行证券。

美国对于 MBS 产品的监管比较滞后。MBS 起始于 20 世纪 60 年代末 70 年代初，在 20 世纪 80 年代大发展，但直到 20 世纪 80 年代，美国联邦政府才开始正式颁布相关法律，对该产品进行监管。对 MBS 的监管力度比对其他金融机构小，如资本充足率低于 8% 的要求，MBS 被列为政府债券类，豁免证券交易委员会的登记报告等。次贷危机爆发后，2010 年 7 月 21 日，美国总统奥巴马签署《多德–弗兰克华尔街改革与消费者保护法》，深化了对 MBS 的监管，比如要求销售 MBS 的公司至少保留 5% 的信用风险等。

ABS（Asset Backed Securiyies）是将房地产抵押贷款债券以外的资产，比如信用卡应收账款、租赁租金、汽车消费贷款和学生贷款等，汇成资产池发行的证券，其作用原理与 MBS 相同。这里不再详细说明。

3.CDO（Collateralized Debt Obligation）

CDO 又称“担保债务权证”，是资产证券化家族的重要成员。CDO 以抵押债务信用为基础，基于各种资产证券化技术，对债券、贷款等资产进行结构重组，重新分割投资回报和风险，切割成不同的券种以提供给投资人作选择。按资产分类，CDO 有两个分支，一个是 CLO（Collateralised Loan Obligation），是信贷资产的证券化；一个是 CBO（Collateralised Bond Obligation），是市场流通债券的再证券化。由于 CDO 的利率通常比相同信用等级的公司债券高出 2~3 个百分点，市场需求旺盛，所以发展迅速。第一个 CDO 出现于 1987 年，1995 年 CDO 的交易量为 246 亿美元，

2006年就达到5493亿美元，其中美国的发行量占75%以上。

CDO可以看作是在证券化基础上的再证券化，是将一系列不同等级的债券打成一个包，构建出一个稳定的现金流。一般的CDO产品主要包括发起者、SPV和投资者三方。在CDO中，发起者以资产出售的方式，把标的资产[①]转移到SPV，SPV再将资产进行重组，分割投资回报和风险，发行不同信用等级的证券，以满足不同投资者的需要，通常分为优先级、中间级和股权级等产品。如果有损失发生，首先由股本级吸收，然后依此由股权级、中间级和优先级承担。优先级CDO购买方包括商业银行、保险公司、养老基金等风险偏好低的机构投资者；中间级和股权级CDO的购买方主要是投资银行和对冲基金等风险偏好高的机构投资者。随着再证券化次数的增加，在CDO的基础上又可以衍生出新的CDO，即CDO^2，CDO^3，……

从CDO运行原理看，它可以将资产证券化深化，为金融市场提供更多的资金。但CDO是一般债券产品的复杂衍生，使最后产品与实体资产之间的关系越来越脱离，增加了风险评估的困难，再加上各个金融产品之间的关联度很高，很难分散风险，一旦房地产市场出现问题，就会引发连锁反应。

4.CDS（Credit Default Swaps）

投资者在市场购买了大量CDO后，如果担心CDO风险过高，比如收益较高的股权级CDO，还可以从保险机构（AIG等）那里购买CDS，来对冲风险。

CDS又称信用违约掉期，是一种常用的信用衍生产品，主要为场外交易。CDS本质上可以说是一份保险合同，如果基础资产（又称参照资产，可以是债券或银行贷款）发生违约，那么互换合同的买方将获得卖方按

① CDO的标的资产通常是信贷资产或债券，后来引入了资产支持证券、抵押贷款证券及商用不动产抵押贷款证券等。

合同承诺的支付。买方为获得这种“保护”需向卖方定期支付“保费”，所支付的费用又称信用违约互换率，一般为基础资产名义价值的几个百分点。购买CDS保护的主要是大量持有金融资产的银行或其他金融机构，而卖出信用违约保护的是保险公司、对冲基金，也包括商业银行和投资银行。合约持有双方都可以自由转让这种保护合约。举个例子说，AIG出售CDS时向投资者保证，如果这些CDO遭受损失，他们会得到补偿。只要经济形势良好运转，AIG只管收“保费”，稳赚不赔，而一旦经济形势恶化，就意味着巨大损失。

CDS虽然类似于普通的商业保险，表现在CDS购买者（即购买信用风险保护的一方）在参照实体的信用风险发生后可获得赔付。但与普通的商业保险相比又存在着显著的差别，即CDS的买方不需要自己拥有债券、债权就可以投保，而普通的商业保险则需要拥有投保的对象。此外，以车险为例，事故发生后，获得赔付的车险投保人对报废汽车的车价并不关心，而CDS信用事件发生后，参照债券的价格仍然是CDS购买者所关心的。

CDS的最大优势是可以转移证券的风险，具有对冲风险的功能，还为有实力的保险公司和对冲基金提供了新的利润来源，但也潜藏着风险，主要有：① CDS定价模型依赖历史，轻视了对手风险，在定价中，只考虑了参照实体的信用风险，而没有考虑交易对手的偿付风险。② CDS是完全的柜台交易（OTC），没有任何政府监管[①]。CDS不再是金融资产持有方为违约风险而购买的保护，已异化成为信用保护合约买卖双方的对赌行为，他们赌的是信用违约事件是否出现，从而背离了CDS设计的初衷。③ CDS没有中央清算系统、集中交易的报价系统和准备金保证要求，还没有风险对家的监控跟踪，一切都在“暗箱”里。一旦系统性金融风险上升、信用履约率大幅下降，CDS的卖方将会承受瞬间的“挤兑”风险。④ CDS在金融机构中互相交易，出现较长的交易链条，一旦有一个链条出现问题，将会导致整个系统崩溃。要知道，出来混早晚是要还的，

① 格林斯潘称赞CDS是一项重大的金融创新，在全球范围内分散了美国的信用风险。

只吃不吐的事不会长久。

为降低 CDS 等场外金融衍生品的系统性金融风险，许多国家和地区将标准化衍生品通过中央交易对手方集中清算。一般来说，中央对手方作为最大的市场交易方，将会集中管理大量的交易信息，这些交易信息的汇总有助于金融风险的识别和处理。

这一轮资产证券化把大量的住房抵押贷款组合在一起，然后打包、分割、销售，看起来资产组合的风险比单笔抵押贷款小，但问题是所有的住房抵押贷款都属于同一类资产，相互之间的关联度高，当房价上涨（下跌）时，资产组合价格同步上涨（下跌）。次贷危机证明，无论你怎样对次级贷款证券化、衍生化，都不可能改善次级贷款的质量，不仅没能分散风险，反而使风险更集中、更复杂，并在整个金融体系中扩散，反而加重了金融体系的系统性风险，爆发金融危机是迟早的事。

三、在劫难逃的雷曼兄弟公司

2008 年 9 月 15 日，雷曼兄弟公司申请破产。随后事态愈演愈烈，由此引发了全球性的“金融海啸”，跨越三个世纪的雷曼兄弟公司成为历史。

1850 年雷曼三兄弟创立“雷曼兄弟”，专营贸易与干货生意。1870 年雷曼兄弟协助创办了纽约棉花交易所，1887 年在纽约证券交易所获得交易席位，经过一个多世纪发展，雷曼兄弟历经磨难，九死一生，逐渐演变为一家投资银行。进入 21 世纪，伴随着美国房地产泡沫的膨胀，雷曼兄弟经营日益多元化，大力拓展传统的投资银行业务以外的新业务，比如固定收益产品、衍生金融产品，大量持有 MBS。危机来临时这些资产大幅缩水，变成了有毒资产，很难脱手，雷曼兄弟的好运也就到头了。

雷曼兄弟 2008 年 6 月 16 日发布的财务报告显示，第二季度（至 5 月 31 日）公司亏损 28.7 亿美元，随即股价大跌。雷曼兄弟首席执行官理查德·福尔德马上采取措施，通过发行新股募得 60 亿美元资金，还撤换了公司首席财务官和首席营运官。之后雷曼兄弟股价有所反弹，但股价与年初相比已跌去 60%。

到 8 月份，市场对雷曼兄弟的恐慌情绪蔓延，其客户纷纷终止与雷曼兄弟的合作，并将资金大量转移，市场上的空头大规模做空雷曼兄弟的股价（比如利用裸卖空等），导致其股价大幅跳水。

9 月 9 日韩国产业银行收购雷曼兄弟的谈判中止，雷曼兄弟股价重挫 45%。

9 月 10 日，雷曼兄弟公布第三财季业绩报告显示亏损 39 亿美元，创下该公司成立 158 年来最大季度亏损，雷曼兄弟股价应声下挫近 7%。雷曼兄弟股价从年初超过 60 美元，跌至 7.79 美元，短短 9 个月狂泻近 90%，市值仅剩下约 60 亿美元。在从外部投资者获取资金的努力失败后，雷曼兄弟宣布将出售其持有的英国市场上的投资组合。

9 月 14 日，由于美国政府拒绝为收购雷曼兄弟提供保证，美国银行、巴克莱银行等潜在收购者相继退出谈判。

9 月 15 日，雷曼兄弟宣布将申请破产保护，破产前股价跌至每股 0.21 美元。在截至 9 月 17 日的 180 个交易日内，雷曼兄弟股价已从每股 62.19 美元跌至 0.13 美元，累计跌幅为 99.79%。

雷曼兄弟破产后，有人将其归结为理查德 · 福尔德与保尔森之间的个人恩怨，雷曼兄弟遇难时，美国政府“见死不救”。还有人说，如果当时救助了雷曼兄弟，美国金融史将重写。当然，这些都是推测，历史不能假设。雷曼兄弟之所以破产，是它自身出了问题，在劫难逃。最主要的问题是：

一是财务杠杆率太高，经营风险大。在 2007 年 12 月 31 日雷曼兄弟的资产负债表中，在其 6910.63 亿美元的资产中，净资产只有 224.9 亿美元。到 2008 年 2 月，杠杆率为 30.65。杠杆率是把“双刃剑”，经济繁荣时，高杠杆可以提高利润率，但经济萧条时，高杠杆意味着高亏损。

二是“卖短买长”，通过销售短期债券来购买长期抵押债券。雷曼兄弟不是商业银行，不能吸收存款，而是通过短期资金市场融资，包括商业票据市场。21 世纪初，雷曼兄弟公司用融来的短期资金，大量投资与住房抵押贷款相关证券和商业不动产。随着房产价格的下跌和住房抵押贷款债务拖欠的增加，雷曼兄弟的财务状态开始恶化，在商业不动产投资也遭受了巨大损失。于是，雷曼兄弟开始资不抵债，债权人开始撤资，使雷曼兄弟丧失了流动性支持，融资能力越来越差。评级机构也不断下调雷曼兄弟的信用评级。保尔森认为，贝尔斯登事件后，美联储向投行开设特别融资渠道，允许投行直接向美联储贷款，但雷曼兄弟一直没有利用这个政策。

要避免雷曼兄弟倒闭，唯一途径就是收购它。美国银行、英国巴克莱银行和韩国产业银行曾尝试收购雷曼兄弟，但最后放弃了。原因很多，主要是雷曼兄弟已无多少收购价值。

美国政府放弃救助雷曼兄弟，现在回头看，可能是政府不清楚雷曼兄弟是商业票据市场的重要参与者。雷曼兄弟不仅提供巨量商业票据，还是商业票据市场的做市商，负责撮合商业票据市场买卖双方的交易。当雷曼兄弟倒闭后，整个商业票据市场停顿了。更要命的是雷曼兄弟发行的商业票据卖给了很多货币市场基金。雷曼兄弟破产后，它的商业票据变成了废纸，那些货币市场基金遭受严重损失后，没法为它的储户支付与基金份额等额的现金。货币市场基金的投资者就争先恐后地取走现金，发生了严重的挤兑事件，其后果比银行遭挤兑更严重，因为货币市场基金没有纳入存款保险。事态不断恶化，进而引发了整个金融市场的多米诺骨牌效应，货币市场、信贷市场、资本市场、保险市场……造成了更严重的金融恐慌。

四、“两房”：半官方的庞然大物

“两房”是房利美（Fannie Mae）和房地美（Freddie Mac）的统

称。房利美是美国联邦国民抵押贷款协会（Federal National Mortgage Association）的简称，它产生于 20 世纪 30 年代的“大萧条”之后，创立宗旨是协助提供低成本房贷资金和担保，通过创造一个二级市场，来提高房地产抵押资金的流动性。1970 年，为了进一步开拓抵押贷款二级市场，也为了加强竞争，美国又成立了联邦住宅贷款抵押公司（Federal Home Loan Mortgage Corporation），简称房地美。

“两房”的经营模式基本相同，名义上是私人企业，都有股东和董事会，但实际上是经美国国会批准、为支持房地产业发展而建立的政府支持型企业，是个半官方机构，享受很多优惠政策。在次贷危机爆发前，很多投资者将“两房”的债券等同于美国国债，但有一个问题大家忽视了——美国联邦政府没有救助“两房”的预算，如果“两房”破产了，美国政府并没有专项资金来救助“两房”。也就是说，美国政府是用自己的信用来为“两房”做隐性担保。

“两房”不直接发放住房抵押贷款，它是住房抵押贷款的发起人和最终持有人之间的中间人，客户不能在“两房”的营业部办理住房抵押贷款。比如，一家从事住房抵押贷款业务的银行将住房抵押贷款卖给了“两房”后，“两房”会将它们购买的住房抵押贷款打包组合成 MBSs，然后卖给投资者。如果“两房”仅仅是个中间人就好了，问题是它除了向投资者销售大量 MBSs 外，自己大量持有 MBSs，还对 MBSs 的基础资产提供信用担保，也就是承担住房抵押贷款的几乎全部风险。“两房”是靠政府信用融得低廉资金，然后去投资抵押贷款组合获取高收益，赚取两者之间的高差价，实际上是把风险转嫁给政府，自己获取收益。格林斯潘都认为那是“肥得流油的高额差价”。抵押贷款买得越多，“两房”的利润增长就越快。1995 年后，“两房”持有的房贷每年以 20% 的速度增长。另外，“两房”有个软肋，就是它们的资本充足率很低，当大量的次级贷款违约时，它们根本没有足够的资本金去为次级贷款提供信用担保。

2006年以来，美国房地产市场明显降温，但“两房”仍在次级贷款市场上突飞猛进，毫不畏惧。2006年上半年美国新增次级贷款规模是2728亿美元，“两房”就吃进了其中1/4；房利美的次级贷款在其总资产中的比例高达15%。到2008年被美国政府接管之前，“两房”的融资及担保规模总计高达5.2万亿美元，约占美国房贷总规模的42%。可以说，“两房”绝对是美国房地产市场的庞然大物。

在“两房”债券投资者中，来自美国国内的约占3/4，其中大多数是美国的养老基金、共同基金、商业银行和保险公司等；来自海外投资者约占1/4，其中来自中国的最多，最高的时候达3976亿美元①，来自欧洲、日本的也比较多。普林斯顿大学教授克鲁格曼在给学生上课时，有这样一句口头禅：“中国卖给我们有毒的灰板、含铅的玩具和含三聚氰胺的奶制品，我们则卖给他们有毒的‘两房’债券。”

随着房价下跌和次贷危机的显现，“两房”先后出现巨额亏损，股价大幅下跌。房利美和房地美的股价在2007年底分别处在40美元和34美元的水平，可是到2008年7月11日，就分别跌至10.25美元和7.75美元。面对低等级贷款违约风险的不断提高，“两房”不仅没有采取有效的风险应对措施，反而大步进入次级贷款市场，吃进“次贷产品”，进一步加大了公司的经营风险。随着高房价泡沫链条出现了断裂，次贷违约严重，造成抵押贷款证券出现危机，给“两房”以沉重打击。2008年9月，“两房”被美国联邦住房金融局接管后，它们股价长期低于1美元，曾一度退市②。

“两房”的运作模式一直存有争议，因为赚了是“两房”的，赔了是政府的，风险和收益明显不匹配。但为什么一直没能解决呢？不少人认为是政商勾结的恶果：“两房”通过成立基金会等各种方式，去游说议员支持它们维持现状，政府和议员也想通过“两房”推动楼市及住房建设，

---

① 伯南克认为，中国持有的“两房”证券高达7000亿美元，比持有的美国长期国债还多。

② 2010年6月16日，“两房”宣布退市。

并帮助更多人完成“居者有其屋”的梦想，争取更多选票。“两房”利用了美国选举制度的弊端，再凭借其半官方背景，不断扩张业务，吹大了美国房市泡沫。而一旦房价下跌，房地产泡沫迅速破灭，“两房”也就陷入破产境地。即便如此，“两房”也不怕，实在不行还有美国政府救助。美国政府实际上被“两房”捆绑了，救“两房”就是救自己。由此可见，无论多么成熟的金融市场，都无法避免制度性风险。

五、引起公愤的 AIG

AIG（American International Group）是美国国际集团的简称，1919 年创立于上海[①]，现已发展成为一家以美国为基地的国际性跨国保险及金融服务机构集团。21 世纪初，AIG 保险业务规模达数万亿美元，遍及 130 多个国家和地区，拥有美国最大的财产险公司和最大的可变年金（variable annuity）公司。美国储蓄机构监管办公室负责对 AIG 监管。1999 年美国国会通过《金融服务现代化法》后，金融混业经营成为潮流，AIG 等保险公司也加快了保险业的金融化，向金融服务业渗透，银保一体化、保险证券化发展很快。

在次贷危机中，AIG 因从事大量 CDS 等金融衍生品业务而遭受重创。AIG 股价在 2006 年曾达到 72.81 美元，金融危机爆发后，AIG 股价一路下跌，2009 年 3 月跌至 0.33 美元，为了避免退市，20 股普通股缩为 1 股。

早在 2007 年夏，美国的资产价格泡沫出现破灭迹象，次级抵押贷款违约率提高。AIG 感到大事不妙，开始从 CDS 市场向外撤。但由于持有的 CDS 保单太多，实在难以抽身，财务状况急速恶化。2008 年前三个季度 AIG 共损失 376 亿美元，股价自 2008 年以来跌去了 96%，仅 9 月 12 日一天便跌去了 31%。受 9 月 15 日雷曼兄弟公司破产影响，当日 AIG 股价暴跌 61%，收报 3.75 美元。次日开盘之后股价又暴跌，曾下探 1.25 美元。

① 1992 年，AIG 旗下友邦保险公司获得中国内地开发外资保险的第一张经营许可证。

股价暴跌，交易对手追索抵押品，危机环环相扣，AIG 走入绝境。

如果 AIG 倒闭破产，将产生一系列影响：AIG 的债权方和交易对手方的偿债能力将弱化，并遭到市场质疑；AIG 商业票据的持有者会承担损失；州保险基金的现金将被耗尽；若 AIG 资产遭到迅速抛售，必然殃及美国股市和债市，迫使更多公司资不抵债，很可能引发系统性金融风险。

危机时刻，AIG 总裁维伦斯塔德告诉美国财长盖特纳，AIG 至少需要 400 亿美元才能渡过难关。美国政府在放弃救援雷曼兄弟后，迅速救助 AIG。在提供 850 亿美元贷款的救助方案中，以 AIG 集团全部资产作为抵押，政府持有 AIG 的 79.9% 股权。贷款的利率高达 11.5%，这算是惩罚性利率[①]。2008 年 9 月 16 日晚，AIG 董事会接受救助贷款条件。

当时，有议员质问美联储是否有权借款给一家保险公司，伯南克的答复是：正常情况下，美联储能够把钱借给银行和储蓄机构。另外，《联邦储备法》在大萧条时期增加了一项条款，即第 13 条第 3 款。该条文规定，在“异常和紧急情况”下，如果有 5 个或以上的美联储理事会成员表决同意，美联储可以向任何个人、合伙企业或机构发放贷款。

时间不久，接受救助的 AIG 经营状况再次恶化。11 月 11 日，美国政府公布了规模 1500 亿美元的 AIG 新救助计划：财政部购买 400 亿 AIG 优先股，美联储将 AIG 信贷额度从 850 亿美元降至 600 亿美元；美联储允许大幅降低贷款利率，而且把还款期限从 3 年延至 5 年；为解决 AIG 问题资产，美联储新成立两个法律实体公司，梅登巷 2 号和梅登巷 3 号，为梅登巷 2 号公司注册 225 亿美元，用这笔资金购买导致 AIG 蒙受重大损失的“私营品牌抵押贷款支持证券”；为梅登巷 3 号注册 300 亿美元，向 AIG 交易对手公司购买涉及金融公司担保的债务抵押债券。

---

① 根据白芝浩原则，货币当局可以在收取惩罚性利率的基础上，放贷给有优质抵押品的金融机构，同时向金融机构提供短期贷款，来防止或减少金融恐慌以及对金融体系和经济的伤害。

为救助 AIG，美政府通过不同项目对 AIG 援助的总金额超过 1800 亿美元。2008 年 AIG 共亏损 993 亿美元，这个数字相当于两个“麦道夫世纪诈骗案”所骗取的总金额。即便在这种情况下，AIG 仍要向员工和分支机构等支出高达 1.65 亿美元的红利，73 名 AIG 高层获得 100 万美元或以上的挽留花红，其中 11 名打算“另谋高就”。这一事件的影响太恶劣，是赤裸裸的侵吞，引发了上至白宫国会、下至平民百姓的满腔怒火。

六、量化宽松——变相印钞行动

次贷危机爆发后，美国经济遭受重创，在极度恐慌中，各市场主体秉承“入袋为安、现金为王”理念，大量回笼现金，大家集体一致的行动导致市场流动性近乎枯竭。为稳定市场，传统货币政策运用到极致，财政政策几无扩张空间。面对经济困境，以伯南克为代表的美联储开启了以量化宽松和前瞻性指引（Forward Guidance）[①] 为代表的非常规货币政策，为金融市场注入大量流动性，缓解市场的紧张情绪，以刺激美国经济复苏。

量化宽松 [②]（Quantitative Easing，QE）主要是指中央银行在实行零利率或近似零利率政策后，通过购买国债等中长期债券，增加基础货币供给，向市场注入大量流动性的干预方式，以鼓励开支和借贷。量化宽松政策所涉及的政府债券，不仅金额庞大，而且周期也较长。一般来说，只有在利率等常规工具不再有效的情况下，货币当局才会采取这种非常规的做法。量化宽松调控目标是压低长期利率。通俗一点说，量化宽松其实

---

① 前瞻性指引是各国央行通过引导市场对未来利率的预期，使市场预期与央行目标预期靠拢的现代货币政策工具。1999 年日本银行率先使用了前瞻性指引。

② 量化宽松最早由日本银行在 2001 年提出。在 2001 年到 2006 年间，为了应对日本国内经济持续下滑和投资衰退，日本银行在利率极低的情况下，通过大量持续购买公债以及长期债券的方式，向银行体系注入流动性，使利率始终维持在近于零的水平。通过对银行体系注入流动性，促使银行以较低利率对外放贷，增加整个经济体系的货币供给，促进投资。这与正常情况下央行的利率政策不同。

就是“印钞”，向经济注入资金，降低资金价格，鼓励企业和个人借贷，从而刺激投资，拉动经济增长。

美国的量化宽松政策大体包括四个方面：①零利率政策。量化宽松是从利率大幅下调开始的。利率工具失效时，央行通过量化宽松政策来调节经济。②补充流动性。雷曼兄弟破产期间，美联储以最后贷款人的身份救市，收购一些公司的部分不良资产、推出一系列信贷工具，防止国内外的金融市场、金融机构出现过分严重的流动性短缺。美联储将补充流动性的对象，从传统的商业银行扩展到非银行的金融机构。③主动释放流动性。2008 年到 2009 年，美联储决定购买 3000 亿的美元长期国债、收购“两房”发行的大量 MBSs。美联储开始直接干预市场，直接出资支持陷入困境的公司；直接充当中介，面向市场直接释放流动性。④引导长期利率下降。2009 年，美国的金融机构逐渐稳定，美联储通过公开市场操作购买美国长期国债，引导市场降低长期利率，减轻负债人的利息负担。

表 8-4　　美国四轮量化宽松政策（2008.11 ~ 2014.10）

名称	时间	规模（美元）	月均购入资产	期末失业率
QE1	2008.11–2010.4	投入 1.725 万亿，购买 1.25 万亿 MBS、3000 亿美国国债和 1750 亿机构证券；将联邦基金利率从 1% 降至 0~0.25%	约 1000 亿美元 / 月	9.9%
QE2	2010.11–2011.6	美联储表示到 2011 年 6 月之前购买 6000 亿长期国债，在适当或需要时调整购入速度，即每月购入的金额以及整个计划的总额进行相应的调整，基准利率维持 0~0.25%	约 750 亿美元 / 月	9.2%
QE3	2012.9–2012.12	美联储每月购买 400 亿 MBS，同时将继续执行卖出短期国债、买入长期国债的“扭曲操作”，并继续把到期的机构债券和机构 MBS 的本金进行再投资；基准利率维持 0~0.25%	约 400 亿美元 / 月	7.8%
QE4	2012.12–2013.12	美联储每月购买 450 亿国债，替代“扭曲操作”，加上 QE3 每月 400 亿的宽松额度；基准利率维持 0~0.25%	约 850 亿美元 / 月	6.7%

资料来源：根据美联储官网整理。

以时间为序，美国实施了四轮量化宽松。实施 QE1 的目的是直接向金融机构和企业注入流动性并阻止危机的蔓延；实施 QE2 的目的是推动房地产和就业市场的改善；实施 QE3 的目的是压低长期利率以推动经济的持续复苏；QE4 与 QE3 的政策目的基本一致。

2013 年 12 月，基于经济增长前景改善的考虑，美联储宣布自 2014 年 1 月起，每月缩减 MBS 及长期国债购买规模各 50 亿美元，但强调将维持高度宽松的货币政策，这算是启动了量化宽松的退出。2014 年 10 月，美联储宣布结束资产购买计划，货币政策逐渐正常化。一直到 2015 年 12 月 17 日，美联储才将联邦基金利率提高 0.25 个百分点，这是自 2006 年 6 月以来美联储的第一次加息，意味着美国进入新一轮加息周期。

美国在 QE 退出方面十分重视与市场的沟通，沟通也增加了美联储货币政策的灵活性。而在 20 世纪 80 年代之前，美联储可不是这么“谦虚”。当年的美联储也曾奉行“不说明”、秘而不宣的货币政策，不与公众沟通，不披露政策，也不解释政策的必要性和效果。这种缺乏与公众沟通的货币政策效果有时并不理想，尤其是在 1973 年的石油危机期间。当时石油价格暴涨带动通胀率上升，虽然美联储出台了遏制通胀的措施，但收效甚微，因为公众预期这些政策不足以遏制通胀。这一典型案例让美联储认识到沟通的重要性，并从 20 世纪 90 年代开始注意加强与市场的沟通。1994 年 2 月，联邦公开市场委员会首次在例会后发布声明，向公众披露货币政策的变化，美联储从此进入了沟通时代。次贷危机爆发后，美联储与市场沟通频繁，内容也日益丰富，尤其是实施 QE 后，美联储不仅介绍这些非常规政策措施，还解释为什么使用这些措施来实现政策目标。为了赢得市场理解和舆论支持，共同应对次贷危机，美联储做足了“沟通”的文章，这是一条很好的经验。

美联储实施“直升机上撒钱”式的量化宽松政策，增加了基础货币供给，在 2008 年至 2015 年期间，美联储资产负债表规模从 9000 亿美元膨胀至4.5万亿美元[①]，对美国经济复苏起到重要促进作用。当然，这也是美国利用国际金融中心和世界核心货币的地位，在全球范围内征收铸币税和通胀税，稀释债务，分散金融风险。美联储的低利率政策降低了美国政府继续借贷和消费的成本，有利于支持美国政府扩大财政支出。美国政府债务急剧扩张，多次突破债务上限，目前已突破20万亿美元。这相当于是将企业和个人部门的债务风险向政府部门转移。而一旦意外事件刺破美国债务泡沫，就会引发新一轮主权债务危机。所以，美联储迫切需要收缩资产负债表，为应对下一轮金融危机腾挪货币政策空间。美联储的资产负债表扩张收缩几十年，但通常情况是扩张容易、收缩难。这次美联储资产负债表能收缩到什么程度，还要拭目以待。有一点可以肯定，世上没有免费的午餐，美联储资产负债表的扩张终究是对美元信用的透支，而如此透支能不伤及根本吗？且行且珍惜。

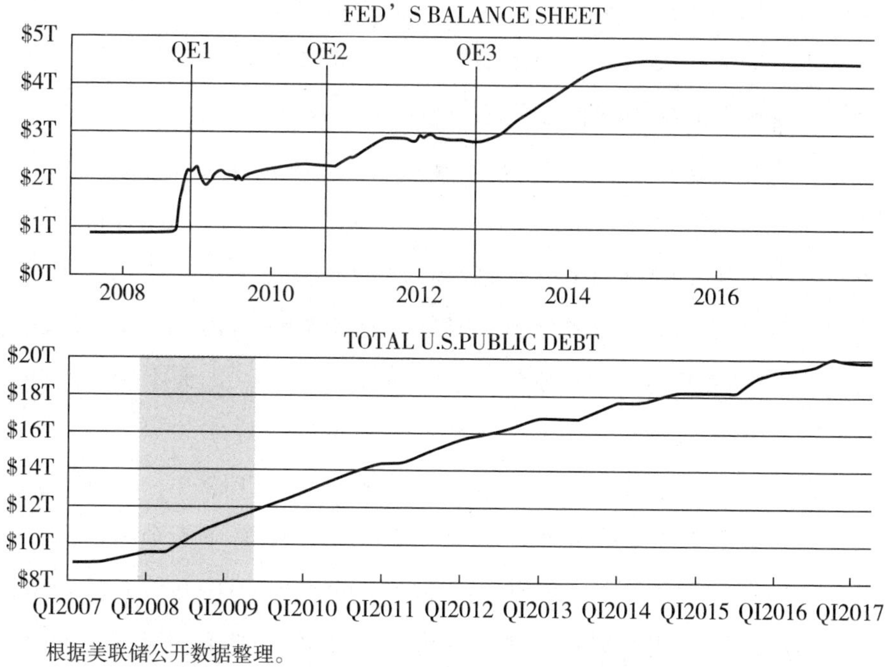

根据美联储公开数据整理。

① 在这笔4.5万亿美元的资产中，美国国债占比51%；MBS占比37%；逆回购协议占比11%，其余1%左右的资产包括联邦机构债务证券和流动性掉期。

七、《多德—弗兰克法案》：对次贷危机的反思

每一轮金融危机都会导致一批新的监管措施出台。1907 年的银行业危机导致了美国联邦储备体系的确立。“大萧条”催生了美国的存款保险制度和《格拉斯—斯蒂格尔法》。次贷危机爆发后，美国开始反思危机的教训，并有针对性地进行立法修正。经过各方长时间磋商与妥协，2010 年 7 月 21 日美国总统奥巴马签署了《多德—弗兰克华尔街改革和消费者保护法》（Dodd—Frank Wall Street Reform and Consumer Protection Act），后简称《多德—弗兰克法案》（克里斯 · 多德时任参议院银行业委员会主席；巴尼 · 弗兰克时任众议院金融服务委员会主席）。这标志着美国金融监管及国际金融监管协作步入后危机调整时期。

《多德—弗兰克法案》内容繁多，共十六章，文本长达 2319 页，涉及改革内容极为庞杂，但顾名思义，其侧重点有二：一是针对引发华尔街金融风暴的系统性风险进行监管；二是保护消费者的权益。为实现这两个目标，新法重点从以下几个方面进行了改革。

一是以防控系统性风险为目标，成立金融稳定监督委员会（FSOC）。由财政部牵头，财政部长担任主席，并和 10 多家联邦金融监管机构组成 FSOC，负责认定金融系统中不稳定因素，规范市场纪律，应对潜在风险。评估金融机构对金融体系的影响，认定系统重要性机构，督促美联储对系统重要性金融机构进行特别监管，改变金融机构“大而不倒”局面，防范系统性风险。

二是在美联储体系下增设消费者金融保护局（CFPB），以消费者权益保护为核心。该机构负责监管按揭贷款、信用卡等个人金融产品，确保消费者决策时真正了解金融产品，防止金融机构的掠夺性条款和欺诈行为。比如，该机构将确保按揭和信用卡的书面协议更加明确、易懂，从而防止银行变相地提高客户的交易费用。

三是扩大美联储监管职责，美联储获得监管重要金融机构和州级小金

融机构的权力，不仅可以监管银行等传统金融机构，也可监管华尔街的投行、保险公司等非银行金融机构，美联储将负责设计严格的资本和其他标准。当系统重要性金融机构濒临破产时，财政部长在与总统磋商、并得到美联储、FDIC 同意后，可将濒于破产的公司移交 FDIC 处理。

四是采用“沃尔克规则”，严格限制银行进行自营交易。限制银行和控股公司从事自营性交易，银行拥有或投资私募股权基金或对冲基金的投资总额不得超过银行一级资本的 3%，禁止银行做空或做多其销售给客户的金融产品，分拆银行的高风险掉期业务。①

五是加强对金融衍生品的监管，使交易在阳光下运行。商业银行不得从事短期证券、衍生品和商品期货、期权交易。但如果为了对冲金融风险，保护客户利益，可使用衍生品对冲工具或交易政府证券。

六是国外跨国金融集团在美国的子公司也要被纳入监管，这些子公司要和美国本土金融机构一样，必须满足相同的监管要求和标准。

七是加强对美联储的约束。美国审计局（GAO）对美联储在危机期间贷款项目进行事后审查。为避免利益冲突，联储银行董事不得从事本区银行的监管和紧急贷款的决策。

---

① 鉴于银行机构过度投机是造成 2008 年金融危机的重要原因之一，前美联储主席保罗・沃尔克在 2009 年提出 “沃尔克规则”(Volcker Rule)），内容以禁止银行业自营交易为主，将自营交易与商业银行业务分离，即禁止银行利用参加联邦存款保险的存款，进行自营交易、投资对冲基金或者私募基金。沃尔克法则成为《多德—弗兰克法》）的核心条款。这份法案于 2010 年 7 月获美国国会通过。但由于“沃尔克规则”会削弱银行机构的重要利润来源并可能对市场流动性造成影响，遭到华尔街的强烈反对，这项规则制定和实施起来极其困难。根据《多德—弗兰克法》的规定，“沃尔克规则”原计划于 2012 年 7 月 21 日生效，同时给予银行机构两年的过渡期，到 2014 年 7 月以前满足相应的监管要求；但直到 2013 年 12 月，美联储和其他金融监管机构才联合公布“沃尔克规则”的最终版本，完成相关规则的制定。2016 年 7 月，美联储宣布给予银行机构最后一年的宽限时间来出售在对冲基金、私募股权基金的投资业务。这也反映出金融危机后美国落实金融监管改革的纠结与艰难。一方面，华尔街仍在积极游说和施压美国政府取消和放松某些金融监管规定，美国监管机构在听取华尔街意见的同时，也在慢慢学习金融监管新规的影响。另一方面，美国也不希望在金融监管改革方面走得太快，在其他国家没有同步执行“沃尔克规则”时，担心“单边突进”会削弱美国金融业的竞争力。2017 年 8 月，华尔街监管机构已就修改“沃尔克规则”达成共识，将放松在美国应对金融危机时期采取的限制措施。

《多德—弗兰克法案》是美国金融监管体系的一次变革，试图解决这次金融危机暴露的严重问题，并填补危机前金融监管体系的空白。然而，变革未取得预期效果，《多德—弗兰克法案》的实施遇到很多阻力，遭到了很多批评和质疑，主要有：①法案留下了许多漏洞，并且在如何切实保证金融创新不会损害金融稳定性方面缺乏有力的举措。②法案所依赖的仍然是危机前的监管理念和监管原则，是一种“新瓶装旧酒”。比如，监管机构设置基本未变，只是撤销了美国储蓄机构管理局，成立了消费者金融保护局；美国金融监管体系的碎片化和监管套利等问题没有得到纠正。分头负责相当于无人负责。③法案的政治化倾向可能会扭曲美国金融市场，比如政府与金融巨头的联合，监管机构的临时干预等。④单独执行该法案，将削弱美国金融业的国际竞争力。

现任美国总统特朗普抨击实施该法案后，大型银行越来越大，社区金融机构正在消失，纳税人将继续被迫救助那些“大而不倒”的金融机构等，所以正推动改革《多德—弗兰克法案》。

从历史经验看，笔者看不到《多德—弗兰克法案》阻止下一轮金融危机爆发的希望，因为在金融创新面前，呆板的金融制度的“篱笆”总是显得那么稀疏、矮小和薄弱，好似牛栏关猫。在金融领域，制度建设总是跟不上金融创新的步伐因为躲避制度约束，是许多金融创新的源动力。在利益面前，很多制度成为摆设，甚至被利益无情击破。

八、不能让“大而不倒”成为铁律

次贷危机爆发后，华尔街成为众矢之的，那些大型金融机构寄生虫式的行为方式更引起了公愤。比如 AIG 一方面接受纳税人承担的巨额政府救助，另一方面却继续享受高薪酬和高分红。造成这种极度不公平的根源在于“大而不倒”（too big to fail）。“大而不倒”至少有三个层面的涵义：一是规模太大而不倒；二是关联程度太高而不倒；三是无可替代而不倒。

“大而不倒”很早就引起人们关注，因为在危机期间各国政府总是倾向于对系统重要性金融机构施以援手。二十世纪七八十年代美国曾掀起银行倒闭的高潮，但没有发生金融危机，主要原因是倒闭的银行规模都比较小，而大银行却得到了政府的救助，于是出现了“大而不倒”的说法。1998年9月，美国的长期资本管理公司（LTCM）亏损严重，由于LTCM是具有复杂内部关联性的金融机构，美联储出面组织安排以摩根、美林为首的15家金融机构注资30多亿美元，购买了LTCM的90%股权，共同接管LTCM，避免了LTCM倒闭的厄运，于是又出现了“太关联而不能倒”（too interconnected to fail）的说法。次贷危机爆发后，一些政府实施了更大规模金融救助行动。例如，美国联邦政府先后斥资几千亿美元救助“两房”和AIG；英格兰银行向北岩银行提供260亿英镑的紧急贷款并最终对其国有化；冰岛政府将国内最大的三家银行收归国有；等等。这些行动好像是要使“大而不倒”成为铁律，引起了更广泛的关注和质疑。与此同时，在学术界出现了“太复杂而不能倒”（too complex to fail）以及“太相似而不能倒”（too similar to fail）等新名词。

“大而不倒”不是好事，很不公平，不应提倡。因为那些大型金融机构已经享受了很多优惠和隐性担保。IMF预测，全球系统重要性金融机构的总体融资优势，从2007年的近60个基点提高到了2009年的80个基点。在竞争性金融市场上，40~80个基点已经是非常大的优势了。

“大而不倒”的危害很多，主要有：产生道德风险，鼓励投机与冒险，严重威胁金融安全；提高了外部监管与政府干预的难度和成本，监管容忍助长了系统性金融风险的积累；破坏了优胜劣汰的市场机制，弱化了金融市场的约束功能和运行效率等。

“大而不倒”不仅对整个金融体系不利，对这些机构本身也不利。有人猜测：当年雷曼兄弟在看到贝尔斯登成功获得救助后，它很可能得出这样的结论：比贝尔斯登更大的所有投资银行都属于“大而不倒”的范围，在必要的情况下也能得到救助。这种有人兜底的前景削弱了雷曼兄弟的自救动力。殊不知“靠山山倒，靠人人跑”，中外一理。

国际社会总结吸取次贷危机的严重教训，将解决“大而不倒”问题列入其改革的重要议程。二十国集团、金融稳定理事会、巴塞尔银行监管委员会及相关国家政府都开始研究如何加强对系统重要性金融机构的监管，最大程度防止“大而不倒”。改革的方向和可选择路径有：一是科学识别系统重要性金融机构，实施有区别的监管安排。巴塞尔委员会提出了一套识别金融机构系统重要性程度的方法框架，从规模、相互关联程度、可替代性、国际活跃程度和复杂程度五个维度量化每一家金融机构的系统重要性程度，主张根据系统重要性程度得分高低，安排不同的监管标准和措施。各国参照巴塞尔委员会确定的方法，结合本国实际，制定国内系统重要性金融机构的识别标准。二是提高系统重要性金融机构抵御风险和吸收损失的能力。《巴塞尔资本协议Ⅲ》要求银行除了提取最低监管资本外，还增加了逆周期缓冲资本、资本留存缓冲和系统重要性银行附加资本。其中系统重要性银行附加资本正是为了应对“大而不倒”问题而提出的，出发点是如果该类银行破产将给金融体系带来严重的系统性金融风险，那么其吸收损失的能力应该更强，资本要求应该更高，这一资本要求目前为不低于 1%。也就是说，金融机构系统重要性程度越高，其具备的抵御风险和吸收损失能力也应逐步提高。三是增强对系统重要性金融机构的监管强度和有效性，预防系统性金融风险的形成。四是加快建立有效的恢复和处置机制。这是解决“大而不倒”问题的核心，要使系统重要性机构由“不能倒”变成“能倒”，而且倒闭是有序的，对市场的冲击是可控的。

其他可供参考的方案还有：一是征收“大而不倒”税。“大而不倒”问题的核心是规模太大。一家规模不大的金融机构，即使其结构复杂，国际化程度很高，与其他机构联系很紧密，都不会对金融系统稳定造成大的威胁。通过对银行的业务规模（比如增加值、资产规模等）进行资本要求，实现对金融机构规模征税，可以增加“大而不倒”金融机构的成本，硬化预算约束，达到控制系统性金融风险的效果。二是拆分“大而不倒”金融机构。迫使这些金融机构缩减资产负债表，剥离某些业务或资产，使之达到某一门槛之下，从而解决“大而不倒”带来的系统性金融风险问题。

当然，这些都是努力方向，从“大而不倒”向“大也能倒”转变，将是一个极其艰难的过程。“大也能倒”并不意味着完全放弃危机期间的金融救助，而是要改善方式方法，提供更合理、公平的救助，不能让救助成为金融寡头侵吞国民财富的“盛宴”。

九、美国提高债务上限的步伐不会停止

美国债务上限（Debt Ceiling）是指美国国会批准的、在一定时期内美国国债最大发行额，用以履行政府现行的法律义务，包括社会保障、医保福利、军队薪酬、国债利息、税收返还及其他。债务上限并非授权新的支出承诺，而只是允许政府为已有的合法支出提供资金。债务上限是控制政府开支的手段和国会制衡行政部门的工具。

为应对次贷危机，美国实施了宽松的货币政策和积极的财政政策。经济不景气，政府收入本来就缩减，再加大公共开支，美国财政就入不敷出，面临债务上限问题。2013 年 10 月美政府出现关门危机，闹得沸沸扬扬。当美联储竭尽全力解决长期失业、促进经济复苏时，美国财政政策制定者却采取平衡预算的紧缩措施，阻碍美国经济回暖，两者看似是矛盾的。

在债务上限问题上，美国两党都表示，过高的财政赤字与国债规模难以为继，需要缩减。据测算，如果按美国既定的举债速度和赤字增加速度计算，到 2023 年，美国政府的全部收入将主要用于偿付到期债务及利息，根本没法保证其他正常的公共开支，比如国防、教育、医疗等，所以需要缩减赤字和债务规模。但在如何缩减上，两党存在分歧，原因之

一是他们代表的利益群体不同。美国民主党重视平民阶层的利益，倾向向富人增税，反对削减开支，支持加大教育、医疗、社会保障等公共产品的供给；而共和党更信奉自由市场的作用，更偏向保护大财团富人利益，主张减税，主张削减政府支出。债务上限之争看似是结构性的，不可调和，但抛开表象看本质，不过是方式之争，争论的是提高债务上限的幅度、频率，以及削减预算赤字的额度、方法。也就是说，当国会两党把债务上限与税改、削减开支的具体方式等捆绑在一起谈判，就把简单问题复杂化、经济问题政党化了。在实际操作中，债务上限并未发挥多大作用，也未对联邦政府债务形成有效约束。

其实，仔细分析美国经济的运行机理，我们可以看出，美国目前很难停止提高债务上限。美国经济是高度发达的现代市场经济，宏观调控是财政、货币、对外经济和能源政策四位一体，调控的结合点是债市，主要特点是：债市中的长期国债收益率是长期利率的基准；债市通过长期利率与房贷证券化、拆借利率、汇率、国际油价形成紧密联系。美国政府不能发行美元，政府融资通过发债来实现。美元是美国联邦储备银行发行的不可兑换的银行券，但它不能随意印刷，美联储以购买国债的数量决定印刷美元的数量。美联储拿到国债后再到债券市场上出售，通过影响债市的国债长期利率进而调控宏观经济。当美国经济复苏乏力时，更需要增加财政赤字，刺激需求，并通过扩大国债规模，压低长期基准利率以刺激投资，所以只能不断提高债务上限，直到美国经济确实好转。

另外，美元是主要的国际货币，美联储释放的美元约有 60% 在国外流通。流到国外的美元又有很多流回美国，购买美国国债以期保值增值。这就相当于美国在全球范围内征收铸币税，政府发行的国债越多，美联储印刷的美钞就越多，获取的铸币税就越丰厚。据一些人测算，1977~2006 年，铸币税对美国经常项目逆差的覆盖比率高达 86.2%，即绝大多数的经常项目逆差被国际铸币税抵消了。获取铸币税就像“点纸成金”，但过多获取铸币税必然伤及美元的根基——信用。信用可是金字招牌，弥足珍贵。

为维护美元的国际信用，需要给美债发行设置上限，即便只有象征意义。

美国不会停止提高债务上限，这个问题由来已久。1917 年前，美国政府每次需要借款时，都要获得国会授权，由国会决定债务期限、利率和具体用途等。一战期间，为提高国家机器灵活性，国会在 1917 年 9 月通过了《第二次自由债券法案》（Second Liberty Bond Act，或“国债上限法案”），决定授予政府一揽子关于借款的权限，条件为联邦政府（不包括地方政府）的总借款量小于已有的数量限制。这就是债务上限的由来。

自 1939 年开始，美国债务上限已上调了 100 多次，大约 9 个月就要上调一次。最近 20 年，上调频率更快。2000 年以来，债务上限已上调 17 次。截至 2016 年 12 月 30 日，美国债务规模达 19.98 万亿美元。粗略估计，美国联邦政府约 1/5 的支出（尤其是社会福利支出）需要依靠金融市场的借款。格林斯潘都认为，政府预算开支不受控制的趋势是美国最大的国内经济问题。永久性降低税率的唯一办法是减少政府支出。谁会相信还有其他选择，那只能是自欺欺人。须知，今天的债就是明天的税，不管你承认不承认，它都在那里，无法逃避。尽管能通过货币贬值稀释债务，但也稀释着自己的信用。

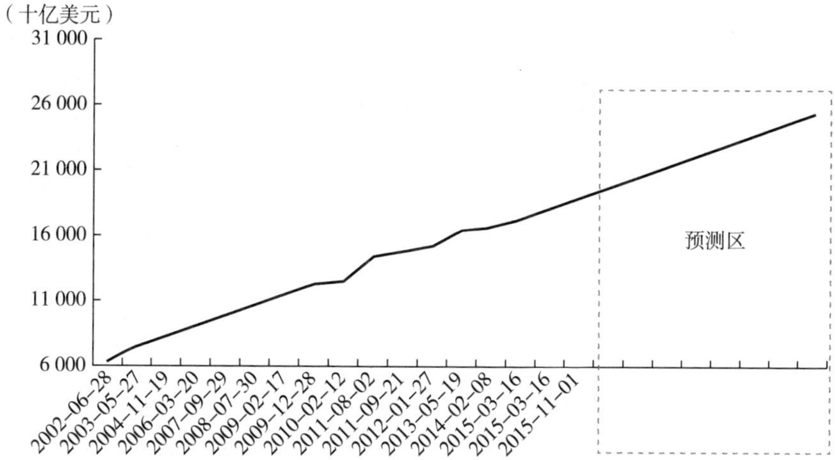

图 8-3　对美国债务上限的预测

资料来源：WIND，申万宏源研究。

特朗普总统一上台就面临美国债务规模超过债务上限的约束。据申万宏源测算，按照以往经验，假设政府上限每次增加等额的 8000 亿美元，即 2017 年政府债务增至 20.6 万亿美元，2020 年增至 24.9 万亿美元。若特朗普减税政策和基建计划在其任内得以推行，未来四年触及债务上限的次数为 7 次。

美国提高债务上限的步伐不会停止，媒体关注一下也就罢了，但炒作要适可而止，不能动真格的。退一大步讲，即便调整债务上限一时不能达成协议，美债直接违约的可能性也不大，补救手段多得是，因为国家机器可以操作的空间很大，历来超乎市场的想象。美元的国际信用是美国的核心利益，谁都不敢掉以轻心。真正值得我们警惕的倒是美债的变相违约，比如贬值和通胀。数据显示，20 世纪 70 年代储备的美元，到现在其实际购买力已损失近 80%。变相违约防不胜防。因此国际社会应从长远战略谋划，推动建立更加公平、合理、多元化的国际货币体系。

第九章

欧洲主权债务危机

欧美是全球最大的两个发达经济体，历史文化渊源深厚，相互间存在着千丝万缕的联系。美国爆发次贷危机后，一方面，危机通过贸易、金融等各种渠道，向包括欧洲在内的整个国际金融体系扩散，为应对次贷危机，各国纷纷实施了宽松的货币政策和积极的财政政策，公共开支急剧扩张；另一方面，危机还拖累了欧洲各国经济增长，企业经营困难，政府财政收入锐减。两方面因素共同作用，使债务水平本来就偏高的一些欧元区国家更加入不敷出，只能靠大规模举债度日，债务负担日益沉重。没过多久，希腊就在 2009 年底爆发主权债务危机①，并迅速蔓延至南欧多国，随后又波及法德等欧元区核心国。欧洲主权债务危机（简称欧债危机）严重拖累了欧洲乃至世界经济的复苏。

第一节　来龙去脉

欧债危机持续时间长，几乎波及整个欧洲，各国危机情况差异较大，

① 主权债务危机是指一国以主权为信用担保，向国内外大型金融企业、跨国集团和外国政府等发行债券融资而形成的巨大债务。随着该国经济逆转财政恶化，国际评级机构下调该国债务的信用评级，导致该国无法发行新债，借债与还款困难形成资金链断裂，被迫加税增收、削减开支，引发经济社会震动的经济现象。近 40 年来，比较严重的主权债务危机有四次：20 世纪 80 年代的拉美债务危机、1998 年俄罗斯债务危机、2001 年阿根廷债务危机和 2009 年的欧洲主权债务危机。

纷繁复杂。为了叙事清晰，本书综合各种研究成果，择其要点，大致将欧债危机划分为四个阶段。

表 9-1　　欧债危机发展阶段

四个阶段	时间	主要特征
一、爆发	2009 年 10 月 ~2010 年 5 月	希腊爆发债务危机；葡萄牙和西班牙的主权信用遭降级；欧盟设立 7500 亿欧元的救助机制
二、扩散至南欧	2010 年 6 月 ~2011 年上半年	债务危机扩大至“欧猪五国”；国债收益率飙升；危机向银行扩散
三、蔓延至核心国	2011 年下半年 ~2012 年底	蔓延至德法等核心国；欧元区经济遭重创
四、缓和	2012 年 10 月 ~2013 年 11 月	市场信心恢复；爱尔兰退出救助机制

一、希腊爆发债务危机

美国次贷危机冲击到持有大量次贷证券的欧洲银行。2008 年 10 月，冰岛三大银行一周之内破产，股市暴跌。冰岛经济规模小，人口 30 多万，IMF 牵头向冰岛提供了 60 亿美元的紧急援助，比较及时，未酿成金融动荡，但欧洲各国的债务困境引起了关注，国际评级机构开始下调一些国家的主权信用等级。

2009 年 10 月初，帕潘德里欧政府宣布，2009 年希腊政府财政赤字和公共债务占 GDP 的比例分别达到 12.7% 和 113%，远超欧盟《稳定与增长公约》规定的上限①。截至 2009 年 12 月，希腊公共债务达到 2800 亿欧元。三大信用评级机构下调了希腊主权信用评级，市场迅速做出反应，投资者开始抛售希腊国债，希腊主权债券的收益率开始上升，希腊政府市场融资困难，成为第一个爆发主权债务危机的欧洲国家，由此拉开了欧债危机的帷幕。

① 为保证欧元的稳定，欧盟于 1997 年制定了《稳定与增长公约》，其主要内容是要求欧元区各国的年财政赤字不得连续 3 年超过 GDP 的 3%，负债不得超过 GDP 的 60%，否则将面临欧盟的巨额罚款。

在希腊债务危机爆发初期，欧盟认为希腊没有遵照《稳定与增长公约》的规定，是咎由自取，所以对希腊不救助。这时还有一个问题已公之于众：当年为加入欧元区，希腊政府在高盛公司的帮助下，做了很多财政粉饰工作，比如通过远期协议将部分政府短期债务转移出资产负债表，以降低政府负债水平。2010 年 3 月 3 日，为了应对危机，希腊政府开始采取紧缩性财政政策，但下调工资和增加税收的措施不但没有缓解危机，反而引发了罢工等社会动荡。2010 年 4 月 23 日，希腊政府向欧盟和 IMF 申请援助。4 月 27 日，标准普尔将希腊主权信用评级调降至垃圾级，希腊国债收益率再次飙升，此时希腊已不能通过正常渠道向市场融资。财政问题只是希腊问题的表象，真正困扰希腊的问题是经济竞争力，希腊的成本、价格和福利太高了。

希腊债务危机引发了连锁反应，葡萄牙和西班牙的主权信用也遭到降级，欧盟意识到希腊债务危机的严重性，如果再不干预，希腊债务危机可能波及整个欧元区。2010 年 5 月 10 日，欧盟 27 国财长决定设立一项总额为 7500 亿欧元的救助机制，帮助可能陷入债务危机的欧元区成员国，防止危机继续蔓延。这套庞大的救助机制由三部分资金组成：4400 亿欧元将由欧元区国家根据相互间协议提供，为期三年；600 亿欧元将以欧盟《里斯本条约》相关条款为基础，由欧盟委员会从金融市场上筹集；此外 IMF 将提供 2500 亿欧元。欧盟的重拳出击令市场信心得到一定修复，市场对欧债危机的担忧有所缓解。当时市场认为希腊经济规模小，结构单一，不会引发系统性债务危机。

二、扩散至南欧

希腊债务危机爆发后，其他国家的债务问题也引起注意。由于欧元区各国之间相互持有大量国债，再加之使用共同货币，债务危机开始在欧元区传染。国际评级机构连续调低葡萄牙、爱尔兰、西班牙、比利时、意大利等国的信用等级，危机开始蔓延到“欧猪五国”①。

1. 希腊

在这五国中，希腊债务危机仍然最严重。IMF 与欧盟相继伸出援手，希腊债务危机暂时得到缓解。然而希腊负债累累，援助并不能从根本上提高其偿债能力。到 2010 年，希腊政府债务比率升至 145%。希腊接受 1100 亿欧元救助后，问题仍然很严重。2011 年 6 月，穆迪将希腊的主权信用评级再次下调，将其未来 5 年债务违约风险上调至 50%。希腊的 10 年期国债收益率飙升至 16.4%，而当时德国 10 年期国债收益率为 2.96%。2011 年 7 月希腊债务危机再度恶化，7 月 21 日欧盟紧急峰会决定对希腊实施第二次援助。经过艰苦谈判，私营部门同意对希腊债务减记 50%，相当于为希腊减债 1000 亿欧元②。

2. 爱尔兰

受美国次贷危机影响，爱尔兰经济陷入衰退，2008 和 2009 年实际 GDP 增速为 –2.2% 和 –6.4%。爱尔兰债务危机主要源于房地产泡沫破灭和银行业危机。20 世纪 90 年代，爱尔兰从此前的债务累累、经济困顿中脱颖而出，两位数的经济增长率成为一个流传全球的成功范例。“爱尔兰模式”的核心秘诀在于通过低税率（企业所得税是 12.5%）吸引海外直接投资，使爱尔兰成为全球资本投资欧洲的桥头堡，进而带动房地产等产业的迅猛发展。金融危机爆发后，2008 年爱尔兰房地产泡沫破灭，政府税源枯竭，但多年积累的公共开支却居高不下，财政危机显现。更加令人担忧的是，该国银行业信贷高度集中在房地产及公共部门，任何一家银行的困境都可能引发连锁反应。政府对银行业的援助使财政赤字

---

① 欧猪五国“PIIGS”是指 Portugal– 葡萄牙、Italy– 意大利、Ireland– 爱尔兰、Greece– 希腊、Spain– 西班牙。

② 截至 2011 年底. 希腊主权债务累计 3600 亿欧元，其中私营债权人持有债券多达 2100 亿欧元。私营部门 50% 的债务减记相当于将希腊的债务负担削减 1000 多亿欧元。

飙升。2010 年 9 月底，爱尔兰政府宣布，预计 2010 年财政赤字会骤升至 GDP 的 32%，史上罕见。爱尔兰信用评级被下调，到 11 月 11 日，爱尔兰 10 年期国债收益率由 10 月末的 6.5% 大幅上升至 9%。2010 年底，爱尔兰被迫向欧盟救助基金求援，获得 850 亿欧元的救助贷款，并接受苛刻的财政条件，比如大力整顿国内财政状况，大幅削减财政预算等。

3. 葡萄牙

葡萄牙 2009 年的财政赤字率达 9.4%，公共债务占 GDP 的 86%，私人债务高达 GDP 的 239%。2010 年 4 月 27 日标普下调葡萄牙债务等级。为了走出债务泥潭，葡萄牙政府在 2010 年共推行了三项财政紧缩计划，将财政赤字率降到 2010 年的 7.3%。然而由于债务基数太大，截至 2010 年底，葡萄牙公共负债已经达到 GDP 的 83.3%。2011 年是葡萄牙债务到期高峰，虽然年初成功发行第一批国债，10 年期国债利率在 7% 以上，4 月和 6 月葡萄牙又有 42.3 亿欧元和 49 亿欧元的债务到期。但政府的现金储备仅 40 亿欧元。苏格拉底政府对外称不需要援助，并于 3 月份拟定《稳定与增长 4 号文件》。但遭到反对党的坚决抵制，并最终引发政治危机，苏格拉底在 3 月底提出辞职。政治危机使国债利率迅速上窜，10 年期国债利率上升至接近 9%，5 年期国债利率一度达 10.47%，均创历史新高。三大评级机构开始连番下调葡萄牙主权信用等级。在反对党、民众和工商界的多重压力下，4 月看守政府宣布向欧盟求助。5 月，葡萄牙与欧盟和 IMF 达成了 3 年期规模为 780 亿欧元（约合 1160 亿美元）的救助协议。

4. 西班牙

西班牙的公共债务比率在 2011 年只有 67.8%，甚至低于法德等核心国家。西班牙经济的主要问题是房地产泡沫。西班牙人热衷房地产投资，房屋拥有率为 82%（德国的房屋拥有率只有 43%），2004~2008 年西班牙房价上涨了 44%。危机发生前，由于欧洲一体化程度较高，欧洲市场内资金充足，融资成本较低，导致西班牙出现购房热，房地产泡沫严重。泡沫破裂后，西班牙建筑及房地产业受到严重冲击，银行业坏账率升至 10.5%，且大部分与房地产相关。政府出面救助银行，使政府债务大幅增加，财政赤字率在 2010 年达到 9.2%，2011 年为 8.9%。另外，西班牙政治体制特殊，自治区政府拥有部分自治权，中央政府对地方财政支出的约束力相对较弱，造成地方政府债务水平普遍偏高。2012 年西班牙房价继续下跌，银行资本金不足，财政收入减少，经济持续衰退，债务危机不断升级。

5. 意大利

意大利也是债台高筑，2010 年底其公共债务总额达 18430 亿欧元，比希腊、西班牙、葡萄牙和爱尔兰四国债务之和还要大，政府债务比率为 118.6%，财政赤字率达 4.5%。2011 年 8 月 12 日，意大利内阁批准了一项总额 455 亿欧元（约 626 亿美元）的财政紧缩措施，目标是在 2013 年实现预算平衡，帮助该国债券发行获得来自于欧洲央行的支持，但随后屈服于盟友的压力，对 8 月份的财政紧缩计划进行了全面改革。这些动向引发了市场对意大利债务问题的担忧，国际三大评级机构闻风而动，都下调了意大利主权信用等级。2011 年 11 月 12 日，贝卢斯科尼总理辞职，意大利 10 年期国债收益率升至 7.48%，意大利陷入债务危机，市场担心危机向法国蔓延。意大利国债有一半为欧洲以外的投资者持有，其债务风险开始向国际金融市场扩散。

表 9-2　欧盟成员国财政赤字率和政府债务比率（2007 ～ 2011 年）

单位：%

国家	财政赤字 /GDP					政府债务 /GDP				
	2007	2008	2009	2010	2011	2007	2008	2009	2010	2011
比利时	0.1	1.0	5.7	3.9	3.9	84.1	89.3	95.8	96.0	98.0
德国	–0.2	0.0	3.2	4.3	1.0	65.2	66.7	74.4	83.0	81.2
爱沙尼亚	–2.4	2.9	2.0	–0.3	–1.0	3.7	4.5	7.2	6.7	6.0
爱尔兰	0.0	7.3	14.0	31.2	13.0	24.9	44.2	65.1	92.5	108.2
希腊	6.8	9.9	15.6	10.5	9.2	107.5	113.0	129.4	145.0	165.3

续表

国家	财政赤字 /GDP					政府债务 /GDP				
	2007	2008	2009	2010	2011	2007	2008	2009	2010	2011
西班牙	−1.9	4.5	11.2	9.3	8.5	36.3	40.2	53.9	61.2	68.5
法国	2.8	3.3	7.6	7.1	5.2	64.2	68.2	79.2	82.3	85.8
意大利	1.6	2.7	5.4	4.5	3.8	103.1	105.7	116.0	118.6	120.1
塞浦路斯	−3.5	−0.9	6.1	5.3	6.3	58.8	48.9	58.5	61.5	71.6
卢森堡	−3.7	−3.0	0.8	0.9	0.6	6.7	13.7	14.8	19.1	18.2
马耳他	2.4	4.6	3.8	3.7	2.7	62.3	62.3	68.1	69.4	72.0
荷兰	−0.2	−0.5	5.6	5.0	4.6	45.3	58.5	60.8	62.9	65.2
奥地利	0.9	0.9	4.1	4.4	2.6	60.2	63.8	69.5	71.9	72.2
葡萄牙	3.2	3.7	10.2	9.8	4.2	68.3	71.6	83.1	93.3	107.8
斯洛文尼亚	0.0	1.9	6.1	6.0	6.4	23.1	21.9	35.3	38.8	47.6
斯洛伐克	1.8	2.1	8.0	7.7	4.8	29.6	27.9	35.6	41.1	43.3
芬兰	−5.3	−4.2	2.7	2.8	0.9	35.2	33.9	43.5	48.4	48.6
保加利亚	−1.2	−1.7	43	3.1	2.1	17.2	13.7	14.6	16.3	16.3
捷克	0.7	2.2	5.8	4.8	3.1	27.9	28.7	34.4	38.1	41.2
丹麦	−4.8	−3.3	2.8	2.7	2.0	27.5	33.4	40.6	42.9	46.5
拉脱维亚	0.4	4.2	9.7	8.1	3.5	9.0	19.8	36.7	44.7	42.6
立陶宛	1.0	3.3	9.4	7.3	5.5	16.8	15.5	29.4	38.0	38.5
匈牙利	5.1	3.7	4.5	4.3	−4.2	67.1	73.0	79.8	81.4	80.6
波兰	1.9	3.7	7.4	7.9	5.1	45.0	47.1	50.9	54.8	56.3
罗马尼亚	2.9	5.7	9.0	6.8	5.2	12.8	13.4	23.6	30.5	33.3
瑞典	−3.6	−2.2	1.0	0.0	−0.1	40.2	38.8	42.6	39.4	38.4
英国	2.7	5.0	11.4	10.1	8.2	44.4	56.5	71.1	79.6	85.7

数据来源：欧洲中央银行。

注：表内数据为负数说明当年财政盈余。

三、蔓延至核心国

从 2011 年下半年，欧债危机开始从南欧国家向德法等欧元区核心国家蔓延。2011 年德国公共债务达 2.088 万亿欧元，政府债务比率为 81.2%。法国公共债务达到 1.717 万亿欧元，政府债务比率为 85.8%，财政赤字率为 5.2%，失业率达到 10%。

欧债危机爆发后，德法等核心国家有能力应对自身的债务风险，但再为欧元区其他的债务危机国家买单时，就力有不逮了。欧盟开始实施大规模援助计划并没有达到预期目标，不仅“欧猪五国”未摆脱困境，法德等核心国家也被拖下泥潭。2011 年 11 月 10 日，标普对法国信用降级的“误报”事件，引发市场恐慌。11 月 17 日，法国 10 年期国债收益率攀升至 3.81%，与德国同期国债收益率之差扩大至 204 个基点，创下欧元面世以来的最高纪录。

2012 年 1 月 13 日，标普将法国国债信用评级由 AAA+ 下调至 AA+。1 月 16 日，标普将欧元区临时救助机制 EFSF 的长期信用评级下调一级，从 AAA 级降至 AA+。德国作为贸易大国，其出口有 40% 是在欧元区内，欧债危机使德国出口严重受损，经济增速大幅下滑。

与此同时，欧元区甚至整个欧洲的经济受到重创，欧元大幅下跌，欧洲股市暴挫。在经济下滑的同时，银行业也损失严重。由于多家欧洲银行持有希腊国债，希腊的债务减记使欧洲银行损失约 1000 亿欧元。据欧洲央行统计，2012 年欧洲银行业共关闭了 5500 家分支机构，约占欧盟银行分支机构总数的 2.5%。

国际社会开始讨论欧元区的未来，欧元崩溃、欧元区分裂、欧盟解体等成为媒体的高频词。巴菲特说欧元崩溃并非不可想象，格林斯潘说欧元区正在瓦解，索罗斯说欧元区正处于经济崩溃边缘。有些专家还设计了欧元分解的方案，很热闹，也反映了欧元区制度设计上的漏洞，即缺乏退出机制，只有入口、没有出口，不能新陈代谢并对成员国形成有效约束。其实，大到国家，小至个人，都存在道德风险问题，需要用制度约束。

四、缓和

在这一阶段，虽然欧盟经济增长疲弱、失业率高企，但欧债危机有所缓和，主要是因为危机本身就有周期性，总有出清的时候，随着时间推移，各国从危机的低谷慢慢走出来了。希腊、爱尔兰和西班牙实现了财政紧缩目标，投资者对欧元的信心增强。法国联合陷入债务危机的南欧国家，扭转了德国所主导的长期紧缩政策，开始进入适度增加支出和以增长与紧缩平衡的稳定恢复期，这些政策有利于缓解危机。到 2013 年 11 月，爱尔兰退出救助机制。2014 年 4 月，欧盟统计局宣布希腊提早实现了财政目标。

至此，历时四年的欧债危机基本结束。随后还有一些余震，但大局已定。

第二节　救助措施

欧债危机爆发后，欧盟、欧洲央行和 IMF 联手构成“三驾马车”，出台并实施了一系列救助措施，对危机国实施了多层次救助，对缓解欧债危机发挥了重要作用。比较有代表性的创新有五点。

一、欧洲金融稳定基金

2010 年 5 月，欧元区 17 个成员国在欧盟经济财政部长理事会框架下创立了欧洲金融稳定基金（EFSF），为希腊和其他欧元区国家借款提供资金支持。措施包括：向危机国家提供贷款、干预债券市场，以及向该国金融机构提供贷款等。EFSF 依赖贷款担保机制，并不要求欧元区各国直接拿出现金。每个担保国担保份额比例根据该国在欧洲央行认缴资本比例确定。由于缺乏法律基础，EFSF 在成立之初就设立了有限存续期，并在 2013 年 6 月 30 日结束使命，终止向各成员国提供新的贷款。EFSF 通过发行债券从国际金融市场筹集资金。2011 年 10 月中旬，经过欧元区 17 国各国议会投票通过后，资金规模从原来的 4400 亿欧元、可贷资金约 2500 亿欧元，增至 7800 亿欧元、可贷资金约 4400 亿欧元。相应地，担保比例由原来的 120% 上升至 165%。希腊、爱尔兰和葡萄牙等三个危机国家不参与 EFSF 担保方案。

二、欧洲金融稳定机制

欧洲金融稳定机制（EFSM）是由欧盟委员会 2011 年 1 月创立的紧急救助基金，以欧盟预算担保，通过欧盟委员会在金融市场筹资，用以救助出现经济困难成员国来稳定金融市场。EFSM 贷款总规模为 600 亿欧元。EFSM 由 27 个欧盟成员国支持，通过发行债券筹款。与 EFSF 一样，EFSM 发行债券主要为 5 至 10 年期债券。只有爱尔兰和葡萄牙接受了 ESFM 救助，总计动用 485 亿欧元贷款。其中，对爱尔兰援助 225 亿欧元，葡萄牙为 260 亿欧元。与 EFSF 相比，EFSM 规模较小，是在欧盟层面直接成立的，而 EFSF 虽然也是在欧盟领导下成立，但主要由欧元集团具体操办。二者功能互补，都是向危机国家提供短缺流动性的临时性机构。

三、欧洲稳定机制

欧洲成立欧洲稳定机制（ESM），实质是将 EFSF 机制长期化，是 EFSF 的“永久加强版”。ESM 是由欧元区 17 国依据国际法、通过缔结条约成立的政府间组织，总部设在卢森堡，于 2012 年 10 月生效，理事会由 17 国财长组成。ESM 拥有 7000 亿欧元认缴资本，其中 800 亿欧元为入股资本，6200 亿欧元为承诺通知即付资本。ESM 最高贷款额度为 5000 亿欧元。与 ESM 依据国际法成立不同，EFSF 是一家根据卢森堡法律成立的公司，与 ESM 分属不同法律实体。ESM 提供金融救助的方式包括：直接向重债国提供贷款，提供预防性信贷额度，在一级市场或二级市场购买 ESM 成员国政府债券，通过向政府借贷方式帮助金融机构完成资本重组。从 ESM 对西班牙和塞浦路斯的救助看，其效果优于欧洲央行的干预。从长远看，ESM 的建立弥补了欧洲金融稳定机制的漏洞，有利于促进欧洲一体化。

四、财政契约

2012 年 2 月，除英国和捷克外的欧盟 25 国签署了旨在加强财政纪律的“财政契约”。6 月份，欧盟 27 国领导人正式通过“增长与就业契约”，作为“财政契约”补充，核心内容是一个 1200 亿欧元（约合 1520 亿美元）的“一揽子”刺激经济增长计划。财政和货币政策配合，加大了危机权助力度。

在财政方面，重点强调加强成员国财政纪律，并建立财政约束机制。一是建立新财政规则。政府预算应实现平衡或盈余，结构性赤字[①]不得超过 GDP 的 0.5%，并要写入各国宪法或法律。欧洲法院负责监督立法执行情况。在欧盟委员会的规定日期前，各国财政状况要达到目标水平。“赤字超额”国家必须向欧盟委员会和欧盟理事会提交改革计划，这两家机构将监督该计划的实施，以及年度预算计划的制定。同时，建立各国国债发行计划事先报告制度。二是建立控制赤字超额程序。如果政府预算赤字占 GDP 的比例超过 3%，则由欧盟委员会提出制裁措施。如果政府债务负担占 GDP 的比例超过 60%，必须稳步削减债务规模。当时在欧盟只有德国实现了结构化赤字率不超过 0.5% 的目标。

① 结构性赤字是预算赤字与实际赤字之间的最大差值，是指非政策性或常规的税收调整和支出变动引起的赤字。如税收下降了，但政府的支出并没有相应地减少，从而导致的政府预算赤字。对于违反结构性赤字上限的国家，欧洲法院将对其做出最多不超过 GDP 的 0.1% 的罚款，并将罚款纳入 ESM。

在政策协调方面，一是密切相互合作，维护欧元区经济金融稳定；二是致力于经济政策协调统一，确保在欧元区国家范围内，能够对各国主要经济政策调整进行讨论和协调；三是继续加强欧元区管理，每年至少召开两次欧元峰会。欧元区国家的国家元首或政府首脑以及欧盟委员会主席应在欧元峰会上举行非正式会晤。

“财政契约”主要依靠签约方的“政治承诺”，避开了阻力重重的“修约”，标志着欧债危机真正开始治本。“财政契约”的作用在于欧盟被赋予对各国财政监督的权力，同时又避开了让渡财政主权的敏感问题。“财政契约”短期看有助于化解欧债危机，长期看有助于推动欧洲财政联盟和政治一体化。

五、欧洲银行业联盟

2012 年 6 月欧盟峰会前夕，欧盟委员会发布《银行复兴及解决方案》报告，草拟了欧盟 27 国银行业联盟初步计划。主要内容包括：在欧元区范围内建立统一银行业监管机构；成立银行业救助基金，在政府框架外直接对银行重组进行融资支持；建立健全储户共同保障体系等。

建立欧洲银行业联盟分三步走：第一步，建立单一监管机制（SSM），赋予欧洲央行对欧元区所有银行监管权；第二步，建立危机处置机制，由各银行共同出资组建一家银行破产清算基金，有序关闭问题银行；第三步，建立统一存款保险机制，保障储蓄者权益和银行体系稳定。这样，欧洲银行业联盟将有三大支柱：银行单一监管机制、单一清算机制和单一存款保险机制。在 2012 年 10 月的欧盟峰会上，欧盟领导人同意建立统一银行监管机制，监督欧元区内 6000 多家银行。

长期以来，欧盟秉持“最低协调标准与相互承认下的母国控制”原则，即推进欧盟银行业一体化，同时又继续实行离散的银行监管体系。欧债危机的爆发促使欧盟银行业监管理念从“母国控制”原则向“审慎监管”

原则转变，各国上交银行监管权。

另外，为了稳定金融市场、防止过度投机，2013 年 2 月，欧盟委员会推出了金融交易税，从 2014 年 1 月开始，将对德国、法国等 11 个国家[①]的所有金融工具的买卖进行征税。按照该方案，对衍生品征收 0.01%，对股票、债券、基金份额、货币市场工具、回购协议以及证券借贷交易征收 0.1% 的税率。0.01% 和 0.1% 是欧盟规定的最低税率，参与的国家可以依照实际情况自行调高。同时，为了防止金融交易转向其他区域，方案还规定交易双方中只要有一方设在征收金融交易税的 11 个国家里，就必须交税。另外，还设立了“发行原则”，即只要有关金融产品在这 11 个国家中的任何一个发行，之后在世界各地自由交易，都要交税，覆盖范围很广。

第三节　几点认识

一、欧债危机的原因分析

欧债危机爆发后，社会各界从不同视角对其做了大量分析，形成了很多观点，比如欧盟制度缺陷说、福利制度难以为继说、民主赤字说、政策失误说、金融投机操纵说、国际评级机构落井下石说、银行体系脆弱说、经济竞争力失衡说、美国金融危机传染说、高盛为希腊造假说等，这些说法都有些道理，丰富了对欧债危机爆发原因的认识。其中比较有代表性的说法有两个。

① 除了德国和法国外，开征金融交易税的 11 个国家还有意大利、西班牙、奥地利、葡萄牙、比利时、爱沙尼亚、希腊、斯洛伐克以及斯洛文尼亚。英国没有加入。

1. 欧元区内在的独立财政政策与统一货币政策矛盾

不少人认为，由于欧元区的财政赤字和债务没有像货币政策那样得到有效约束，因此负债过度的国家就不可避免地爆发了债务危机。解决欧债危机的根本办法，就是推进财政联盟，甚至是建立政治联盟。

笔者认为这种说法有道理，但从根子上说，这是政府过多干预的恶果。在欧元区，不仅仅希腊的公共债务远超债务上限，其实大多数欧元区国家的公共债务超过了债务上限，包括德法这样的核心国。经常发生的问题，我们要从规律上找原因；而普遍发生的问题，我们就只能从体制上找原因。凯恩斯主义虽是应经济危机而生的理论，却被常态化，并大行其道，欧美政府普遍干预市场经济运行。在政府实施宏观经济调控的方法中，最主要的是用财政政策和货币政策这两只手打“组合拳”。与美、日等国央行不同，欧洲央行货币政策的首要目标是维持欧元币值的稳定，这一点秉承了德国马克的传统。在欧债危机爆发初期，没能像美国那样及时实施量化宽松，通过释放流动性和货币贬值来迅速稀释债务负担。欧元区国家在放弃货币政策主权后，主要靠财政政策一只手来“打拳”。一只手干两只手的活，财政政策这只拳打得太多太累，最后打肿了，实在是吃不消。再加上政党选举制度的弊端，一些政客为赢得选票盲目提高福利水平，寅吃卯粮造成债务规模不断提高。当债务规模达到一个临界点，在意外因素的刺激下，触发了主权债务危机。

2. 货币区条件缺失

一些学者指出欧元区国家的经济同步性差，生产要素缺乏流动性，实际上不符合最优货币区的要求。当外部冲击来临时，一些国家陷入债务危机。因此他们认为应该让希腊这类国家退出欧元区。

最优货币区（Optimal Currency Areas，OCA）是一个经济地理概念，是指最符合经济金融上的某些条件的国家或者地区，相互之间建立紧密联系的货币制度，如固定汇率制度，甚至使用统一货币的区域。最优货币区理论最早由罗伯特·蒙代尔于1961年提出，其后麦金农（R.I.Mckinnon）、英格拉姆（J.C.Ingram）、哈伯勒（G.Haberler）和弗莱明（J.M.Fleming）等经济学家对最优货币区理论从不同侧面修正补充和完善。但在最优货币区的标准方面，仍缺乏一个有力的解释。麦金农提出的确定最优货币区的标准是这些国家的经济高度开放性。加入货币区的成本表现为丧失部分经济自主权。

蒙代尔认为理想的货币区是封闭的，根据古典国际贸易理论中要素在国内充分流动、而在国际不流动的假设，那么基于国家货币的浮动汇率就可以有效地运转，但要素流动的区域往往和国界不重叠。因此“最优”是指货币区成员间要素是完全流动的，而货币区成员国和货币区以外的国家不发生经济联系，货币区是封闭的。蒙代尔认为要素充分流动是最优货币区的标准，尤其是劳动力的自由流动可以对货币区结构失衡进行有效的调节。

最优货币区是从纯经济学的角度来阐释货币联盟，笔者不认同这一理论。欧元区有关国家放弃自己的货币主权共同使用欧元，经济考量只是一个方面，更多是通过欧元的纽带作用把各个国家紧密地联系在一起，既能尽量消除内部隔阂，缓解矛盾冲突，又能抱团取暖，共同面对外部压力。货币是国家主权的体现，是个政治产物，极其特殊，货币能否流通取决于政权掌握在谁的手里。政权覆盖范围即为货币流通的最小范围。货币能否顺畅流通主要取决于老百姓是否信任货币背后的政权。货币有效流通可以更好地优化资源配置，这是“主”；资源有效配置反过来也可以促进货币流通，但这是“次”。笔者认为，货币区只有最大，没有最优。比如，美国有很多州，每个州相当于一个小王国，它们都有自己相对独立的法律制度。美国作为一个整体从理论上讲不属于最优货币区，但美元在美国运行良好，还流通到全球，成为世界货币。

对于大型经济体而言，在年复一年的经济运行中难免会遇到这样那样的问题，总会有这样那样的缺憾，大多是在各种次优和非均衡交错叠加中运转着，严格意义上的最优和均衡是纯粹的经济学假设，那是可遇不可求的事情。经济金融危机无法避免，保持经济稳定运行的前提是努力避免某项非均衡出现过大偏差，偏离正常轨道，引发严重的危机。危机爆发后通过市场自身的修复力量，可能会慢慢出清，但随同市场一起出清的可能还有政府，欧债危机就是例证，在危机面前切不可“书生气”。比较稳妥的做法是建立预警机制，制定应急预案，尽早预见金融危机。金融危机爆发后也不要慌，要尽快启动应急预案，尽早实施救助，切忌相互指责、扯皮、推卸责任，错失救助良机。在金融危机面前，政府最需要保持定力，要有拨云见日的勇气，尽快给民众指出前进的方向，消除恐惧，增强信心。

二、饱受诟病的国际评级机构

世界经济进入信用货币和信用经济时代，信用评级在经济金融发展中扮演越来越重要的角色。目前，国际评级体系是以标普、穆迪、惠誉三大评级机构为主导，它们通过在全球开设分支机构，控股或收购其他评级机构，成为评级市场的垄断寡头，控制着世界上 80% 的资本市场评级事务。美国是国际金融中心，自 1975 年美国证交委（SEC）认可上述三家机构为“全国认定的评级组织”后，三家机构就垄断了国际评级行业，拥有国际资本的定价权和在信用评级领域的话语权，而其他国家的评级机构想进入美国市场，那是不可能的。在国家主权信用评级领域，三大机构也垄断了市场，主权信用评级几乎涵盖了所有国家，占据了世界上 95% 的份额，成为主权信用评级业的基准。

1. 三大国际评级机构

标准普尔（Standard & Poor）。由亨利·瓦纳姆·普尔（Henry

Varnum Poor）创立于 1860 年，是普尔出版公司和标准统计公司 1941 年合并而成，总部位于美国纽约市。标准普尔的信用评级侧重企业评级方面，其长期评级主要分为：①投资级，包括 AAA、AA、A 和 BBB。AAA 是最高信用等级；②投机级，分为 BB、B、CCC、CC、C 和 D。D 级最低，视为对条款的违约。除 D 级外的每个级别都可以通过添加“+”或“-”来显示信用高低程度。

穆迪（Moody）。成立于 1900 年，由 John Moody 创立，位于美国纽约曼哈顿，是著名的债券评级机构。穆迪的信用评级侧重机构融资方面，其长期评级主要评估发债方的偿债能力，预测其发生违约的可能性及财产损失概率，分为 Aaa、Aa、A、Baa、Ba、B、Caa、Ca 和 C 九个级别，其中 Aaa 到 Baa3 级为投资级，Ba1 级以下为投机级。在 Aa 到 Caa 六个级别中，还可以分为 1、2、3，进一步显示各类债务在同级评级中的排位，1 为最高，3 为最低。

惠誉（Fitch）。成立于 1913 年，规模较小，欧洲控股，信用评级侧重金融机构的评级，大多针对到期日在 13 个月以内的债务，用以衡量一个主体偿付外币或本币债务的能力，分为：①投资级，包括 AAA、AA、A 和 BBB，AAA 是最高信用等级；②投机级，分为 BB、B、CCC、CC、C、RD 和 D，D 级最低，表明一个实体或国家主权已对所有金融债务违约。

另外，三大评级机构还对评级对象的未来走势进行展望，包括“正面”（评级可能被上调）、负面（评级可能被下调）等等。

经过百年发展，三大评级机构拥有了丰富的公司和各类债券产品的历史数据，这是优势，而投资者和市场的信任才是它们赖以生存的资本，不能滥用。

2. 国际评级机构会被市场抛弃吗？

欧债危机爆发后，三大国际评级机构长袖善舞，屡屡降低危机国的信用等级，对欧洲危机的爆发和蔓延起到了推波助澜的作用。2009 年 12 月，三大评级机构同时下调希腊主权信用评级，直接推动欧债危机的爆发，饱受诟病。

其实，国际评级机构的弊端由来已久，对它们的批评不绝于耳。首先三大国际评级机构对评价指标、采用的算法以及评价模型不公开、不透明，采取的标准也不统一，不仅对新兴市场国家如此，对欧洲国家同样如此。2010 年，美国联邦赤字规模攀升至 GDP 的 10%，债务规模扩张到 GDP 的 95%，三大机构对美国评级却没有丝毫改变，而赤字率低于美国的欧洲国家当年却轮番遭受国际评级机构的降级，有悖常理。

有些评级结果明显不客观。2007 年，新兴市场政府获得的评级通常比负债水平相近的发达国家政府低 8 到 12 个等级。2003 年 11 月，中国银行业谋求海外上市，标准普尔将中国 11 家商业银行的信用级别评为“投机级”，并宣布中国主权信用评级为 BBB 级，即“适宜投资”的最低限。次日,《华尔街日报》评述,标准普尔将“中国内地银行全部定为垃圾等级”，舆论一片哗然。然而，2003 年以来，中国经济步入快速发展通道，对世界经济增长的贡献率最大，与如此低的信用评级显然不匹配。

三大评级机构的预警功能也很有限。美国安然公司破产前是世界上最大的电力、天然气以及电讯公司之一，2001 年 11 月 28 日，三大评级机构还把安然公司的信用等级保持在投资级别之上，但 4 天后安然公司财务欺诈曝光，随后破产倒闭。1997 年初，东南亚金融危机酝酿时，三大评级机构无一发出预警。危机爆发后为挽救自己的声誉，又骤然大幅降低东亚许多国家的主权评级，加剧了市场恐慌，从而使得东南亚金融危机急剧恶化。2002 至 2007 年，三大评级机构将绝大多数的美国房贷抵押债券评为最高级别 AAA，即使在雷曼兄弟倒闭前，三大评级机构依然给予其 A 级以上的评级。雷曼公司申请破产保护的第二天才仓促将其评级下调至 D 级，即破产级，这令投资者大为恐慌。

评级机构收费问题一直受到质疑。二十世纪七十年代之前，三大评级机构的主要收入来源于研究报告的销售收入。1975 年后，评级机构的主要收入来源于向被评级客户收费，这导致评级机构难以遵守公开、公平和公正原则。“吃人嘴软，拿人手短。”发行商（债务人）可以理所当然地选择对自己有利的评级和报告。另外，评级机构的股东背景也很复杂，在穆迪的大股东中，就有大型投资银行及基金公司，它在给自己的股东评级时能做到客观公正吗？

诸如此类的问题很多，暴露了国际评级机构的缺陷，但它们仍然我行我素。要改变这种不合理的国际评级格局，从近期看，各个经济体都应建立独立的评级机构，比如中国规模较大的评级机构有大公国际、联合资信、中诚信、上海新世纪等①，2015 年 12 月，俄罗斯也于成立了自己的信用评级机构 ACRA。这是好事，应该支持它们去国际市场竞争，增加市场选择，用“良币”驱逐“劣币”，进而打破国际评级市场的寡头垄断局面。从长远看，在信用评级中应该由买方来对评级付费，而不是由卖方雇用评级机构并支付评级费用。如果解决不好评级机构为谁服务的问题，将从根子上制约评级事业的健康发展，长此以往很可能被市场抛弃。比如，区块链与信用评级结合的空间就很广阔。

三、念好金融交易税这本经

继法国开征金融交易税（financial transaction tax，FTT）后，2013 年欧盟委员会又批准了德国、意大利等 10 个欧元区成员国征收金融交易税的申请，由此引发了国际社会对金融交易税的热议，褒贬不一。笔者认为，金融交易税是本好经，但要念好并不容易。

金融交易税是诺贝尔经济学奖得主、美国经济学家詹姆斯·托宾在 1972 年首次提出的，亦称“托宾税”。当时布雷顿森林体系刚刚崩溃，

① 自 2006 年起，美国的评级机构开始逐步控制中国的一些评级机构。2006 年，穆迪收购了中诚信 49% 的股权并获得了中诚信的经营权，同时约定 7 年后对中诚信持股比例达到 51%，实现控股；2007 年，惠誉收购了联合资信 49% 的股权并获得了经营权；2008 年标普也与上海新世纪开始了战略合作，美国信用评级机构几乎控制了中国 2/3 的信用评级市场。

国际货币体系正从固定汇率向浮动汇率体系过渡，人们普遍担忧外汇市场巨幅波动，担忧汇率风险对国际贸易的冲击。托宾值此提出对全球现货外汇交易征收一定比例的税，“往飞速运转的国际金融市场这一车轮中掷些沙子”，通过惩罚短期频繁的投机性外汇交易，规避汇率剧烈波动。托宾认为，最好实施一个针对货币兑换行为的国际统一税，由各国政府分别行使管辖权，税收收入可存入 IMF 或世界银行。

从逻辑上分析，金融交易税是巧妙的理论构思，是用效率换稳定，总体上有利于降低整个国际金融体系的系统性风险，但理论与现实总有相当大的差距。一些国家在实施金融交易税时，扛着“打击金融投机”的大旗，看中的却是金融交易税的结果，也就是税收，其主要目的是充实本国的财政收入，填补债务赤字。

从税的角度看，金融交易税首先是一种印花税，具有“宽税基、低税率”的特点。金融交易税不针对特定金融机构，是对外汇、股票、债券和衍生工具等金融产品的交易征税，用者自付，课税对象十分广泛。金融交易税虽然税率很低，只有千分之几甚至万分之几，但由于交易量大，收入很客观。对于那些财政捉襟见肘的国家，金融交易税的诱惑力是相当大的。

尤其是国际金融危机爆发后，各国政府部门被迫救助那些“大而不倒”的金融机构，耗费了大量纳税人的钱财，招致公众对金融部门和政府的不满，金融交易税也再次受到重视，并被赋予新的使命：一是回收财政支出，二是遏制金融部门的贪婪，可谓“义正词严”“劫富济贫”。在道义面前，一些历来反对金融交易税的国家和国际机构也不得不低头，有的还提出变通方案，支持有条件的资本管制。此时开征金融交易税阻力较小，不仅能拔得很多鹅毛，还能不让鹅叫，恰恰是政府梦寐以求的“良税”。

征收金融交易税后，能否有效遏制金融投机？如何有效区分正常交易和投机交易？如何控制避税行为？对实体经济有何影响？如何在国家间划分、管理和使用金融交易税？单边推进会削弱金融竞争力吗？对于这些问题，笔者认为欧盟考虑得既不周详也不深入。20 世纪 80 年代，瑞典征收金融交易税失败，最终在 1991 年废除，这个事件的教训让人记忆犹新。为科学使用金融交易税，尽量逼近其政策意图，笔者建议实践中宜重视以下原则。

一是以遏制短期投机为主。现货外汇交易应是重点实施对象。对流入的资本征收低税率，对流出的资本征收高税率。视情调整税率、征收范围和政策实施窗口，必要时可采取临时管制措施，提高打击纯粹投机交易的准确度。

二是实施差别税率。对不同性质的交易实行差别税率，对长期持有和对冲风险的金融交易征收低税率，对投机交易尤其是高频交易征收额外附加税。根据实施效果，科学测算和调整税率水平，进而实现政策的稳定和连续性。

三是税收使用兼顾国内和国际。笔者建议将税收一分为四：25% 用于回收支出，补充国内财政收入；25% 作为防范未来金融危机的风险准备；25% 用于减贫等国内公益事业；25% 上交联合国成立“国际金融交易税基金”，用于疾病研究、应对全球气候变化等国际公益事业。具体分配比例可视情调整。

四是制定不同层次目标。近期目标是在区域内统一征收，借鉴欧盟的做法；中期目标是在 G20 框架内征收；长期目标是全球范围内征收。

第十章

系统性金融风险“三层面学说”

通过仔细梳理 40 多年国际金融危机的演变历程，笔者深深体会到：金融危机与金融风险密不可分，金融风险“量”的积累达到一个临界点，在各种触发因素的作用下，就会发生“质”的突变，引发金融危机。金融危机是金融风险积累到一定程度集中爆发的极端表现，分析金融危机可以而且需要从分析金融风险入手。

金融风险可分为系统性金融风险和非系统性金融风险。金融机构在金融交易活动中出现的风险，有可能对该金融机构的生存构成威胁。一家金融机构发生的非系统性金融风险所造成的后果，往往超过对其自身的影响。一家金融机构因经营不善而出现危机，有可能对整个金融体系的稳健运行构成威胁。整个金融体系风险的积累就是系统性金融风险的积累，当它达到一个阀值，在某些“导火索”的引爆下，就会烈火烹油般爆发金融危机，表现为全部或部分金融指标的急剧、短暂和超周期的恶化，并造成严重损失。

从微观层面看，某个企业或个人在系统性金融风险面前是无能为力的，只能将系统性金融风险作为一个固定变量，通过投资组合等各种措施来分散和降低非系统性金融风险。而从宏观层面看，可以通过“看得见的手”来降低系统性金融风险，这是弥补市场缺陷的需要，也是防范金融危机的需要。从某种意义上讲，防范金融危机首先是降低整个金融体系的系统性金融风险，尽量使整个金融体系在低风险状态下运行，从而改善金融环境，拓展微观主体的投资空间，这也是一种必要的公共产品。降低系统性金融风险是一项很复杂的工程，触及众多市场主体的切身利益，需要政府的介入和统筹协调，加大投入并提高防范功效。同时，笔者认为系统性金融风险不是一个整体，有必要而且可以对其细分。系统性金融风险有合理的成分，也有不合理成分，每种成分的系统性金融风险的生成和传导机制不一样，需要区别对待，逐一分析，不能眉毛胡子一把抓。

为了深入研究系统性金融风险，提高防范金融危机的针对性和有效性，作者进一步将系统性金融风险细化，分为一般性风险、制度性风险和外部传导风险等三个层面，并系统地阐述了这三个层面风险的生成机制、传导方式和控制措施，从而建立了系统性金融风险“三层面学说”，目的是为研究和防范系统性金融风险和金融危机提供一个新思路，希望能提高防范金融危机的靶向性。

第一节 基本概念的界定

在阐述系统性金融风险“三层面学说”之前，有必要先界定风险、金融风险和系统性金融风险等重要概念的内涵，这有助于本书的研究。

一、风险的界定

要正确理解金融风险的涵义，必须先界定风险。风险无处不在，社会经济生活中充满了风险。通常人们认为，风险就是发生不幸事件的概率，或者说，风险就是一个事件产生人们所不希望的后果的可能性。我国的《辞海》中是这样定义风险的：“人们在生产建设和日常生活中遭遇能导致人身伤亡、财产受损及其他经济损失的自然灾害、意外事故和其他不测事件的可能性[①]。”美国学者 A·H·威雷特（1901）在他的论文《风险与保险的经济理论》中指出：“风险是关于不愿发生的事件发生的不确定性之客观体现。”日本学者武井勋认为：“风险是在特定环境中和特定期间内自然存在的导致经济损失的变化。”[②]

奈特（Frank Hyneman Knight，1921）在他的著作——《风险、不确定性与利润》一书中，最早研究了风险与不确定性的关系[③]。奈特认为，真正的不确定性与风险有着密切的联系，也有本质的区别。不确定性是指经济行为人面临的直接或间接影响经济活动的无法充分准确地加以观察分析、预见的各种因素，它提供了获利的机会；而风险不仅取决于不确定性因素的不确定性的大小，而且还取决于收益函数的性质。所以，风险是从事后角度来看的由于不确定性因素而造成的损失[④]。在实际讨论中，风险和不确定性这两个概念在很大程度上是被混用的。甚至有些学者断言，风险和不确定性指的是同一个概念，认为奈特对于风险和不确定性的划分是不会有结果的[⑤]。

有的学者认为，“人们采取某种行动时，他们事先能够肯定的所有可能的后果及每种后果出现的可能性，都叫风险，风险是指既可能出现坏的后果，也可能出现好的后果[⑥]。”

笔者认为风险是指在客观事物发展过程中，由于种种不确定性因素的存在，使某一单位的既得利益丧失，或使其实际收益与预期收益发生偏离，从而蒙受损失或获取额外收益的可能性。

风险与收益是对称的。因为风险的存在，才带来特殊形式的收入，即

---

① 《辞海》，上海辞书出版社 1989 年版，第 4010 页。

② 于川、潘振峰：《风险经济学导论》，中国铁道出版社 1994 年版，第 2 页。

③ Knight，Frank，“Risk，Uncertainty and Profit.” 1964，New York：A.M.Kelley.

④ The New Palgrave Dictionary of Money and Finance（Ⅲ）（新帕尔格雷夫货币与金融大辞典）Edited by Peter Newman，Murray Milgate and John Eatwell，Published by the Macmilan Press Limited，1992.

⑤ 赫什莱佛、赖利著：《不确定性和信息分析》，中国社会科学出版社 2000 年版第 5 页。

⑥ 于川、潘振峰：《风险经济学导论》，中国铁道出版社 1994 年版，第 20 页。

利润。只有敢于冒险进行创新的企业家，才可能创造出乎人们预料的收入，才能带来利润。如果没有风险，人们的社会生活将会失去乐趣，人类将会缺乏想象力和创造力，社会将不能获得发展。如果没有风险，每个时期金融市场的活动就是单纯的票据交换，通讯业就不复存在，投资银行的职能将退化为简单的记账，金融市场就有可能因此而失去发展的动力。

风险是客观存在的，且不以人的意志为转移，风险具有不可消除的特征，危机也无法消除。金融业是通过承担风险来获取收益的行业，是经营风险的行业。风险并不可怕，因为风险是金融机构收益的根本来源，可怕的是对金融风险缺乏有效的识别、衡量和监控。

二、金融风险的界定

1. 金融风险的涵义

由于对风险的理解不同，经济学家（者）对金融风险的解释也多种多样。本人在认真研究各种解释的基础上，认为应该从微观和宏观两个层面来认识和理解金融风险。从微观个体的角度出发，金融风险是指各种融资投资主体在金融交易活动中，由于受多种因素的影响而产生的经济损失的不确定性。金融风险的存在可能给投资者带来更高的收益，但也可能带来更大的损失，而且损失的可能性一旦成为现实，就某些个人投资者来说，将蒙受大量的资金损失，甚至陷入家破人亡的悲惨境地；就某些金融机构投资者来说，也会面临财产损失和破产倒闭的残局，并有可能引发金融和社会危机。所以投资个体一般愿意采取投资组合的方式来分散和回避风险，争取在既定的风险条件下实现收益的最大化或在既定的收益下面对尽可能小的风险。从宏观的层面，从政府控制金融风险的角度看，金融风险是中性的，政府的职责是实现金融市场的透明、公开，保证各种合法金融交易活动的顺利进行，保证投资者的利益不受非法侵犯，并采取措施降低系统性金融风险。在这个前提条件下，微观投资主体交易的“赔”与“赚”，与政府是没有关系的，投资者即便是“赔”得血本无归，政府也只能表示同情。出于研究问题的需要，本书所涉及的金融风险主要是指宏观层面的风险。

2. 金融风险的特点

金融学的基本常识告诉我们，与一般的风险相比，金融风险有其自身的特征，可大体归纳为以下几个方面。

一是不确定性。影响金融风险的因素难以事前完全把握。

二是相关性。金融机构所经营的商品——货币的特殊性决定了金融机构同经济和社会是紧密相关的。货币走到哪里，金融风险就走到哪里，几乎无处不在。

三是高杠杆性。金融企业主要是玩别人的钱，负债率偏高，财务杠杆大，导致负外部性很强，另外金融工具创新、衍生金融工具等也伴随高度金融风险，并加重金融体系的风险。

四是传染性。金融机构承担着中介机构的职能，割裂了原始借贷的对应关系。处于这一中介网络的任何一方出现风险，都有可能对其他方面产生影响，甚至发生行业的、区域的金融风险，导致金融危机。金融中介机构越多，金融交易的中间环节拉得越长，金融体系就越脆弱，爆发金融危机的可能性越大。

三、系统性金融风险的三个层面

按照不同的标准，我们可以将金融风险分为不同的组成部分。按照投资的对象，可将金融风险划分为股票风险、债券风险和投资基金风险等；按照投资者对金融风险的认识不同可以划分为主观风险和客观风险[①]；

① 主观风险是指投资者个人心理上对风险的判断和估价；客观风险是指独立于人的主观意识之外客观存在着的风险。

按照风险的最终承受人，可以将金融风险分为投资者风险、发行人风险、金融机构风险和监管者风险；按交易过程可将金融风险分为信用风险[①]、流动性风险[②]、运作风险[③]和法律风险[④]等；按风险的来源可以将金融风险分为自然风险、社会风险、经济风险和政治风险；等等。这些划分都有其合理性和实践价值，体现了不同的风险分析视角。

当然，最常用的还是将金融风险划分为非系统性金融风险（Unsystematic Financial Risk）和系统性金融风险（Systematic Financial Risk）。

金融风险 = 非系统性金融风险 + 系统性金融风险

非系统性金融风险是指因非全局性事件引起的投资收益率变动的不确定性。一般情况下，各个公司的经营状况会受其自身因素（如决策失误、新产品研制的失败等）的影响，这些因素与其他公司没有什么关系，只会造成一家公司的资产收益率的变动，而不会影响其他公司的收益率。非系统性金融风险（也有人称之为特有风险）基本只同某一个别、具体的资产相关联，并不牵扯其他的资产，也同市场的整体作用无关，因此也称之为微观风险。这种微观风险能够通过多样化投资组合予以消除，所以又称之为可分散风险或可多样化风险。非系统性金融风险主要来源于四个方面：信用风险、市场风险、经营风险和财务风险。

系统性金融风险是指由于受全局性共同因素的影响，引起市场上所有金融资产价格变动的可能性，是金融市场所有参与者共同面临的、与整个市场波动相关联的风险。系统性金融风险无法通过投资组合予以化解，所以它又称为不可分散风险或不可多样化风险。一般认为，系统性金融

---

① 信用风险是指因交易一方不能履行交收责任而造成损失的可能性，这种无力履行交收责任的原因往往是破产或其他严重财务问题。

② 流动性风险主要是指资金流动风险，即由于流动资金不足，出现和约到期时无法履行支付义务，或无法在市场出现逆转时按规则要求追加保证金。

③ 运作风险就是技术风险，如计算机失灵、报告及控制系统缺陷以及价格变动反映不及时等引致损失的可能性。

④ 法律风险是指交易和约在法律上有缺陷或不完善而无法履约带来的风险。

风险包括自然风险、社会风险、经济风险中的宏观经济风险、政治风险、制度风险、监管风险等，在开放背景下，还包括从其他经济体传导来的风险。这些因素通过各种可变因素（如需求、利率、汇率、政策、经济和政治体制等）的变动对金融市场产生影响。

当然，系统性金融风险和非系统性金融风险的划分是相对的，非系统性金融风险也会演化成系统性金融风险，比如，当上市公司整体素质不高且普遍存在财务账目不实时，就会动摇整个证券市场的基石。

系统性金融风险的测量是一项重要且复杂的工作，次贷危机和欧债危机爆发后，理论界和政策界更加注重系统性金融风险的测量研究，对其测度目前使用比较多的方法有：预警模型方法、压力测试方法、Sharply 值测算法、未定权益分析方法、矩阵法和网络分析方法、CoVaR 方法等。国内一些学者运用 Logit 等模型对系统性金融风险预警作用进行了比较深入的分析，取得较多成果。

这些方法对研究系统性金融风险提供了很大的帮助，需要注意的是，以上计算方法基本上是以成熟的金融市场作为研究对象，主要从微观的角度来探讨金融风险的防范，并且大多是在封闭状态下做的分析。但随着金融市场的开放，金融风险的市场转移配置引起了高度重视。由于金融创新、金融自由化和来自于金融工程的技术支持，各种创新衍生物品种层出不穷，新的风险管理技术也不断推出，致使市场转移配置风险的功能越来越强。国外风险转移市场非常发达，许多品种的衍生物交易市值已经远远大于原生物的总价值。为解决本国经济政治问题，一些发达国家凭借其雄厚的经济实力、世界货币和金融优势地位，可以采取以邻为壑的策略，转嫁系统性金融风险，手法日趋丰富和娴熟，还用各种理论为自己辩护，心安理得，需引起重视。

亚洲金融危机、次贷危机和欧债危机的爆发，让人们再次意识到，国际金融市场的系统性金融风险是很严重的。虽然计算方法不断创新，但总体上还是把系统性金融风险作为一个固定变量来进行测算，理论创新不足。使用现在的先进方法，即便能准确地计算出系统性金融风险的权重，但由于系统性金融风险权重太高，形成机制太复杂，如果无法分清主次，也只能是一团乱麻，很难找到降低系统性金融风险的有效方法。

本书的侧重点不在于如何计算系统性金融风险，而是提供一个研究系统性金融风险的新思路，将系统性金融风险分门别类，目的是提高降低系统性金融风险的靶向性。本人按照从抽象到具体、从一般到特殊、从封闭到开放的分析问题的思路，打破系统性金融风险的“外壳”，将系统性金融风险这个“硬核”进一步细分为三个层面，即一般性风险、制度性风险和外部传导风险。

第一个层面的系统性金融风险是一般性风险。我们假定有一个抽象的、一般意义上的金融市场，这个金融市场是孤立的、封闭的，还摒弃了各国国情和制度的差异。即便是这样的金融市场，也有风险，我将金融市场自身的固有特性所决定的风险，称为一般性风险。我在定义一般性风险时，借鉴了弗里德曼“自然失业率”[①] 的定义。一般性风险的生成原因比较多，比如，在交易多元化过程中由于信息不对称所产生的风险；虚拟资本的固有特性所决定的风险；金融市场参与者的有限理性所导致的风险；金融体系的不稳定性所导致的风险等。这一层面的系统性金融风险是金融市场与生俱来的、在正常经济运行中不可抗拒的风险。只要发展和利用金融市场，我们就必须面对和承担一般性风险。无论我们采取何种措施，都不可能完全化解一般性风险。一般性风险的存在有其合理性，降低一般性风险这个“硬核”比较困难。

第二个层面的系统性金融风险是制度性风险。在一般性风险的基础上，我们首先引入各国国情的差异。由于各个国家的历史文化传统、政治经济体制和发展水平不同，各个国家发展的金融市场也不尽相同，金

① 自然失业率是指在没有货币干扰的情况下，劳动力市场和商品市场的自发供求力量发挥作用时应有的、处于均衡状态下的失业率。参见李义平：《经济学百年》，天津人民出版社2002年版第76页。

融市场的服务对象、发展路径、模式选择和制度的完善程度等都存在很大差异，自身风险对外溢出效应和抵御外部传导风险的能力明显不同。这些制度因素都会对系统性金融风险产生较大影响。由于这些制度性因素所导致的系统性金融风险，我将其定义为制度性风险。这里所指的制度性风险不仅包括由于制度缺陷所导致的风险，还包括制度创新风险和路径依赖风险，而衍生工具的引入更加剧了制度性风险。制度缺陷风险和路径依赖风险属于不合理成分，应该通过改革消除它们，难点是如何控制衍生工具创新风险。

第三个层面的系统性金融风险是外部传导风险。金融市场是国民经济体系中一个十分重要的资金融通场所，始终与其他经济系统保持着密切的联系。金融风险具体地表现为各种金融价格的波动，其他经济系统的波动会通过各种信息传播渠道，或大或小地影响着金融市场的价格，并通过各种金融指标的波动迅速地表现出来。也就是说，其他经济系统的风险可以传导转嫁给金融市场。这种从外部的、其他的经济系统传导给金融市场的风险，是金融市场自身无法规避的，我将其定义为外部传导风险。外部传导风险又可以分为国内传导风险和国际传导风险两个层面。由于各国的国情、经济实力和金融市场发育水平不同，其金融市场对外部传导风险的承受能力也有很大差异。在开放背景下，防范外部传导风险的难点是防范国际传导风险。

第二节　一般性风险研究

马克思主义认为，任何事物都具有两面性，金融市场也不例外。一般性风险是金融市场的固有产物，是系统性金融风险的“硬核”。我们可以采取措施将一般性风险控制在一定范围之内，却无论怎样努力，都不可能完全消除化解它。一般性风险主要来源于以下几个方面。

一、交易多元化所导致的一般性风险

社会分工促进了社会的发展，亚当·斯密、李嘉图、马克思以及马歇尔等经济学家都深入探讨了分工的好处。何塔克（Houthaker，1956）第一次揭示了分工和交易费用之间的矛盾。杨小凯和博兰的模型描述了分工的大致演化过程[①]。在自给自足经济中，很少发生不同利益主体之间的交易，私人信息对经济的影响很小。一旦分工形成，为互通有无，必然发生不同利益主体之间的交易。由于信息不对称等诸多问题的影响，在交易过程中利益分配是不均衡的，在交易过程中受损的利益主体会降低交易的意愿。分工越发展，专业化程度越高，信息不对称问题越严重，交易费用就越高，人们在交易中所面临的风险就越大，这种由于分工而导致的多元化交易活动给经济运行带来的风险，在金融市场上得到了最充分的体现。金融市场的交易实质上是不同经济主体之间的产权交易，而产权交易能够得以维持与实现的基础是关于交易标的与交易对象的充分信息。在现代如此广泛细密的分工环境之下，充分信息成为一个可望不可及的目标，这种由于交易多元化所导致的一般性风险，会在金融交易过程中得到充分表达甚至放大。

由于交易多元化所导致的风险是金融市场的固有产物，无论采取何种措施都不可能化解，我将其作为一般性风险的一部分。

二、虚拟资本的固有特性所诱发的一般性风险

虚拟资本（Fictitious Capital）是指以有价证券形式存在、能定期给持

① 模型内容详见杨小凯：《经济学原理》，中国社会科学出版社 1998 年版，第 475~499 页。

有者带来一定收益的资本，它是与现实资本相分离的、本身没有价值的、仅是取得一定收益权的凭证，如股票、债券、商业票据和其他可转让证券等。虚拟资本与现实资本有着原则的区别，它们是虚拟的，本身不具有价值。虚拟资本的价格可以数倍高于它们所代表的实际资本价值，也可以大大低于实际资本价值，甚至一钱不值。虚拟资本在促进经济活跃的同时，也增加了金融市场的不稳定性和风险。

虚拟资本与实际资本相分离，具有相对独立的运动形式。不同类别的虚拟资本与实际经济活动的关系不同，运动特征也有差别。股票是现实资本的纸制复本。马克思在谈到股票这种典型的虚拟资本时指出——这个资本不能有双重存在：一次是作为所有权证书即股票的资本价值，另一次是作为在这些企业中实际已经投入或将要投入的资本。它只存在于后一种形式，股票只是对这个资本所实现的剩余价值的相应部分的所有权证书①。如果是由于新建企业发行新股票，那么，股票的积累就反映了现实资本的扩大再生产。如果股票总额的变化是由于股息、利息等的变化引起股票价格涨落的结果，那么，股票总额的增加或减少不反映现实资本的变化。国债是已经消灭的资本的纸制复本，是纯粹的虚拟资本②，国家除少部分用于建设外，主要用于社会的公共消费，作为社会总消费的一部分消耗掉了，并不进入价值增值的生产过程，不代表现实资本，其虚拟性比股票大。在证券化和衍生物的发展中，出现了许多发展了的虚拟资本形式，例如资产证券化中的“重新打包”业务，将一些低信用等级的证券组成一组，加入新的高信用等级的证券，并用其作为抵押，发行新的债权。新债权不仅可以改变证券的期限，而且可以通过对原有证券的买卖随时调整证券组合的证券种类和数量。新发行的证券是在原有证券的基础上发行的，它们是虚拟资本的虚拟资本。在金融衍生物出

① 马克思、恩格斯：《资本论》第三卷，人民出版社1975年版，第529页。

② 马克思指出：“不管这种交易反复进行多少次，国债的资本仍然是纯粹的虚拟资本；一旦债券卖不出去，这个资本的假象就会消失。”参见马克思、恩格斯：《资本论》第三卷，人民出版社1975年版，第527页。

现以后，虚拟资本发展到了一个更高的阶段，基本上脱离了实际资本的约束。

虚拟资本具有两个特征：

一是投机性。虚拟资本的积累远远大于现实资本的积累。像作为流通手段的一元纸币能够多次同媒介一元商品交换，从而可以实现多元的商品价格一样，一元虚拟资本也可以多次执行借贷资本的职能，从而成为多元的虚拟资本。虚拟资本作为商品进行买卖时，其价格的决定带有极大的投机性，“营业和投机在很多情况下紧密地结合在一起，很难说营业在哪一点终止，投机从哪一点开始”[①]。与这种投机性相联系，虚拟资本的价格可以有惊人的上升[②]。马克思把这种价格的上升称为经济的“肥皂泡”[③]。这种“肥皂泡”使价格波幅很大，增加了金融市场价格的不确定性和盲目性。笔者认为，这种“肥皂泡”就是蕴藏在金融市场的风险。

二是价格的回归性。马克思把虚拟资本价格涨落称为一个复归原点的运动，即“一旦风暴过去，这种证券就会回升到它们以前的水平，除非它们代表的是一个破产的或欺诈性质的企业”[④]。“回归性”告诫我们，虚拟资本的运动必须以现实资本为基础，如果不对金融风险加以控制，任由其过度积累，这个“肥皂泡”积累到一定程度就会破灭。“肥皂泡”的破灭虽然不会减少现实资本的价值，但会对现实经济造成打击。虚拟资本的固有特性诱发的风险属于一般性风险。[⑤]

---

① 马克思、恩格斯：《资本论》第三卷，人民出版社 1975 年版，第 457 页。

② 例如，资产总值和结构基本相当的两个企业，可能有完全不同的市价总值。

③ “只要这种贬值不表示生产以及铁路和运河运输的实际停滞，不表示已开始经营的企业的停闭，不表示资本在毫无价值的企业上的白白浪费，一个国家就决不会因为名义货币资本这种肥皂泡的破裂而减少分文。”马克思、恩格斯：《资本论》第三卷，人民出版社 1975 年版，第 531 页。

④ 马克思、恩格斯：《资本论》第三卷，人民出版社 1975 年版，第 531 页。

⑤ 我的分析只是说明虚拟资本的“泡沫性”是生成金融市场风险的重要原因，并没有完全否定“经济泡沫”的意思，因为适度的泡沫成分可以增强虚拟经济的活跃程度，但要把这种泡沫保持在能力控制范围之内。

三、信息不对称与一般性风险

在金融市场上，资金需求者、投资者、中介机构和政府部门等每时每刻都在与信息打交道。但是他们之间的信息分布是不均衡的，由此产生信息不对称问题，比如上市公司与投资者之间的信息不对称、代理人和被代理人之间的信息不对称、机构投资者与中小投资者之间的信息不对称、监管者和被监管者之间的信息不对称等。信息不对称及信息不对称所引发的道德风险和逆向选择问题，增加了金融交易的成本，使市场中的内幕交易和操纵等行为成为可能，给金融市场带来了不容忽视的负面影响，使金融市场蕴藏着巨大的风险。信息不对称是金融市场的固有特点，并且比一般市场更为严重。信息不对称所引发的金融风险，是一般性风险的重要组成部分。正因如此，完全依靠市场自身的能力，无法保证金融市场的有效运行，政府部门有必要发挥自己的行政权威，采取措施，规范市场规则，完善市场信息环境，提高信息披露的真实性和市场透明度，以减轻信息不对称和系统性金融风险，保障金融市场的健康发展。

四、参与者的有限理性与一般性风险

金融市场的参与者[①]不是机械的物，而是能够独立思考的人，他们构成了一个群体，供求双方的竞争行为是由其意志、心理和行为状态决定的。金融市场的参与者是有限理性的[②]，面对激烈竞争的市场环境和不确定性极强的市场走势，面对信息的不对称、不及时、不全面，其决策的失误在所难免，在金融市场中，大量实证研究证明，投资者之间是相互

① 经济学将市场参与者的风险偏好分为三类：风险回避者、风险爱好者和风险中性者。在研究风险的理论中，一般隐含着这样的假定：多数市场参与者愿意或爱好风险转移，至少他们不会反对风险转移。如果没有特别的说明，市场参与者一般被假定为风险厌恶者。在金融市场上，风险厌恶者一般通过资产组合等方式分散风险。

② 即便微观个体是理性的，他们决策行为的集合都有可能导致非理性。

学习和相互模仿的。贪婪和恐惧是人性的弱点，对金钱的渴望和对利益的高度关注，再加上信息的不完全，人类在做出投资决策时（尤其是在即时行为情况下）容易寻找参照物或心理依靠，形成了所谓的从众心理。也正因为这种从众心理的存在，再加上公众投资的盲目性，使金融市场上的人为操纵成为可能。这种由于参与者的有限理性所导致的金融风险，是由人的秉性决定的，无法消除，笔者将其视为一般性风险。

五、金融体系的不稳定性导致的一般性风险

市场经济背景下的金融体系具有内在的不稳定性[①]。历代经济学家对此有着深刻的论述。马克思指出，金融体系得以存在和运行的前提是：信用仅仅是作为对商品内在精神的货币价值的信仰，决不可能脱离实物经济，但金融资本家的趋利心、虚拟资本运动的相对独立性却为信用崩溃提供了条件。凡勃伦《商业周期理论》和《所有者缺位》中提出了金融体系的内在不稳定性理论。凡勃伦认为：证券交易的周期性崩溃在于市场对企业的估价依赖于并逐渐越来越脱离于企业的盈利能力；资本主义的经济发展最终导致社会资本所有者的缺位，结果其本身存在周期性动荡因素，这些因素主要集中在银行体系中。

明斯基认为，私人信用创造机构，特别是商业银行和其他贷款人的内在特性将使它们经历周期性的危机和破产浪潮，金融中介的困境被传递到经济的各个组成部分，产生金融市场和宏观经济的动荡和危机[②]。明斯基的分析基于市场经济繁荣与萧条的长波理论之上，他指出，正是经济繁荣时期埋下了金融动荡的种子。在资本主义经济 50 年上升时期的头

---

① 金融不稳定性（Financial Instability）是指私人信贷创造机构，特别是商业银行和相关的放贷者存在着固有的经历周期性危机和破产的倾向。这些金融中介机构经营状况的崩溃随后会传播到经济的各个方面。援引《新帕尔格雷夫货币金融大辞典》第一卷，经济科学出版社 2000 年 7 月第一版第 76 页。

② 石俊志：《金融风险生成机制与防范》，中国金融出版社 2001 版第 62~65 页。

20~30 年，贷款人的贷款条件比较宽松，而借款人则积极利用宽松的信贷资金环境。明斯基将借款企业分为三类：补偿性企业、投机性企业和庞氏企业。随着经济的进一步繁荣，在借款人中风险较高的后两类的比例越来越大，而较为安全的第一类借款人的比例越来越小。生产商、个人和家庭的债务相对于其收入的比例都越来越高，股票和不动产的价格持续上涨，似乎没有上限。然而在这种长波上升段之后必然迎来滑坡。任何打断信贷资金流入生产部门的事件都将引起违约和破产的浪潮，而这又进一步反馈影响金融体系。金融体系的动荡就不可避免了。

金融不稳定性是金融体系的固有特性，这种由于金融不稳定性而产生的金融风险是金融市场自身无法克服的，也属于一般性风险。

一般性风险是金融市场的必然产物，完全任由金融市场自由发展，其风险会不断积累，导致“市场失灵”。一般性风险虽然有其存在的合理性，但我们不能泰然处之，任由其发展。从纠正市场失灵的角度看，需要引入政府的力量，弥补金融市场的缺陷，比如打击欺诈行为、保护金融消费者权益、保证金融交易的合法性、保证整个金融市场的透明度等，以维持金融市场的“公正、公平和公开”，使整个金融市场在低风险状态下稳定、有效地运转。当然，引入政府的力量是为了矫正市场失灵，让市场机制能够有效地发挥其在资源配置中的基础性作用，而不是取代市场，否则过度的干预反而会加重系统性金融风险。

第三节　制度性风险研究

人们在分析制度性风险时，一般将制度设置缺陷所产生的风险称为制度性风险。这方面的研究比较多，本书不再深入分析，比较有代表性的观点是张宗新等人认为，“市场信用越是发展，国家信用对证券市场不适应性反应就越激烈，初始期强制性变迁的制度缺陷得以放大，制度风险从而产生并强化。”[①]作者认为，制度性风险应该是一个比较宽泛的概念，因为从发展的观点看，任何金融市场都需要随经济和金融实践的不断发展而完善其制度，在这一意义上，制度性风险在所有的金融市场上，都应该是司空见惯的事情，所以它所涵盖的内容不仅仅是制度设置缺陷所产生的风险，至少还应该包括制度创新风险、路径依赖风险和衍生工具创新风险等。

一、制度创新风险

从某种意义上讲，信用是现代商业文明的基础。信任以一种秩序为基础。而要维护这种秩序，就要依靠各种禁止不可预见行为和机会主义行为的规则。我们称这些规则为“制度”[②]。制度是人类在生产和交易中创造出来的、用以规范人们相互交流和交易的行为规范。制度规定提供了人类相互影响的框架[③]，使得在这个框架下的博弈均衡解是存在的，可执行的，并且能符合或接近于社会各主体的均衡目标。这里分析的制度包括金融制度。

在市场经济条件下必然有分工，有分工就有交易，有交易才有市场。恰当的市场制度规定不同的权利义务关系，最终影响交易双方的成本和收益，从而惩罚不当的交易行为，筛选出优质的交易对象，减少交易费用和交易风险，降低交易搜寻成本，推动市场高效运行，即通过制度净化市场，最终使所有的市场参与者均能享受福利。在没有制度或缺乏制度的市场中，交易主体行为缺乏预知，交易过程中的不确定性和高昂的交易费用，将会大大限制人们的交易活动，限制整个经济社会的分工和交换，使

① 张宗新：“证券市场制度风险的生成机制”，《经济研究参考》2002 年第 8 期。
② 【德】柯武刚、史满飞：《制度经济学》，商务印书馆 2001 年 11 月第一版第 3 页。
③ 道格拉斯·诺斯：《经济史中的结构与变迁》，上海三联书店 1991 年版第 225 页。

市场无从做大，人类社会将处于一种十分封闭的状态。在缺乏制度的市场中，经济能力强的主体或者开创内部市场，或者利用实力通过经济暴力和欺诈盘剥弱者，其结果只能使社会分工的结构和功能被破坏。而金融市场参与者众多，是投机性强、敏感度高的高风险市场，又具有突发性强、影响面广、传递速度快的特点，加强制度建设就显得尤其重要。

当然，制度不是一成不变的。经济社会发展变化了，制度也应该发生相应的变化，否则它将成为阻碍社会发展桎梏，也就存在着制度创新（Institution Innovation）[①] 问题。在经济社会的发展过程中，制度创新是一个永恒的话题。新制度经济学派认为，制度创新的需求动力源自市场参与者对现存制度下受抑制的潜在利益的追求。因而，一旦改变现有的制度安排，制度创新带来的预期净收益为正，他们就会提出制度创新要求并采取相应的行动。制度创新的需求动力机制与其改变人们理性预期的功能密切相关。制度创新可以提高市场交易效率和资源配置效率，给人们带来一系列预期收益，如增加投资收益、分担市场风险、实现规模经济、降低交易成本等。出于追求收益最大化的经济人动机，只要制度创新的边际收益超过边际成本，制度创新就会成为利益相关者的强烈需求。制度创新的需求为制度创新提供了必要性，但如果没有供给方面的保障，制度的变革与创新并不必然发生。制度创新的供给因素主要是指制度创新的承担者在既定制度环境下创新制度的意愿和能力。在制度创新过程中，供给方面起着更直接和主导性的作用。

无论何种形式的创新（包括金融创新），只要成功，都会带来或大或小的经济效益，促进社会的发展和进步。但世上没有免费的午餐，收益历来都是与风险对称的。任何一种制度创新，都有成功与失败的可能。只要进行制度创新，就会承担失败的风险。再退一步，即便是一种成功

① 创新（Innovation）是美籍奥地利经济学家 J·熊彼特在 1912 的《经济发展理论》中提出的一个概念，它是指企业家对生产要素实行新的组合。现在对创新概念的应用不仅仅局限于微观的企业组织，它已被广泛应用到社会生活的各个方面，宏观社会制度的变革也是一种创新。

的制度创新，在其制度的变迁过程中，也存在报酬递增和自我强化机制。当创新一旦选定并走上某一路径，它就会在以后的发展中不断自我加强，并自觉不自觉地排斥其他的创新路径。而无论何种创新模式，如果长期得不到更新和发展，也会丧失活力，走向僵化，最后甚至导致失败。金融制度在这方面表现得更明显。

二、路径依赖风险

“人们过去做出的选择决定了他们现在可能的选择。”[①]路径依赖（Path Dependency）就是描述过去对将来产生强大影响的术语，它类似于物理学中的“惯性”，一旦进入某一路径（无论是“好”还是“坏”）就可能对这种路径产生依赖。诺思认为：历史确实是起作用的。我们今天的各种决定、各种选择实际上受到历史因素的影响。他认为路径依赖受报酬递增、不完全市场、交易费用和利益因素四个因素的共同制约[②]。

路径依赖对制度变迁具有极强的约束作用。在变迁的起点和终点之间可供选择的路径很多，选择不同的路径，就存在一个路径依赖问题。沿着既定的路径走下去，经济和政治制度的变化可能进入良性循环的轨道，迅速优化；也可能顺着原来的错误路径往下滑，甚至被“锁定”在某种无效率的状态而导致停滞。一旦陷入了“锁定”状态，要脱身而出就会变得十分困难。要改变这种状态，往往需要借助于外部效应，引入外生变量或者依靠政权的变化，才能实现对原有方向的扭转。这是路径依赖的最大风险。

一是良性循化的轨迹。指一旦一种独特的发展轨迹建立以后，报酬不断增加，制度变迁不仅得到了支持与巩固，而且在此基础上，各种因素如外在性、组织学习过程、主观模仿等相互依存，相互促进，将允许组

① 卢现祥：《西方新制度经济学》，中国发展出版社 1996 年版第 83 页。

② 彭德琳：《新制度经济学》，湖北人民出版社 2002 年 10 月第一版第 186 页。

织在环境的不确定性条件下选择最大化的目标，允许组织进行各种实验，允许组织建立有效的反馈机制，去识别和消除相对无效的选择，保护组织的产权，从而形成长期经济增长。这条轨迹的主要特点是：增加了资本流动性；减少了信息成本；分散了风险；有一个稳定的政府并致力于规范的市场秩序和法律制度的建设。

二是“锁定”在无效率状态下的轨迹。一种起始阶段带来报酬递增的制度，在市场不完全、组织无效的情况下，阻碍了生产活动的发展，并产生一些与现有制度共存共荣的组织和利益集团，那么这些组织和利益集团就不会进一步进行投资，而只会加强现有制度，由此产生维持现有制度的政治组织，从而使这种无效的制度变迁的轨迹持续下去。这种制度只能鼓励进行简单的财富再分配，不鼓励增加和扩散有关生产活动的特殊知识，因而给整个社会生产活动带来较少的报酬。沿着这种路径轨迹走下去，其结果往往会像泥牛入海一样，在痛苦的深渊里越陷越深[①]。如果是“锁定”在这种状态，想退出都很难。比如，一些新兴国家为抑制通胀选择了钉住汇率制，在取得一定成效后就应及时退出，因为钉住汇率制的内在缺陷容易招致国际炒家无风险套利和攻击。而一些国家却将钉住汇率制固化并自我强化，甚至培养了相关的利益集团，不断加深路径依赖风险，最后招致严重的金融危机。在金融市场的发展过程中，应尽力避免陷入这种“锁定”的陷阱。

三、衍生工具创新风险

20 世纪 70 年代以来，随着布雷顿森林体系的崩溃，金融衍生工具（简称衍生工具）得到了迅猛发展，掀起了金融业的一场革命。比如金融期货、期权等，股票和债券的期货合同不仅是虚拟资本的虚拟资本，而且是“无中生有”的虚拟资本。这类投资被称为“杠杆投资”。在指数期货、期权、

① 彭德琳：《新制度经济学》，湖北人民出版社 2002 年 10 月第一版第 190 页。

掉期的交易中，交易双方甚至抛弃了金融期货那种纯粹的“幻想的交易”的外壳，就股价指数的涨落和违约的概率等进行打赌。交易的东西本身是什么已经不重要，甚至有无东西都无关紧要。这些新的衍生金融工具的一个重要特点就是利用杠杆作用，使投资者能以少量的资金做比以前多几十倍、甚至更多倍的投机交易，以期用期货性质的交易来对冲现货交易的风险。但设计者们始料未及的是，这些新的避险工具本身包含着比现货交易市场更大的风险，如果管理不善会造成更大的风险。一旦决策失误，就能导致严重亏损，甚至破产。至于CDO、CDS等更复杂，使金融风险不仅从货币市场转移到资本市场,还转移到保险市场,加深了保险业的金融化，使整个金融业连为一体，也使非系统性风险容易演变为系统性风险。

衍生工具的设计初衷是创造回避风险的工具，将传统的金融风险进行分解，使价格风险转移，使投资者能专心致志地致力于自己熟悉的领域，而将自己不熟悉的或不愿意承担的风险通过一定的价格转让给市场中的“风险专家”①。对投资者而言，衍生工具可以被投资者用作“套期保值”，回避风险，也可以被当作赢得巨额利润的手段，因为期货和期权买卖只需交少量保证金，便可做几倍、几十倍于保证金的和约交易，投机者以小博大，如果赌对了利润率会很高。当然衍生产品的风险也很大，一旦失手即使是一些经济实力很强的公司和金融机构，也往往会出现巨额亏损。衍生工具产品之所以会有如此大的风险，是由衍生工具的特点决定的。

一是衍生工具交易中的信息不对称问题极其严重。在衍生工具交易的公司内部，经理层、交易员和所有者之间存在着信息不对称问题；衍生产品交易者之间存在着信息不对称问题；经纪机构与衍生产品交易员之间存在着信息不对称问题；交易员、经纪机构与监管者之间存在着信息不对称问题；等等。这些信息不对称问题及其引发的逆向选择和道德风险，使金融消费者处于明显的弱势地位，并人为地放大了金融风险。

二是衍生工具交易是一种“零和游戏”。它只是在微观上分散了风险，

① 通常证券商就充当了这类“风险专家”。

而在宏观上却是将风险从风险回避者转移给风险中性者或风险喜好者，以新的方式重新组合，然而整个金融风险并没有因此减少，还加大了金融监管的难度。

三是衍生工具属于表外业务。其交易并不显示在机构的资产负债表上，而且有相当部分是通过在极短的时间内完成头寸的改变和对冲来实现的，它不影响资产负债表状况，还能带来手续费等收入。定期检查金融机构的头寸并不能了解它们真正承担的风险，杠杆系数也并不直接显示在其会计报表中。在传统的金融交易中，金融机构就已经学会了用合法的手段避税和逃避管制，有了衍生产品之后，金融机构要想弄虚作假就更加容易了[①]。衍生产品多运用金融工程以及多种组合技术进行设计和操作，许多产品出自精通高深数学知识和电脑技术的“火箭科学家”之手，其构造和操作手法相当复杂，一般财务人员以及金融业内人士都难通其理，这使监管变得更为困难。

四是衍生工具所采用的杠杆式交易使金融风险成倍增加。绝大多数衍生工具的交易采用保证金制度，即投资者只要动用少量的保证金就能参与金额大得多的交易，这种巨大的杠杆效应使衍生工具具有了“核金融”的特征。正是因为这种放大效应，使投资者既可以获得超常的利润，也承担了巨大的风险，稍有操作不慎，就会招致严重的损失。一些大型证券商正是因为在衍生品交易上的巨额损失，落得破产或被收购的境地。也正是由于衍生工具的这种杠杆效应，使单个衍生产品的风险放大，严重时甚至导致“多米诺骨牌效应”，使个体风险迅速波及到其他衍生产品乃至整个衍生品市场，进而对整个金融体系造成强大的冲击和威胁，使个别风险演变为局部风险甚至是系统性金融风险。

因为运用衍生工具不当而导致金融机构破产的事件，可以说是比比皆是。比如，1995 年 2 月，在新加坡期货交易所，英国巴林银行因经营日经 225 股指期货，亏损 6 亿英镑，远超该行资本总额（3.5 亿英镑），导

① 在层出不穷的衍生产品中，有很多就是为了规避现有金融管制的。

致具有230年历史的巴林银行破产，由英资易手为荷兰投资；同年8月，日本大和银行纽约分行井口俊英从事美国公债交易，损失11亿美元，相当于银行总资产的1/7，虽然大和银行并未因此垮掉，但纽约分行被美国金融当局扫地出门，大和银行信用等级被降级，信誉遭到重大损伤；1996年日本住友商事公司职员滨中泰男在伦敦金属交易所，擅自进行大笔期铜交易，使公司亏损26亿美元；1998年8月美国长期资本管理公司（LTCM）因使用对冲交易策略和衍生工具失误，而造成严重亏损；在美国次贷危机中，导火索就是次级抵押贷款的众多复杂的衍生品。

衍生工具创新既是天使又是魔鬼，它们弥补了传统金融市场保险服务和投资基金、证券投资组合的不足，成为规避金融自由化过程中金融价格波动风险的主要工具，促进了金融风险管理手段的创新与金融业的发展。但是，随着越来越多的商业银行和金融机构的参与，这些创新把各种衍生产品的风险重新包装在更加复杂的组合中，使衍生产品又衍生出新的产品，使风险分散到各种衍生产品中，增加了识别、度量金融风险的难度，反而加剧了制度性风险。

防范制度性风险的重点是降低制度缺陷风险、路径依赖风险和衍生工具创新风险。新兴和发展中市场在引入和创新衍生工具方面，需谨慎并量力而行，要切实考量衍生工具服务自身实体经济的作用，考量引入衍生工具的必要性和可行性。

第四节　外部传导风险研究

外部传导风险主要是指其他经济系统传导转嫁给金融市场的风险。在现代经济社会中，外部传导风险对金融市场的影响越来越大。现代社会处于信息时代，信息革命和现代科学技术手段的应用，使金融活动的效率迅速提高，经营成本明显下降。无纸化交易取代了有纸化交易，计算机逐渐取代了出市代表，无形市场逐步取代了有形市场，去中心化对抗中心化，金融交易和清算迅速提高。今天，信息技术、人工智能等与金融业的紧密结合，已将金融业和社会各界连成了一个大的网络。它的启用不仅给经济人补充了大量信息，加强了情报的相互传递，而且使得交易速度大大加快。现代金融市场的许多交易都能在转瞬之间完成。如此高的市场效率能够大大加快资源组合的过程，同时也可能在错误信息的引导下造成金融动荡。过去不同市场和同一市场的风险，其影响基本局限在本市场范围内，容易控制和处理。而且由于时间的概念不同，对风险的反应速度相对较慢，处理风险的时间相对宽裕。而今天一个市场发生风险，会马上波及网络所有的方面，速度以秒计算。例如，美国发生股灾，通常会马上波及欧、日等主要股市。无论哪一个环节出问题，都可能影响整个系统的运行，都可能加剧并传导金融风险，可谓“牵一发而动全身”。

金融市场价格受多种外生因素的影响而经常波动。任何经济和政治因素，如经济增长速度、经济周期、通货膨胀率、国际收支状况的变化、公司经营状况的好坏以及政治局势的变化等等，都会对金融市场的各种价格产生影响，比如利率、汇率、股指、期指、债券收益率等，极其敏感。

特别是近年来，随着各国金融管制的放松，金融自由化政策的推行，国际资本的流动速度也越来越快，资金量越来越大。国际游资相当一部分是以投机为主，它们在不同市场间频繁流动，使外汇市场和证券市场处于相当脆弱的地位，股价和汇价容易大幅度波动，系统性金融风险大幅提升。

为了研究问题的方便，我是从国内和国际两个层面来研究外部传导风险的。

一、国内传导风险

就国内封闭的经济体系而言，金融市场与其他经济系统保持着密切的联系并相互影响着。亚洲金融危机之后，对于金融风险传导机制的分析很多，但就国内封闭的经济系统而言，大多学者把注意力集中在金融系统的风险如何向其他经济系统的传导，姚国庆（2003）综合各家之言，将一国内金融风险的传导机制总结为凯恩斯效应、威克塞尔效应、财富效应、费雪效应和综合效应，概括得比较全面。在各种文献中，鲜有研究其他经济系统的风险如何向金融系统传导。研究其他经济系统风险对金融体系的传导和研究金融体系风险向其他系统的传导一样，要涉及经济社会生活的方方面面，是一个国际性的学术难题，世界银行和 IMF 自 20 世纪 80 年代以来进行了大量的研究，但具体的数字分析到现在也还做不到。

大体说来，各个经济子系统对金融风险的影响是不同的，与金融市场联系最为密切、对金融风险影响最大的是实体经济、混业经营和财政系统，本书仅从这三个方面做些分析，虽然难免挂一漏万，但也能拓宽分析外部传导风险的视角。

1. 实体经济

影响金融风险的外生因素很多，既有政治的，也有经济的，但实体经济和投资活动始终是主要因素之一，或者说是最基本的因素。实体经济的波动，引起了金融价格的波动，加剧了金融风险。马克思在《资本论》中，在深刻、系统揭露生产过程的经济危机成因的基础上，阐明了金融风险及危机产生的根源。马克思做过这样的分析：“所以乍看起来，好像整个危机（包括生产过剩的经济危机和货币危机等）只表现为信用危机和货币危机。而且，事实上问题只是在于汇票能否兑换为货币。但是这种汇票多数是代表现实买卖的，而这种现实买卖的扩大远远超过社会需要的限度这一事实，归根到底是整个危机的基础。”[①] 马克思的论述告诉我们：金融风险和危机仍然是受社会生产力和生产关系矛盾发展决定的经济变量。时至今日，这一论述仍很深刻，需要继承。

当产业繁荣普遍化并步入鼎盛时期，价格和利润处于最高水平。股票市价由于产业投资收益提高而提高，从而促进了公众的投机狂热，企业增加有价证券供给。银行鼓励这种投机活动，投资需求增加，导致利息率迅速上升。利息的上升减少了企业利润，来自产业方面的信息不再是无条件有利的，企业盈利下降，资本周转速度下降，还贷困难，银行能够提供投机支配的资金大幅减少。失去信用支持的投机逐渐接近饱和状态，不能承受按现有高市价增发的有价证券，这就意味着投机需求减少，股价下跌。股价上涨通常是缓慢的，而下跌则快速得多，甚至像雪崩一样。股价的剧烈波动，增加了金融风险，当这种风险积累到一定程度，就会诱发金融危机。

一个稳定的宏观经济环境是金融市场得以正常运行的基础。世界金融市场的发展历史告诉我们，没有稳定的宏观经济环境就不可能有稳定的金融市场。在历次的经济危机中，金融市场都毫无例外地发生了剧烈震荡，其中以 1929 年爆发的全球性经济危机为最。在 1929 年到 1933 年的大危机中，按月份资料计算，从危机的最高点（1929 年 5 月）到危机的最低点（1932 年 7 月），美国的工业生产下降了 56%，退回到 1905 年水平。危机期间美国有 13 万家企业倒闭，失业人数在 1933 年达到 1283 万人，占美国劳动力总数的 1/4。同期，美国的股票市场发生大崩盘。从 1929 年 10 月到 1933 年 1 月，道 · 琼斯 30 种工业股票的价格从平均每股 365 美元下降到 63 美元；20 种公用事业股票从平均每股 142 美元下降到 28 美元；20 种铁路股票从平均每股 180 美元下降到 28 美元；到 1933 年 7 月，美国股票市场的股票价值只相当于 1929 年 1/6[②]。实体经济是周期性波动

---

① 马克思、恩格斯：《资本论》第三卷，人民出版社 1975 年版，第 555 页。

② 刘克田等主编：《金融风险管理实用全书》，辽宁大学出版社 1998 年版，第 1203 页。

的，它影响着金融市场的运行，这种由于国内实体经济波动给金融市场带来的风险，是金融市场自身无法回避的、典型的系统性金融风险。

2. 混业经营

在当今的金融体系中，混业经营已成为大势所趋，各种金融机构之间的业务联系越来越密切。金融体系作为经济社会中资金供给者和需求者的中介，不仅与其他经济系统保持着密切的联系，其内部各种金融机构之间也存在着密切、复杂的财务联系，金融机构破产与普通企业破产的影响是截然不同的。普通企业破产的影响会通过乘数效应扩展，但每一轮扩散的次级效应（second-order effect）是递减的。而金融体系内的各个金融机构之间是以信用链互相依存的，如果一家金融机构发生困难或者破产，就会影响到它的存款人完成商业义务的能力；影响到与破产机构有业务联系的其他金融机构；甚至影响到它的借款人，使借款人不得不提前偿还贷款，或者得不到原本预料中的追加贷款；等等。这种负面影响具有传染性，有可能随着一轮轮的扩散而增加，快速放大，每一轮扩散的次级效应是递增的，并在各个金融市场上传播，使各个市场连为一体，少数金融机构破产有可能使单个或局部的风险演变成整个金融系统的危机。金融体系太庞杂，各个子市场关联性强，从各国实践看，适度的分业经营其实有利于阻碍金融风险的传导。

3. 财政风险

财政风险与金融风险具有很强的相关性，相互叠加，互为因果。在市场经济中，财政负责政府资金的筹集与运用，银行则负责信贷资金的存入与投放。两者在经济活动中有着千丝万缕的联系，是市场经济体制中政府实施宏观经济调控的两大手段，两者互相影响、彼此推进从而造成财政风险与金融风险的互相传导、彼此加剧。一方面，财政风险会向金融风险转化。比如经济形势恶化时，政府入不敷出，会通过发债来维持其运转，但过度发债容易导致政府支出扩张，加大赤字规模。赤字导致债务逐年累积，而越滚越多的债务利息支付又进一步加大了赤字缺口，在“债务——赤字陷阱”中，政府债务规模逐渐膨胀。政府负债过多，信誉下降，发债更困难。政府陷入债务危机，还债和应付支出的双重压力迫使政府不得不对债务实施货币化，通货膨胀在所难免，这会加大系统性金融风险。另一方面，金融风险也会向财政风险转化。不管政府有没有能力做或者想不想做，一旦爆发金融危机，部分救助包袱总要落在财政身上，并可能引发债务危机，而债务危机本身就是金融危机的重要组成部分。

二、国际传导风险

当前，金融危机越来越国际化，表现为金融危机可能在多国同时发生，也会以某种方式从危机中心国向其他国家蔓延。金融风险和金融危机可以通过一系列传导渠道在各个经济体之间传递。

1. 金融市场的开放必然伴随着国际传导风险

现代资产组合理论告诉我们，如果投资者可以选择的各种资产之间的相关性下降，投资者就可以利用这种条件，构造出在既定收益水平上风险更小或在既定风险水平上收益率更高的资产组合[①]。金融市场开放使投资者可以超出本国国界，在更加广泛的范围内选择投资对象，能在降低各种金融资产相关性的基础上，进一步降低资产组合的风险，从而改善投资者资产组合的有效边界。对于发展中国家来说，金融市场的开放可以使外资大量涌入，有助于缓解本国的资本缺乏问题，从而促进经济增长。发展中国家要想分享经济和金融全球化的利益，就必须开放国内金融市

① 曹凤岐、刘力、姚长辉编著：《证券投资学》，北京大学出版社 2000 年 8 月第二版，第 94 页。

场。自20世纪80年代末期，许多发展中国家陆续解除了对资本流入和流出的限制，或多或少。

在金融市场开放的过程中，伴随着国际传导风险。因为金融市场的开放，国际资本就能够很方便地在国内金融市场上流动，使金融风险的传导、扩散也变得日益国际化。国际金融风险的传导是随着国际金融市场的一体化而发生的，国际投资者的投资已经大大超过了国界的限制，他们在全球市场上寻求投资机会，利用微小的市场机会进行套利，这使各国金融市场的价格形成了相互联系、相互依赖的态势，国内的利率、汇率、股价、债券价格等等都显著地受国际市场的影响，一国的金融风险很容易传导到其他国家。值得注意的是，在国际金融市场日益一体化的今天，金融风险更多的是依靠心理的因素进行传导，如果一个国家出现了危机，那么国际投资者往往会产生其他国家也要发生危机的预期，于是大量抛售金融资产，形成了实际的危机。心理的影响使国际金融市场风险的传导速度大大加快了。1929年大萧条时，各国股票市场几乎同时崩溃。1987年“黑色星期一”时，大部分工业国家的股票市场也同时崩溃。1997年爆发亚洲金融危机时，中国还没有开放资本市场，但由于我国与东南亚国家地缘相近，在经济发展阶段和发展模式方面具有一定的相似性，所以也受到冲击。比如，我国B股市场的投资者与国际股市特别是香港股市的投资者来自同一群体，由于东南亚及日、韩的金融动荡，境外投资者持有B股的信心及对后市预期已没有前期那么乐观，加上B股市场在信息披露和交易制度等方面尚不完善，抗风险能力较弱，资本市场一有风吹草动，B股首先成为减仓和抛售的对象。还需要注意的一个问题是，金融风险在不同市场件的传导是不对称的。日本在20世纪90年代发生资产泡沫危机，美国并未受到冲击，但当美国在2001年爆发互联网泡沫危机时，东京、伦敦和法兰克福等地的股价出现了同步下跌。

金融市场的开放并不必然伴随着金融危机，但推行金融自由化的东亚、拉美等国家和地区接连不断爆发金融危机，至少说明这样一个问题：

在新兴市场特殊的金融环境下，金融市场的开放与金融危机的产生存在着内在的因果关系[①]。国际传导风险是金融市场开放的必然产物，只想利用金融市场开放的好处而不承受国际传导风险是不可能的。

尤其值得我们注意的是，大量的国际游资在全球范围内寻求盈利机会，更加剧了金融风险的国际传导。国际游资主要投资于流动性高的短期市场，这些资金相当敏感，既受所在国经济政治局势的影响，也受流出国各种因素的影响，一有风吹草动就会撤离，加剧市场的波动，对汇率的冲击很显著。更应注意的是，在这些国际游资中，有一种被称为“宏观型”的对冲基金，这种基金基于对宏观和金融环境的分析，有意识地以一国的股市、利率、汇率等作为攻击目标。宏观型对冲基金的攻击是综合性的，通过对股市、汇市的同时冲击，使受冲击的金融管理当局顾此失彼，对局势失去控制。例如，东南亚金融危机发生以后，国际投资者利用周边国家货币竞相贬值对港币造成巨大压力的时机，对香港的联系汇率制发起了三次冲击。它们的策略是，在汇市大笔打压港元汇率的同时，在股市上开出恒指期货的空仓，他们预料，香港金管局为维护港币汇率，必然要提高利率，这样既能动摇联系汇率，也会造成股市的下跌，他们就可以从恒指期货空仓中获利。再比如，1992 年，在索罗斯旗下对冲基金的冲击下，欧洲主要货币之一的英镑被迫贬值，使欧洲货币体系陷入危机，一些参与国被迫退出该体系。大量国际游资的存在以及它们的主动攻击，助长了国际金融风险的传导，加剧了国际金融市场的系统性风险。

当一国的宏观经济出现较大问题的时候，如金融泡沫严重、产业结构失衡、汇率高估、产业竞争力减退等，来自国际资本市场的冲击往往会

① 学术界对发展中国家开放金融市场的问题展开了激烈的争论。一种意见是发展中国家不具备资本市场开放的条件，应加强金融管制以防范危机的发生（Joseph Stiglitz，Paul Krugman，1998）；另一种意见（Merton Miller，Stanley Fischer，Michael Mussa，1998）则认为，亚洲金融危机爆发的主要原因是这些国家地区资本市场开放得还不够，因为它们大部分实施盯住的汇率政策，汇率相对固定，这就为国际炒家提供了攻击的机会。

迫使该国降低汇率，使国际资本大量外逃，金融资产价格大跌，从而使整个国民经济陷入剧烈动荡之中。这种情况很容易在外债负担比较重的新兴和发展中国家发生。

S. Patel 和 A. Sarkar 的研究表明，国际证券市场的几次大幅波动，特别是发达国家的几次股灾，基本都是由于外部冲击或传导引起的，事实上国际金融风险的冲击和传导已经成为证券市场风险最重要的引发因素之一①。发达国家市场经历的 1973~1974 年的股市大危机，就是由石油输出国组织提高原油价格引起的，提价导致了全球性的经济衰退，也造成了全球股市的萧条；1980~1981 年股市危机，波及了大多数发达国家，危机的起因是金价的上扬和欧佩克将油价提高了一倍；1987 年股市危机首先由美国引起，纽约证券交易所 NYSE 指数在 10 月的 5 个交易日里下跌了 1/3，危机随后席卷了除日本以外的所有发达国家②。20 世纪 90 年的墨西哥金融危机和亚洲金融危机都是发生在新兴市场中的危机，它们也说明了现代金融危机的国际传导过程，在这些危机中，危机的传导并不仅仅局限在新兴市场，发达国家也受到了较大的影响。在国际传导风险面前，大家都是难兄难弟，需要合作应对。

2. 金融风险国际传导模式和途径

近年来，随着经济全球化的迅猛发展，金融风险的国际传导机制日趋复杂，从贸易和金融联系渠道已经不能对其做出合理、满意的解释。Kindleberger（1996）认为金融泡沫膨胀及其破灭的国际传递途径很多，包括货币渠道、资本转移（如证券、直接投资和不动产）、利率、汇率、大宗商品的价格、外贸乘数作用以及心理感染等等。这些因素以不同的形式单独或相互传递着金融膨胀、恐慌与崩溃。Dornbusch（1991）强调，

---

① S. Patel & A. Sarkar: Stock Market Crisis in Developed and Emerging Markets， working paper of the World Bank(1998).

② 周大中著：《现代金融学》，北京大学出版社 2000 年 5 月第二版，第 679 页。

金融风险的国际传递无法根据正统的宏观经济模型来解释，因为国际传导不仅通过需求而且更重要的是通过资本市场和预期来进行，这在宏观模型中都找不到合理的解释。Krugman（1991）也承认，各国之间股市动荡的联系方式并不很清楚。假设投资者突然感觉到日本股市定价过高，他们可能突然决定立即将资金转移到其他地方，如纽约证交所。这样做的结果应该是日本股市下跌的同时美国股市上涨。但事实并非如此，在 1987 年“黑色星期一”和 2007 年的次贷危机中，世界主要工业国家的股市都是同时暴跌的。像这种无法解释的案例比比皆是，催生着对金融危机国际传导的艰难探索。

总结近年来的研究成果，我们可以将国际传导风险概括为以下几种传导模式和途径，供读者参考。虽不甚完善，却能加深读者对国际传导风险的理解。

（1）国际贸易传导模式

理论界对这方面的研究比较充分，一般是指一国因遭受到投机性冲击引致的货币危机，恶化了一国或多国与其贸易关系密切的经济体的经济基础，从而导致这些经济体遭受冲击的可能性增加，或者直接导致金融危机的发生。一方面，金融危机使一国发生货币贬值，其出口产品价格相对于其他国家更有优势；另一方面，货币贬值使国内居民收入相对减少，消费相应减少。这两方面都会直接或间接导致危机扩散至他国。比如次贷危机爆发后，美国信用规模急剧减少，国民收入缩减，消费相应减少，作为美国主要进口国的中国，对美出口急剧下降，贸易顺差下降，经济受到冲击。另外美国经济衰退也严重影响了欧盟、日本的出口。金融危机爆发后，那些危机国总是愿意相信其遭遇是从某个贸易伙伴国那里输入的。前美国总统胡佛就认为，欧洲国家应该对美国的“大萧条”负责。这种说法现在看起来有点荒唐。其实在 1929 年美国就是一个外向型经济体，农产品出口占据 GDP 的很大部分。

（2）产业联动传导模式

产业联动传导途径的基础也是国际贸易。进出口是影响一国 GDP 和失业率的关键因素之一，世界各国的产业政策与产业结构不尽相同，但有一点是相似的，即都在采取措施加强本国产业的国际竞争力，并鼓励出口产业的发展，其结果是各国的出口产业和全球的生产能力都在急剧扩大，出口产业把各国经济紧密地联系在一起，同时，一国出现的金融危机也会沿着产业联动效应的渠道传向其他国家。例如，为了促进东南亚国家经济增长，东盟采取了一系列措施扩大经济合作，提高区域内投资和贸易比重。紧密的贸易经济关系也由于产业联动加速了金融风险和危机的传播。亚洲金融危机爆发后，货币贬值造成泰国、韩国、马来西亚和印尼的经常账户逆差不能被资本顺差弥补，泰国、韩国、印尼甚至出现双逆差，资本大量外流，大批企业出口急剧下降，财务状况恶化导致资金周转困难，加速了金融危机的蔓延。

（3）主要金融市场之间的互动性传导模式

一些经济学家（如 Krugman）在对 1987 年美国“黑色星期一”产生的影响进行研究时发现，在美国股市大跌的同时，其他主要证券市场如伦敦及东京的股市也出现了较大幅度的下跌。在 2007 年的次贷危机中也出现了类似的情况。但是，按照正常的道理，英国和日本当时的经济情况并没有大的变化，也不存在大量资金抽逃的原因，很难通过贸易和货币联系渠道来解释这种互动式传导。但从心理和预期的角度能做出较为恰当的解释：在国际金融市场之间存在着一种非完全显示的信息传递，即投资者很有可能只关注其他证券市场上价格波动的变化，并不真正了解引起这种变化的原因。但正是由于这种价格的变化会导致其对本国金融市场的担忧，而这种担忧通常会显示在其具体的投资行动之中，有时完全与自身经济发展的基本状况毫无关系。实证的结果表明，在世界几大金融中心之间，金融市场波动存在较强的互动性。这种传导很难防范。

（4）金融体系的一体化及金融创新的杠杆作用

金融创新和金融体系的一体化加重了金融风险的传染性，金融创新在金融机构之间创造出远比过去复杂的债权债务链条。同时金融衍生工具由于其自身的交易特性，也使得风险的发生及传导难以控制。从实质意义上看，金融衍生工具可以套期保值或以对冲、套购交易，成为避免或减少风险的一种金融工具。但从消极的方面看，它也可以是一种高风险、高收益的以小本博大利的投机赌博工具，其交易从操作过程和结果看是一种表外业务，若从投机角度看，这种交易一旦发生，在未平仓时，其盈亏很难确定，因而无法事前把握。当损失已经确定时，亏损额早已大幅度增加，若要反败为胜，唯一的方法就是继续加码补仓，以期行情逆转后处于有利地位，但如果行情继续恶化，则这种孤注一掷的办法很难避免全军覆没的结局。LTCM在这方面的教训就很深刻（详见第六章）。尤其是金融一体化的进程加快，使得国际性的投资者能在多个国家的金融市场上拥有资本头寸，并且能很迅速地将资本从一个市场转移到另一个市场，致使其任何一个市场上的风险，都会通过其头寸在不同市场间的重新分布得以传递。而一旦爆发金融危机，往往会同时冲击多个金融市场，使投资组合分散风险的努力成为徒劳。

（5）金融溢出效应

金融溢出效应指一个国家发生投机性冲击导致的货币危机可能造成其市场流动性不足，这就迫使金融中介清算其在其他市场上的资产，通过国际资本流动渠道，导致另一个与其有密切金融关系的市场流动性不足，从而引发另一个国家大规模的资本抽逃行为。金融溢出效应可以表现为直接金融投资型和间接金融投资型，前者指一国危机导致与其有直接金融投资联系的另一个国家的投机冲击压力，后者指两国并无直接金融投资联系，但均与第三国有联系，一国发生金融危机会引起第三国同时从这两个国家撤资。也正是因为这种金融溢出效应，现在各国金融市场的波动大致相同。即便投资者想通过投资组合在不同国家金融市场上分散投资，也很难分散金融风险。

比如在亚洲金融危机爆发前，东南亚国家大量吸引外资，日本为了向外转移产业，对东南亚国家投入大量资本。东南亚各国爆发金融危机后，日本迅速清算在投资国的投资，但仍有庞大的国际投资无力收回，这也给陷入泡沫经济困境的日本带来沉重打击，大批金融机构破产，甚至抑制了日本经济复苏。

（6）国际资本流动传导

国际资本流动传导主要是国际短期资本的流动导致的金融危机从一国向他国扩散。国际短期资本的主要部分是国际游资，又称国际热钱，它们在国际频繁流动，以追逐短期汇率、利率、股票市场与其他金融市场价格波动来获利。国际热钱的流入会吹大资产泡沫，而流出又会使泡沫破灭。比如，20 世纪 80 年代中后期，日本银行为抑制日元升值释放了大量流动性，大量资金流向房地产和股市，20 年代 90 年代初，日本资产泡沫破灭后，资金又流向东南亚等新兴经济体，资产价格上涨。亚洲金融危机爆发后，资金又流向美国，推高了互联网泡沫。

国际游资具有流动性强、投机性强、隐蔽性强、反应灵敏等特点，可以选择对自己最有利的时点主动发起攻击，以实现利益最大化，并且没有底限，这对一国经济和金融具有较大的负面效应。比如在 20 世纪 90 年代初，泰国、马来西亚等亚洲国家以及墨西哥等拉丁美洲国家的房地产和股票泡沫，则是国际资本流入和国内信贷过度扩张的产物。而当亚洲金融危机爆发后，以索罗斯为代表的国际炒家利用金融市场的联动性，攻击泰铢和港币大获全胜，卷走了泰国多年积累的外汇储备，刺穿了资产泡沫，给这些国家的经济造成沉重打击。

（7）国际负债传导模式

国际负债传导的关键是国际外债，又称政府外债，是指一国政府或政府授权的部门、单位在国外举借并负担具有契约性偿还义务的全部外债，一般由政府借款和在国外发行外币债务两部分组成。若一国对其外债使用、管理不善导致外债超过一定比例，就会使其陷入债务危机中，并且该危机会通过国际负债传导扩散至债权国，导致许多经济基础较好的国家出现危机。比如，在二十世纪八九十年代，拉美各国外债率远远超出国际规定的警戒线。墨西哥金融危机爆发后，发达国家为规避风险，纷纷从拉美国家抽逃资金，紧缩银根。拉美国家因资金紧张，无力按期偿还巨额贷款，导致发达国家的金融机构产生大量坏账，流动资金紧张，大量金融机构破产，并重创发达国家股市，债权国和债务国同时受损。

（8）“中心—外围”传导模式

在东南亚金融危机中，东南亚各国的股票市场十分低迷，而美国股市却一路攀升，经济学家主要的解释是资金从发生危机的国家抽逃，致使未发生危机的国家尤其是处于国际金融中心的国家，比如美国，成为国际资本的避风港，致使中心的资本市场走强。这种情形是风险从周边向中心传导的方式。

另一种情形是中心向四周传导的方式。国际金融市场的基础是国与国之间的贸易关系，因此大量经济学家认为国际金融市场间风险传导的根源在于贸易关系的变化，而对于这种风险在市场间的传导，通常的解释是：国与国之间存在无法割裂的经济纽带，某一个国家通过对外贸易将自己与其他国家联系在一起，如果它的经济出现恶化，金融市场出现危机，那些以它为核心存在贸易关系的国家将会受到影响，这种影响将会像瘟疫一样迅速传播，波及其他国家的金融市场，波及程度将视中心的影响力而定。假设 A 国和 B 国同为 C 国出口市场的竞争对手，A 国遭受货币危机将使 B 国的宏观基本面恶化，从而导致其金融市场也发生危机。比如在东南亚金融危机中，货币遭受投机性攻击的那些国家，在国际市场上销售的商品大多类似，相互竞争和替代，因此泰珠贬值将倾向于抑制马来西亚的出口，并使马来西亚的宏观基本面恶化，从而加剧金融危机的蔓延。通俗地讲，大家是一根绳上的蚂蚱，一损俱损。

（9）板块联动效应模式

拥有相同文化背景的国家间具有“板块联动效应”，这些国家因为具有某些共同的文明和文化背景、相似的发展史而被金融投机者视为具有相同特点或“气质”。投机者认为，正是这种类似的特点，导致这些国家在经济政策的取向上以及处理问题的思路、方式方面趋于一致。一旦投资人发现具有这种文化背景的某一个国家迫于投机压力而被迫放弃某种政策，投资人便将调低对其他具有相似文化背景的国家继续维持这种政策的预期。这种“气质”对这些国家经济政策的影响行为却是难以确切量化的。比如，1982 年拉美国家遭受了严重的美元债务危机[①]，这场危机迅速从墨西哥蔓延到本地区的其他国家，如阿根廷和巴西，造成金融市场的大幅波动。但是远在亚洲的菲律宾，尽管其经济政策和债务负担与墨西哥一样的糟糕，其金融市场起先并没有出现多大的波动，直至一年之后，当投资者发现菲律宾这个先前的西班牙殖民地实际上恰恰是拉丁背景的国家，才对菲律宾比索展开猛烈的打击，从而造成其金融市场产生剧烈波动。还有一个例子，在 20 世纪 80 年代末，挪威、瑞典和芬兰三个国家的股票市场和房地产市场几乎同时出现了泡沫，也被认为是板块联动的结果。

（10）季风效应

季风效应是指由于共同的冲击引起的金融危机传导，由 Masson 于 1998 年首次提出，他认为一国遭受某一外部冲击而爆发金融危机，其做出的经济策略调整可能导致与其关系紧密的他国采取类似的政策调整，这会造成他国出现金融危机或资本大量流进流出。20 世纪 90 年代以来，

① 1982 年 8 月，墨西哥外汇储备下降至危险线以下，无法偿还到期的公共外债本息，不得不宣布无限期关闭全部汇兑市场，暂停偿付外债，并把国内金融机构中的外汇存款一律转换为本国货币。墨西哥的私人财团趁机纷纷宣布推迟还债。继墨西哥之后，巴西、委内瑞拉、阿根廷、秘鲁和智利等国也相继发生还债困难，纷纷宣布终止或推迟偿还外债。到 1986 年底，拉美发展中国家债务总额飙升到 10350 亿美元，且债务高度集中，短期贷款和浮动利率贷款比重过大。

随着金融全球化程度的不断提高，产业联系不断紧密，国家间经济金融波动也越来越趋于一致，一国经济调整会立刻给他国带来不可估量的影响。比如“美国打个喷嚏，地球都得颤一颤”，就是超级大国对全球经济金融产生重大影响的季风效应。再比如欧洲货币体系危机爆发后，英国、意大利等国政府动用大量外汇干预市场，仍未能阻止英镑、法国法郎、意大利里拉等币种贬值。当时这些国家经济不景气，增长缓慢，失业率持续升高，为避免经济进一步陷入萧条，减缓德国高利率政策施加的压力，这些国家陆续退出欧洲货币体系。

（11）净传染传导

近年来，学者们发现现代金融危机爆发后，其波及范围之广，已经远远超过以往贸易和金融联系等等机制所能解释的范围。所谓净传染传导是指如果某一国家发生了金融危机，投资者们就会将该国的情况与其他国家相对照，试图找出与之相似的国家，然后把资金撤离出来或者拒绝去这些国家投资。它是以各国投资者心理预期的变化作为传导途径，主要涉及的是自我实现（self-fulfilling）和多重均衡理论（multiple equilibriums）。在这一框架下，一国陷入危机后会引致另一国经济走向“坏的均衡”，然而这种新均衡的特征却是货币贬值、资产价格下降、资本外流和坏账增加。国际金融危机爆发后，冰岛银行体系陷入全面崩溃时，其主要存款人所在国英国和德国立即查封了该国在两国的资产，以此避免冰岛金融危机通过净传染效应使得该两国金融业受到冲击。再比如，美国次贷危机爆发，尤其是雷曼兄弟破产后，投资者不再对美国经济抱有信心，不断从中抽逃资金，甚至一些经济情况良好的欧洲国家也因资本外流陷入困境。即便英国央行和欧洲央行向欧洲市场注入大量资金，也阻止不了越来越多的金融机构陷入困境。这些危机都很难解释清楚，净传染之说更增加了危机的神秘感。

笔者不惜耗费大量笔墨，将以上模式和途径一一梳理，详细说明，并非完全认同这些解释，只是想用大量残酷的现实告诉大家，随着金融自由化的发展和资本项目的开放，金融风险国际传导的模式和途径很丰富，传导速度极快。即便如此，以上传导模式和途径也都是事后的粗略归纳，还有很多传导机制说不清楚，有些解释甚至相互矛盾，前后不一致，更谈不上事前的准确预警。防范国际传导风险是极其困难的事情，单个经济体基本上无能为力，迫切需要加强国际经济、金融甚至是政治合作来共同应对。

3. 渐进开放是防范国际传导风险的慎重选择

金融市场的开放必然伴随着金融风险的国际传导，这是一个无法回避的事实。在享受金融市场开放好处的同时，想完全阻止国际传导风险对本国金融市场的影响是不可能的。由于国际传导风险的危害大且难以预警和防范，金融市场的开放需要具备一定的条件，所以世界各国对金融市场的开放都持有十分谨慎的态度。

从发达国家金融市场开放的历史来看，它们对金融市场投资性的开放非常慎重。如美国国债市场和股票市场分别形成于 1776 年和 1817 年，英国的证券市场形成于 17 世纪末。直到 1973 年布雷顿森林体系瓦解后，一些发达国家才逐步实行了浮动汇率制，取消了对资本市场资本流动的限制。在开放资本项目之前，发达国家已经建立了比较完善的市场经济体制，经济实力强大，金融体系健全，在国际货币金融体系中居于主导地位，对国内国际金融市场有很强的控制能力，即便如此，它们依然非常慎重，比如，美国在 1964 年还通过开征利息平衡税等措施限制资本流出（1974 年以后取消）。日本经常被作为延迟推进资本市场开放的反例，但它采取的举措同样也值得关注。从 1964 年承担 IMF 第八条款[①] 开放经常账户义务，到 1984 年对《外汇及其外贸管理法》再次进行修改，日本

---

① 主要内容有：对国际经常往来的付款和资金转移不得施加限制；2. 不施行歧视性货币措施或多种货币汇率；3. 在另一成员国要求下，随时有义务换回对方在经常往来中所结存的本国货币。

在放松资本项目管制方面用了整整 20 年。时至今日，日本依然保留着许多限制外资进入以及对国内金融机构进行保护的措施。当然，由于对金融市场的过度保护，使得金融体系始终缺乏足够的竞争力，这也是导致日本经济长期停滞不前的原因之一①。

发展中国家对金融市场开放更是慎之又慎。与成熟金融市场相比，发展中国家开放金融市场会面临更加严重的国际传导风险，加重其本来就很高的系统性金融风险。随着金融市场的开放，进入该国的国际资本会急剧增加，再加上新兴金融市场自身发展的不完善和脆弱性，也拓展了国际投机资本的活动和套利空间，不稳定性增加，极有可能难以承受国际金融市场的频繁动荡而引发金融危机。因此，新兴金融市场对此都非常谨慎，每一个国家都是在金融市场建立很多年后才小心翼翼地渐进开放资本市场。如阿根廷是 135 年后、巴西是 101 年、智利是 99 年、埃及是 103 年、希腊是 111 年、印度是 117 年、印尼是 78 年、韩国是 36 年、我国台湾是 30 年后才逐渐开放证券市场②。

新兴国家对资本流动的管制通常需要比发达国家更严格，因为新兴国家的经济和金融体系比较脆弱，金融自由化和开放使其金融市场更容易遭受国际传导风险的冲击。例如，墨西哥的金融市场和资本账户开放得比较彻底，国际资本可轻易进出墨西哥资本市场，使得其对国际游资冲击的抵抗能力非常小，频繁爆发金融危机。引发亚洲金融危机的泰国也是金融市场开放程度很高、国际资本流动非常容易的国家。

从各国防范国际传导风险的措施可以看出，多数国家的金融市场采取了渐进开放的策略，逐步向不同类型的境外投资者开放不同的投资品种，同时对短期资本流动保留一定的限制并加强监管，这些都是吸取惨痛教训后做出的务实选择，需谨记。

---

① 转引巴曙松："论中国资本市场的开放路径选择"，《世界经济》2003 年第三期。

② 谢百三、王香双："中国证券市场开放应持审慎态度"，《上海金融》2003 年第一期。

小结

该章详细地阐述了系统性金融风险“三层面学说”，界定了一般性风险、制度性风险和外部传导风险的内涵，并探讨了它们的生成和传导机制。通过深入分析系统性金融风险的三个层面，笔者认为，从宏观角度看，防范金融危机需要从降低系统性金融风险入手，而降低系统性金融风险主要是降低其不合理成分。一般性风险是系统性金融风险的“硬核”，大多属于合理成分，只要发展金融市场就必须面对它，无法根除，降低一般性风险很困难，可能事倍功半。在制度性风险中，制度缺陷风险和路径依赖风险是不合理的，应该通过制度改革去努力消除它们。引入金融衍生工具会增加制度性风险，需谨慎并量力而行。外部传导风险包括国内传导风险和国际传导风险，国际传导风险的模式和途径极其丰富，传导速度非常快，尚有许多传导机制难以解释。在金融开放背景下，国际传导风险日益严峻且难以准确预警，是防范外部传导风险的重中之重，单个国家很难应对，迫切需要加强国际合作，共同防范。

系统性金融风险“三层面学说”是本书的理论基础，为系统性金融风险研究提供一个新思路、新视角和新框架，目的是提高金融危机防范的靶向性和边际效用。当然，无论防范机制多么完善，都不能完全避免金融危机的爆发，因此，如何提高金融危机救助能力同样具有很强的理论和实践意义。这些都是作者未来研究的重点。

主要参考书目及文献

【英文部分】

[1] IOSCIO, 2002. Objectives and Principles of Securities Regulation. http//www.iosco.org

[2] OECD, 1995. Securities Market in OECD Countries: Organization and Regulation. OECD Documents.

[3] Akerlof, G, 1970. The Market for Lemons, Quarterly Journal of Economics, August.

[4] Arrow, K. 1964. The role of securities in the optional allocation of risk-bearing. Review of Economic Studies 31:91-6.

[5] Arrow, K.J.1965. Aspects of the Theory of Risk-bearing. Helsinki:Yrjo Jahnssonin Saatio.

[6] Almeida, H. , Murillo Campello, Bruno Laranjeira, 2009. Corporate debt maturity and the real effects of the 2007 credit crisis. NBE R working paper 14990.

[7] Bikhehandani, Sushil, David Hirshleifer and Ivo Welch, 1992. A Theory of Ads, Fashion, Custom and Cultural Changes as Informational Cascades, Journal of Political Economy, Vol. 100, No.5.

[8] Black, F.1986. Noise. Journal of Finance 41, July: 529-43.Bernanke, Ben S., 2009. Lessons of the financial crisis for banking supervision[R].Speech at the Federal Reserve Bank of Chicago' s Conference on Bank Structure and Competition.

[9] Bernanke, Ben S., 1983. Non-monetary effects of the financial crisis in the propagation of the Great Depression [J].National Bureau of Economic Research.

[10] Campbell , John Y. et al., 2000, Have Individual Stock Become More Volatile?An Empirical Exploration of Idiosyncratic Risk, Journal of Fiannce 56:1-43.

[11] Da Long, J.B., Shleifer, A., Summers, L., Waldman , R., 1990. Positive Feedback Investment Strategies and Destabilizing Rational Speculation. Journal of Finance 45, 375-395.

[12] Demyanyk Yulia, and Ott o Van Hem ert., 2007. Underst anding the S ub-prime M ort gage Crisis [J]. Supervisory Policy Analysis Working Paper.

[13] E. Fama, 1970. Efficient Capital Market: A Review of Theory and Empirical Work. Journal of Finance, Vol. 25, No.2 (May, 1970).

[14] E. Fama. 1965. Efficient Capital Market. Journal of Finance 46: 1575-617.

[15] Ederington L H., 1979. The hedging performance of the new futures markets. The Journal of Finance, 1979, 34:157-170.

[16] Dooley, M. and Michael Hutchison, 2009. Transmission of the U. S.Subprime Crisis to Emerging Markets: Evidence on the Decoupling- R ecoupling Hypothesis. NBE R Working Paper.

[17] Feldstein, M. 1969. Mean-variance analysis in the theory of liquidity preference and portfolio selection. Review of Economic studies 36:5-12.

[18] Frederic S. Mishkin, Financial Markets and Institutions Third Edition, 清华大学出版社2001年影印版。

[19] Frederic S. Mishkin, 1997. Understanding Financial Crises: A Developing Country Perspective, THE WORLD BANK Working Paper.

[20] Grinblatt M., Titman S. & Wermers R., 1995. Momentum Investment Strategies, Portfolio Performance and Herding: A Study of Mutual Fund Behavior American Economic Review. 85 (5).

[21] Gamo, Patricia Alonso, Udaibir Das, 2009. The implications of the global financial crisis for Low-Income Countries. IMF working paper.

[22] Hawawini, Gabriel, 1983. Why Beta Shifts as the Return Interval Changes. Financial Analysts Journal May-June, PP.73-77.

[23] Henri L. Beenhakker, 1997. Risk Management in Project Finance and Implementation. Quorum Books, Westport, Connection London, First published in 1997.

[24] H.V. Roberts, 1967. Statistical versus Clinical Prediction of the Stock Market. unpublished paper presented to the Spepairar on the Analysis of Security Prices, University of Chicago.

[25] IBRAHIM M.Oweiss, 2016. Petrodollars: Problems and Prospects[EB/OL]

[26] Jaff ee Dwight W. , 2007. The U. S. Subprime Mortgage. Crisis: Issues Raised and Lessons Learn ed. Working Paper.

[27] King, B.F.1966. Market and industry factors in stock price behavior. Journal of Business 39, Part 2:139-90.

[28] Kahneman , D. and A. Tversky 1979. Prospect of Invest Psychology. Journal Of Portfolio Management. Vol24 , 52-65.

[29] Krugman, Paul, 2011. Killing the Euro [N]. New York Times.

[30] Levy, Robert, 1971. On the short-time Stationary of Beta Coefficients. Financial Analysts Journal 27（5）, PP.55-62.

[31] Lintner, J. 1965. The valuation of risk assets and the selection of risky investments in stock portfolio. Review of Economics and Statistics 47: 13-37.

[32] Long , D , A. Shleifer , L. H. Summers , and R. J. Waldmann, 1990. Noise Trader Risk in Financial Markets. Journal of Political Economy. 98, PP. 703-739.

[33] Malkiel , B.G., and Y.Xu, 2000, "The Structure of Stock Market Volatility", working paper, Princeton University.

[34] Markowitz, Harry 1952. Portfolio Selection. Journal of Finance, March.

[35] Markowitz, H.M. 1959. Portfolio Selection: Efficient Diversification of Investments. New Haven: Yale University Press; reprinted, New York: Wiley, 1970.

[36] Minsky, H. 1964. Longer waves in financial relations: financial factors in the more severe depressions. American Economic Review 54（3）May: 324-35.

[37] Mossin, S. 1976. Arbitrage theory of capital asset pricing. Journal of Economic Theory 13:341-60.

[38] Muth, J. F. 1961. Rational expectations and the theory of price movements. Econometrica 29（3）:315-35.

[39] Martin M F and W M Morrison, 2008. China' s Hot Money Problems[R]. Congressional Research Service Reports.

[40] Matheron， Julian， Benott Mojon and Jean-Guillaume Sahuc.， 2012. The Sovereign Debt Crisis and Monetary Policy. Banque de France: Financial Stability Review.

[41] McCauley， Robert N.， Patrick McGuire and Vladyslav Sushko.， 2015. Global Dollar Credit： Links to US Monetary Policy and Leverage[R]. BIS Working Papers， No.483， January.

[42] Nachman，D.C. 1980. Preservation of “more risk averse” under expectations. Unpublished working paper， Columbia University.

[43] Olson， Mancer Jr.， 1965. The Logic of Collection Action: Public and the Theory of Groups， ambridge， Mass.: Harvard University Press.

[44] O. B lanchard， 2005. et al TheU. S. Current Account and the Dollar. N BER Working Paper Series.

[45] Paul Krugman， 1998. What happened to Asia? http://web.mit.edu/krugman.

[46] Pisauro， Giuseppe， 2001. Intergovernmental Relation and Fiscal Discipline: Between Commons and Soft Budget Constraints，IMF Workings Paper，May，wp/01/65

[47] Peter M. Garber， 1998. Derivatives In International Capital Flow. http//www.nber.org/papers/w6623.

[48] Pratt，J.W.1964. Risk aversion in the small and in the large. Econometrica 32:122-36;correction，44:420.

[49] Roberts，H. 1967. Statistical verses clinical prediction of the stock market. Unpublished manuscript. CRSP，Chicago: University of Chicago，May.

[50] Ross S. A.，1976. The Arbitrage Theory of Capital Assets Pricing. Journal of Economic Theory，Dec. 1976，343~362.

[51] Richard C. Koo，2014. The Escape from Balance Sheet Recession and the QE Trap: A Hazardous Road for the World Economy. Singapore: John Wiley & Sons.

[52] Saborowski， Christian， Sarah Sanya， Hans Weisfeld， and Juan Yepez.，2014. Effectiveness of Capital Outflow Restrictions [R]. IMF Working Paper， January.

[53] Scharfstern D. S. & Stein J. C. ，1990. Herd Behavior and Investment. American Economic Review，80，465—479.

[54] Schaifer. R. 1971. Computer Programs for Elementary Decision Analysis. Boston: Division of Research，Harvard University Graduate School of Business Administration.

[55] Sharpe, W. 1964. Capital asset pricing: a theory of market equilibrium under conditions of risk. Journal of Finance 19: 425-42.

[56] Sharpe, W. and G. Slexander, 1990. Investment, 4th , Englewood , NJ: Prentice Hall.

[57] Scholes and Willians, 1977. Estimating Betas from Nonsynchronous Dada. Journal of Financial Economics（5）, PP. 55-62.

[58] Simon, H.A. 1982. Models of Bounded Rationality. 2 vols, Cambridge, Mass: MIT Press（especially Sectiona VII and VIII）.Shiller, R.J. 1991, Market Volatility, Cambridge:MIT.

[59] S. Patel & A. Sarkar, 1998. Stock Market Crisis in Developed and Emerging Markets, working paper of the World Bank.

[60] Scott Frame, Andreas Lehnert and Ned Prescott, 2008. A Snapshot of Mortgage Conditions with an Emphasis on Subprime. Mortgage Performance.

[61] Shin, Hyun Song, 2013. The Second Phase of Global Liquidity and Its Impact on Emerging Economies[R]. BIS, November 7.

[62] The New Palgrave Dictionary of Money and Finance（Ⅲ） Edited by Peter Newman, Murray Milgate and John Eatwell, Published by the Macmilan Press Limited, 1992.

[63] Treynor, J. 1961. Toward a theory of the market value of risky assets. Unpublished paper.

[64] Trueman, B. 1994. Analysts Forecasts and Herding Behavior. Review of Financial Studies, 7（1）, 97~124.

[65] Tobin, J , 1956. The Interest Elasticity of Transaction Demands for Cash. Review of Economics and Statistics 38:241-47.

[66] Tobin , James , 1958 . Liquidity Preference as Behavior Towards Risk. Review of Economics Studies, February.

[67] The Global Derivatives Study Group, The Group of Thirty. 1993. Derivatives: Practices and Principles, Washington D. C., July 1993.

[68] Von Neumann, J. and Morgenstern, D. 1944. Theory of Game and Economic Behavior. Princeton: Princeton University Press; 3rd edn. 1953.

[69] Welch，Ivo. 1996. Herding among Security Analysts. UCLA Working Paper 8-96.

[70] William F. Sharpe. 1964. Capital asset prices: a theory of market equilibrium under conditions of risk. Journal of Finance，September，1964

[71] Wood Mackenzie， 2014. Oil prices: Company spend cuts needed in 2015.

[72] Yuliya Demyanyk and Otto Van Hemert，2008. Understanding the Subprime Mortgage Crisis.

【中文部分】

[1] 辞海. 上海：上海辞书出版社，1989

[2] 新帕尔格雷夫货币金融大辞典（1 ~ 3卷）. 北京：经济科学出版社，2000

[3] 艾伦・格林斯潘. 动荡的世界. 北京：中信出版社，2014

[4] 鲍尔斯等. 风险理论. 上海：上海科学技术出版社，1995

[5] 巴曙松. 金融的江湖. 上海：上海财经大学出版社，2003

[6] 本・伯南克. 大萧条. 大连：东北财经大学出版社，2013

[7] 本・伯南克. 行动的勇气. 北京：中信出版社，2016

[8] 宾斯维杰. 股票市场、投机泡沫与经济增长. 上海：上海三联书店，2003

[9] 彼得・D. 希夫，安德鲁・J. 希夫. 经济为什么会崩溃. 北京：中信出版社，2011

[10] 曹凤岐等. 证券投资学（第二版）. 北京：北京大学出版社，2000

[11] 查尔斯・P. 金德尔伯格等. 疯狂、惊恐和崩溃——金融危机史. 北京：中国金融出版社，2017

[12] 戴相龙，黄达主. 中华金融词库. 北京：中国金融出版社，1998

[13] 道格拉斯・诺斯. 经济史中的结构与变迁. 上海：上海三联书店，1991

[14] 道格拉斯・诺斯. 制度、制度变迁与经济绩效. 上海：上海三联书店，1994

[15] 辜朝明. 大衰退. 北京：东方出版社，2008

[16] 赫什莱佛，赖利. 不确定性和信息分析. 北京：中国社会科学出版社，2000

[17] 胡希宁. 当代西方经济学概论（第二版）. 北京：中共中央党校出版社，1998

[18] 卡门・M. 莱因哈特等. 这次不一样——八百年金融危机史. 北京：机械工业出版社，2016

[19] 李扬，王国刚主编. 资本市场导论. 北京：经济管理出版社，1998

[20] 刘克田等. 金融风险管理实用全书. 沈阳：辽宁大学出版社，1998
[21] 鲁道夫·希法亭. 金融资本——资本主义最新发展的研究. 北京：商务印书馆，1997
[22] 刘鹤. 两次全球大危机的比较研究. 北京：中国经济出版社，2013
[23] 马克思，恩格斯. 资本论（1～3卷）. 北京：人民出版社，1975
[24] 马庆泉等编. 中国证券市场发展前沿问题研究2001. 北京：中国金融出版社，2001
[25] 马庆泉主编. 中国证券史1978～1998. 北京：中信出版社，2003
[26] 向松祚译. 蒙代尔经济学文集 (中译本，第五卷). 北京：中国金融出版社，2003
[27] 石俊志. 金融风险生成机制与防范. 北京：中国金融出版社，2001
[28] 石自强. 历次金融危机解密. 武汉：龙门书局出版社，2011
[29] 田文等. 金融衍生品的风险防范与化解. 北京：中国物价出版社，2001
[30] 文建东. 公共选择学派. 武汉：武汉出版社，1997
[31] 吴易风等. 政府干预和市场经济. 北京：商务印书馆，1998
[32] 吴晓求. 中国资本市场创新与可持续发展. 北京：中国人民大学出版社，2001
[33] 谢康. 信息经济学原理. 长沙：中南工业大学出版社，1998
[34] 西蒙. 有限理性——现代决策理论的基石（中译本）. 北京：北京经济科学出版社，1991
[35] 李幛喆. 终于成功——中国股市发展报告. 北京：世界知识出版社，2001
[36] 约翰·梅纳德·凯恩斯，高鸿业译. 就业、利息和货币通论. 北京：商务印书馆，1999
[37] 张维迎. 博弈论与信息经济学. 上海：上海三联出版社，1996
[38] 于川，潘振峰. 风险经济学导论. 北京：中国铁道出版社，1994
[39] 周大中. 现代金融学（第二版）. 北京：北京大学出版社，2000
[40] 詹姆斯·M. 亨德森，理查德·E. 匡特，苏通译. 中级微观经济理论数学方法（第二版）. 北京：北京大学出版社，1989
[41] 巴曙松. 论中国资本市场的开放路径选择. 世界经济，2003（3）
[42] 陈斌等. 中国股市个人投资者状况（调查报告摘要）. 中国证券报，2002. 4. 15
[43] 陈峥嵘，张宗. 借鉴国外经验完善我国公司治理. 中国证券报，2001. 5. 19：13版
[44] 陈亚温. 欧洲美元市场探析. 厦门大学学报（哲社版），1991（1）
[45] 陈伟光等. 基于Panel Logit 模型的系统性风险影响因素研究. 金融教育研究，2016（11）

[46] 高伟. 证券风险的外部性和证券监管. 金融教学与研究，2002（4）
[47] 高伟. 我国证券市场的系统性风险与控制. 兰州铁道学院学报，2002（2）
[48] 高伟. 股市何以不是“晴雨表”. 中国经济导报，2003. 1. 14
[49] 高伟. 证券监管模式的国际比较与启示. 国家行政学院学报，2003（2）
[50] 高伟. 对我国经济“三大悖论”现象的认识. 社会主义经济理论，2003（7）
[51] 高伟. 金融衍生产品创新风险及其防范. 桂海论丛，2004（5）
[52] 高伟. 化解我国证券市场制度性风险的措施. 红旗文稿，2004（23）
[53] 巴曙松，高伟. 违规国债回购症结何在. 中国经济周刊，2004（40）
[54] 高伟. 证券市场风险的外部性和监管的有效性分析. 调查研究报告，2005（2）
[55] 高伟. 基于参与者有限理性的证券市场风险研究. 海南金融，2005（3）
[56] 夏斌，高伟. 恢复国债期货交易时机成熟. 经济日报，2005. 5. 9
[57] 高伟. 金融媒介作用为何会弱化. 人民日报海外版，2008. 9. 11
[58] 孟春，高伟. 低碳经济不是发达地区的“专利”. 人民日报，2010. 4. 28
[59] 孟春，高伟. 怎样推进资源价格市场化. 改革，2010（8）
[60] 高伟. 控制流动性重在调整资金流向. 人民日报，2010. 11. 30
[61] 高伟. 汇率制度没有万能“样板”. 中国证券报，2011. 1. 7
[62] 高伟. 国际货币体系改革不能停滞. 人民日报海外版，2011. 2. 10
[63] 高伟. 中国外储不是唐僧肉. 上海证券报，2011. 7. 21
[64] 高伟. 念好金融交易税这本经. 中国证券报，2012. 10. 29
[65] 高伟. 影响中国石油能源安全的五大问题. 学习时报，2012. 11. 5
[66] 高伟. 黄金非货币化有望止步. 中国证券报，2012. 11. 14
[67] 高伟. 巨额外储，何以解忧. 上海证券报，2013. 6. 5
[68] 高伟. 美联储不再试探市场反应意味QE真正退出. 中国证券报，2013. 6. 23
[69] 高伟. 美国提高债务上限步伐不会停止. 中国证券报，2013. 9. 23
[70] 高伟. 推动“区块链+金融”研发. 学习时报，2016. 8. 29
[71] 高庆波. 阿根廷债务危机: 起源、趋势与展望. 国际经济评论，2015（6）
[72] 葛奇. 宏观审慎管理政策和资本管制措施在新兴市场国家跨境资本流出入管理中的应用及其效果. 国际金融研究，2017（3）
[73] 国家计委课题组. 中国资本市场的培育与发展政策研究. 经济研究参考，2001（5）

[74] 黄勇等. 市盈率波动、均值回归——来自中美股市比较. 证券市场导报，2002（3）
[75] 何检珠. 对冲基金：理论、运作、前瞻. 广西师大1998级国民经济学硕士论文
[76] 胡勤勤，吴世农. 证券系统性风险系数估计中应注意的问题. 证券市场导报，2001（11）
[77] 胡朝晖等. 欧洲主权债务危机的内生性与外生性研究. 亚太经济，2012（4）
[78] 胡国松等. 油价低迷背景下国际石油市场均衡状态研究. 西南石油大学学报（社会科学版），2016（6）
[79] 胡博. 美国长期资产管理公司危机救助案例分析. 辽宁大学国际金融专业2016年硕士论文
[80] 金晓斌等. 中国股票市场风险结构实证研究：1995—2002. 深圳证券交易所联合研究课题2002年第五期研究报告
[81] 金永琪. 布雷顿森林体系的崩溃及石油美元的延续. 中国石油与化工经济分析，2012（10）
[82] 蒋瑛等. 美国金融危机的贸易传导机制及其对中国的影响. 国际贸易，2011（1）
[83] 雷永健等. 对当前金融监管体系的几点思考. 金融和保险，2001（10）
[84] 雷曜. 国际金融危机的风险识别及其启示. 中国货币市场，2009（10）
[85] 李凡. 疯狂圈钱缘于制度缺陷. 金融和保险，2001（9）
[86] 李扬. 关于虚拟资本的几点看法. 经济学动态，2003（1）
[87] 李向阳. 布雷顿森林体系的演变和美元霸权. 世界经济与政治，2005（10）
[88] 李宏舟. 日本资产价格泡沫发生机制研究. 现代日本经济，2008（3）
[89] 李世安. 布雷顿森林体系与“特里芬难题”. 世界历史，2009（6）
[90] 李关政等. 经济周期、经济转型与企业信用风险评估——基于系统性风险的Logistic模型改进. 经济经纬，2010（2）
[91] 李黎力. “明斯基时刻”之考辨. 经济理论与经济管理，2013（7）
[92] 李金栋. 股灾及政府救市措施：国际经验与启示. 时代金融，2016（12）
[93] 刘立峰. 融资方式与金融风险. 上海投资，1999（9）
[94] 陆正飞等. 中国证券市场信息披露监管：问题、原因及对策. 中国证券报，2002. 7. 15：14版
[95] 陆岷峰等. 股票市场与实体经济的关系——基于货币循环流模型的研究. 南方金融，2015（7）

[96] 吕捷等. CPI与PPI背离的结构性解释. 经济研究，2014（4）
[97] 马黛. 台湾股市稳定措施之理论与实证分析. 台湾“国研会”专题报告，2000. 9
[98] 米什金. 货币政策方略: 来自金融危机的教训. 金融评论，2010（6）
[99] 宋逢明等. 中国股票市场风险测度的实证研究. 中国货币市场，2002（4）
[100] 宋晨. 石油美元：综述. 西安电子科技大学学报（社会科学版），2014（4）
[101] 施东辉. 上海股票市场风险实证研究. 经济研究，1996（10）
[102] 史代敏. 沪深股票市场风险变异性实证研究. 数量经济技术经济研究，2002（3）
[103] 斯奕超. 亚洲主要发展中国家外汇储备持有动因研究. 复旦大学2014年金融学硕士毕业论文
[104] 宋林峰. 脆弱与冲击：1995—1996年墨西哥银行危机. 中国社科院世界经济专业2003年博士论文
[105] 苏乃芳等. 有关GDP平减指数的再认识. 经济学动态，2016（5）
[106] 田素华，吴士君. 中国证券市场风险特征的实证分析. 经济科学，2003（1）
[107] 王开国. 股指期货：市场深化过程中的金融创新. 经济研究，2000（7）
[108] 王宇. 墨西哥退出:钉住制度与比索危机——从“钉住汇率制度”退出的路径选择和经验教训. 中国金融学会第八届优秀论文评选获奖论文集，2005（12）
[109] 王绾. 从美股三次主要股灾看美国政府如何救市. 中国经济周刊，2015（27）
[110] 伍戈等. 论凯恩斯主义的理论边界与现实约束. 国际经济评论，2016（5）
[111] 谢百三等. 日本房地产泡沫破灭累及社会之教训及我国的防范对策. 价格理论与实践，2014（8）
[112] 徐明棋. 欧债危机的理论评述与观点辨析. 国际金融研究，2013（6）
[113] 颜永军等. 货币资金的金融循环与贮藏——解释金融资产价格的新视角. 金融教学与研究，2007（3）
[114] 杨小军等. 从资产负债表衰退看经济危机. 金融发展评论，2015（1）
[115] 尹中立. 资产负债表型衰退理论假说及其对中国宏观调控的启示. 经济学动态，2009（9）
[116] 谢玮. 资产负债表衰退研究——对战后日本经济的再评述. 中国社会科学院金融学2012年博士论文
[117] 熊剑庆. 我国金融市场寻租行为的分析. 证券和金融，2001（7）
[118] 徐强. GDP缩减指数是测量通货膨胀的可靠指标吗？. 统计研究，2006（5）

[119] 徐洪才. 欧洲主权债务危机应对初步评估. 全球化，2014（3）

[120] 易宪容等. 国际资本市场监管的最新理论. 证券市场导报，2002（6）

[121] 张人骥等. 上海证券市场系统风险趋势与波动的实证分析. 金融研究，2000（1）

[122] 张维迎. 詹姆士·莫里斯与信息经济学. 改革，1997（1）

[123] 张育军等. 中国证券市场发展中的制度与法治问题. 证券市场导报，2003（5）

[124] 张存贵等. 黑色星期一：起起落落说“股”事. 宏观经济管理，2007（11）

[125] 周天勇. 高负债发展模式的金融风险. 经济研究，1998（2）

[126] 朱少醒. 行为金融投资理念探究. 金融科学，2000（2）

[127] 邹昊平，唐利民，袁国良. 政策性因素对中国股市的影响：政府与股市投资者的博弈分析. 世界经济，2000（11）

[128] 朱武祥等. 股票市场对非流通股比例的价格反应——兼析释放非流通股对股市的冲击效应和策略. 经济研究，2000（5）

[129] 张明等. 次货危机的扩散传导机制研究. 世界经济，2009（8）

后记

AFTERWORD

人到中年，我慢慢体味到做学问是乐趣，还能有些寄托和追求。做学问是自己可以掌握的事情，有多少投入，就能有多少收获，很公平，也很充实。做学问的方法虽然因人而异、多种多样，但也有很多共性，比如：需要坚持和勤奋，耐得住寂寞；培养分析问题的眼光，选好研究问题的切入点；有特色，努力形成自己的体系；结合实际，切忌闭门造车；等等。行千里路，读万卷书，一次拉卜楞寺之行，让我对做学问有了更深刻的认识。

2006年，我去甘肃省夏河县出差，顺便参观了拉卜楞寺。当时我的朋友向寺里主事的青年喇嘛介绍我："这是国务院发展研究中心的高博士。"那位青年喇嘛很热情地接待了我们，并对我说："我们寺里也有博士，我们称多然巴。"我很感兴趣，就问他多然巴是怎么培养的。青年喇嘛就领着我在寺里浏览，并简要介绍多然巴的培养过程。

第一步是"背"。在大经堂内，众多喇嘛坐在经垫上背经，学习经典佛经。在那些喇嘛中既有白发苍苍的老者，也有十多岁的孩子。不管年龄大小，只有通过严格的背诵考试，才有可能拿到学位。第二步“辩”。在辩经场，一群喇嘛用藏语辩论经文。其中一方提问，另一方回答，且不许反问。告一段落后再反过来，直到一个无法问出。经过激烈的辩经，从大约 300 个喇嘛中才能选出一名优胜者。第三步是“悟”。青年喇嘛指着拉卜楞寺周边山上的一间间小屋，对我说：“那些最终辩胜者将走入那些小屋。在小屋里，他要仔细地思考过去背诵的经文，对原有经文进行完善和发展，形成自己的认识。”一旦他哪天顿悟，豁然开朗，就可以进入最重要的第四步——“行”，也就是走出小屋，走进大千世界，去结合实际，检验自己的认识是否正确。大道至简，“背、辩、悟、行”四个字虽然简单，却道出了做学问的基本道理，让人茅塞顿开。

我在人大经济学院读博期间，研究的是系统性风险问题。我没有遵循传统，把系统性风险作为固定变量，而是打破其外壳，将其分为一般性风险、制度性风险和外部传导风险等三个层面，并系统地分析了这三个层面风险的生成传导机制，初步建立了自己的系统性风险“三层面学说”。博士毕业后，我进入国务院发展研究中心金融所工作，主要从事证券和农村金融研究。为掌握一手资料，我深入老少边穷、偏远落后地区，跑遍大江南北，接触各类农村金融机构和从业人员，做了大量基层调研，掌握了很多典型案例和素材，也体味到世事艰辛和人生百态。我从风险分析入手，将农业保险、农产品期货、农地金融等问题，纳入农村金融研究的框架，使其更加丰富和完整，并形成了自己的体系。这是一种创新，也是我对农村金融研究的贡献。2008 年国际金融危机爆发后，我被调入外交部，先后在政策司和国际经济司工作，主要从事国际金融调研。我有意识地将风险分析运用于国际金融和能源等领域，拓展了研究范围，在国内国际结合方面去实现新跨越，也希望通过撰写《国际金融危机40年解析》，能为经济外交尽绵薄之力。

一路走来，我切实体悟到“古人学问无遗力，少壮工夫老始成”。唯有抱定“板凳需坐十年冷”的决心，躬身实践，日积月累，才能做出有价值的学问，也激励着我走下去。

2017年12月18日